財政民主主義の地平

スイスの自治・多様性・直接民主主義

掛貝祐太

The Horizon of Fiscal Democracy:
Autonomy, Diversity, and Direct Democracy in Switzerland

有斐閣

はしがき

　財政民主主義。字義どおりにいえば,「財政についての民主主義的なコントロール」が, 本書の主題である。しかし正直にいえば, 筆者はこれまで, この国でほとんど実感できたことがないものでもある。読者が, 本書の問題意識を理解するための一助となることを期待しつつ, 少しばかり本書が書かれた時代的な文脈や, ごく個人的な動機について記しておきたい。

　バブル崩壊後生まれの筆者がだいたい物心つくころには, 小泉政権下で, ある種の自己責任論や新自由主義的な言説（や, その一部としての「ムダ削減」論）が, 社会やメディアには溢れていたと思う。そうした政治や社会を, どちらかといえば遠目に見ながら, それでも少なからず新自由主義的な価値観を内面化することから逃れられない部分もあった。後に, 民主党政権に代わっても「ムダ削減」論は言説として依然として続いたし, 現在に至るまで「政治とカネ」のスキャンダルは, 途絶えた試しがない。いうなれば, 社会は漠然とした不満や政治不信に満ちていて, かといって, その不満を政治や社会に対する主張として形にする意欲や方法が手元にあるわけではない。そして, 現状を甘受し, ひたすら「自助」に注力することが迫られるような環境。筆者には, こうした雰囲気の中で育ってきたような感覚がある。一時は, 情報技術の進展などが, より民主主義的な社会を実現することに一抹の期待を抱かせたこともあったかもしれない。しかし, さりとて現在までに何かが大きく変わったようにも思えない。ある意味で本書は, そもそも「税や予算がどうすれば民意を反映していると感じられるか」という問いへの想像力すら, 湧きにくい時代の産物である。

　大学に入学してからほどなく財政学・財政社会学と出合い,「財政は社会の価値観をうつす鏡である」ということを学んだ。異なる時代の財政や, 異国の財政を学ぶ中では, これまで自分が知らず知らず身に付けてきた価値観を, 相対化することもしばしば迫られた。経済成長だけが, 政治や人間の至上命題となることは避けられないのか。変えてほしい社会現象が変えられないのは, 本

i

当に仕方ないことなのか。マジョリティの意見のみが影響力をもつことは，仕方ないことなのか。わかりあえない他者とも，わかりあえないまま共存することは不可能なのだろうか。こうした根底的な価値観の問い直しにもつながる財政学の議論は，価値観の混入を厭い，客観性を志向するようにみえる新古典派経済学の手法がどうしても無味乾燥に思えていた当時の自分には，新鮮にうつった。そして，スイスという題材を研究対象に選んだのも，こうした根本的な問いについてのオルタナティブを模索する中でのことである。

　本書は，制度派の財政学，財政社会学の立場から，財政民主主義のありうべき姿について構想するものである。半直接民主主義の国であるスイスは，財政民主主義の可能性について，日本における同時代的な想像力を超えるような示唆を時にもたらしうる。

　本書の構成は以下のとおりである。第1章では，新自由主義概念について検討し，財政学における本書の位置づけについて述べる。新自由主義は，単に経済政策における議論を超えて，すでに文化批評や生活実践の次元にも浸透しつつある概念である。しかし，その反面，概念的な曖昧さも指摘される。そのため，領域横断的なサーベイを行いながら，新自由主義と財政民主主義の関係についてまず整理する。第1章の後半では，財政学を専門としない読者のためにも，（やや大胆にも）学派間の緊張関係に触れながら，財政学という学問領域自体を概観し，その中での本書の位置づけについて述べる。

　第2章では，本書がその流れをくむ制度派の財政学が，そもそもどのように財政民主主義を語ってきたのかについての検討から始める。ここから浮かび上がってくるのは，財政民主主義という概念が財政学の重要概念として本尊に置かれつつも，概念として十分に掘り下げられてこなかったことである。とりわけ財政議会主義のみを財政民主主義として位置づけることの問題性や，熟議楽観論ともとれる財政民主主義理解を批判的に検討する。そして，現代民主主義論（とりわけ熟議や闘技〔的〕民主主義）での議論をふまえ，財政民主主義概念の接合を模索する。そして，ラディカルな（根源的な）財政民主主義の必要性を主張する。

　第3章では，ラディカルな（根源的な）財政民主主義を模索するうえで，な

ぜスイスを検討するべきなのかについて概説する。そもそも、日本の財政学、財政の国際比較においては、スイスが取り上げられることはほとんどなかった。それにもかかわらず、なぜスイスを取り上げるべきなのか。スイスは単に民主主義先進国として位置づけられるだけでなく、福祉国家論の文脈においても学術的なインパクトをもちうることを示す。具体的には、とりわけリベラル側から理想視されてきた、北欧を中心とした大きな政府の「普遍主義モデル」を相対化し、社会の多様性・多元性を前提とした国家財政のあり方を模索しうるということである。また、スイスという国自体に親しみがない読者が大多数だと思うので、スイスの社会・経済・政治状況の概説や、特殊な政治制度（国民投票・半直接民主主義・「魔法の公式」など）についても第3章前半で概説する。第3章第3節は、「なぜスイスが新自由主義的な改革を受け入れたとも言い難いか」ということへの、やや細かい実証が続くので、他分野の読者で、その前提を受け入れてもらえるのであれば、読み流してもかまわない。

　第4章では、バブル崩壊後の失業率の上昇により、問題の本丸となった労働政策について取り上げる。1990年代には、スイスでも日本同様、新自由主義やNPM（New Public Management）の標語のもと、数値目標を設定し、競争を促す改革へ向かう機運も存在していた。しかし、第4章で取り上げる労働政策については、最終的に、NPM的な中央からの統制や新自由主義的なコントロールが、州の強い自治のもとで拒否されていく。このNPMや新自由主義からの乖離の過程について、州レベルの一次史料も用いて、制度・歴史実証を行う。こうした分析から、NPMや現代のEBPM（Evidence Based Policy Making）にも顕著な、評価を数量化することの優位性を疑い、むしろ数量化できない「政治的なもの」、価値判断を再評価する必要性を主張する。

　このように中央のNPM的なコントロールへの抵抗としての自治にはポジティブな側面がある。しかし、直接民主主義や自治は暴走することもある。第5章は、その例として、お金持ちほど減税する「逆進」所得税を取り上げ、これがいかに導入され、廃止されたかについて、歴史実証・ヒアリング調査を用いて示す。住民投票での採択により導入された同案は、何とわざわざこのために引っ越してきたマイノリティ政党の政治家が起こした違憲訴訟により廃案となる。この章については、ある意味で社会運動的な事象からの考察を試みてい

る。この過程の分析から，直接民主主義の暴走を，別の直接民主主義が抑制しうる可能性を示す。これは，闘技的な財政民主主義の発露ともいえるかもしれない。そしてこれらは，租税競争の理論についてしばしば強調される「協調」とは異なるロジックで，租税競争を抑制しうる可能性を示している。

だが，このような解決策が多くの状況に一般化できるというわけではない。むしろ，州間の利害が最も強く衝突するのは財政調整（国と地方，地方間でのお金のやりとりのことで，日本でいう地方交付税など）においてである。第6章で分析する財政調整について，スイスでも1990年代の改革当初は緊縮・新自由主義路線の中で構想されたが，最終的には貧しい州に有利な結果となる。その過程についての歴史実証を行う。

ここまでは主に1990年代の事例をメインに州間の利害対立，多様性をどのように取り扱うかを焦点としている。一方，2000年代には多くの欧州諸国は，新たな次元での分断と危機を経験した。移民への排斥感情を背景にした，新たな右派台頭・福祉削減路線の機運である。これはスイスでも観察されるのだが，この新たな危機はいかに対処されたのであろうか。第7章では，90年代と00年代の年金改革を題材に，2つの時代の2つの危機をどのように乗り越えたかを分析する。そして，「イシューの分割」という現象により「直接民主主義が右派ポピュリズムを抑制する」という，一見逆説的な動きを歴史実証にて示す。

最後に，終章では，あらためて各章の事例が，民主主義理論からどのように整理できるかをまとめる。第2章でも説明するように，従来の財政学の議論では熟議民主主義に過度な期待を置きすぎるきらいがあった。しかし，スイスにおける財政民主主義では，必ずしも熟議が解決策をもたらすわけではない。むしろ闘技民主主義や直接民主主義のような，これまで顧みられてこなかった現代民主主義論の要素が観察できる。政治的有効性感覚が低下し，財政民主主義が実感できない現状にあっては，このように財政民主主義を発揮する手段には複数のチャンネルがあることを示していくべきであることを主張する。そして，財政社会学における方法論上の示唆，民主主義論や社会運動論との接合や，日本における財政民主主義の社会実装についての展望をまとめる。

なお，本書は，博士論文「現代スイスの多面的な財政民主主義」を基本的な

枠組みとしつつ，複数の公刊済みの雑誌論文等をベースに，全体的に大幅な加筆修正を行い，まとめたものである。関連する論文の初出などは以下のとおりである。

第1章　未公刊
第2章　掛貝祐太［2020］「財政民主主義についてのサーベイと概念的多面化への試論──利害の多様性を前提とした財政民主主義へ」『生活経済政策』(287)，28〜38頁（査読有り）
第3章　掛貝祐太［2018］「現代スイス財政における新自由主義改革とその抵抗──『白書』の影響と限界を中心に」『財政研究（第14巻）』228〜246頁（査読有り）；掛貝祐太［2022］「直接民主主義では駄目なのか？──自治と財政民主主義の形骸化に対するスイスの直接民主主義の示唆」『都市問題』113(12)，27〜32頁
第4章　掛貝祐太［2021］「NPMと現代スイスの労働政策における政治過程について──競争的・客観的・量的評価は，いかにして政治的に拒絶可能か」『社会保障研究』6(3)，317〜329頁（査読有り）
第5章　未公刊
第6章　掛貝祐太［2017］「現代スイス財政における政府間財政調整制度改革(NFA)」『財政研究（第13巻）』177〜197頁（査読有り）
第7章　掛貝祐太［2019］「スイスの第10・11次年金改革における政治的コンセンサス」『社会政策』11(1)，74〜84頁（査読有り）；掛貝祐太［2020］「スイスの年金制度」『年金と経済』39(3)，42〜48頁；掛貝祐太［2022］「スイスの年金制度」『年金と経済』41(2)，200〜204頁
終　章　書き下ろし
全　体　掛貝祐太［2021］「現代スイスの多面的な財政民主主義」慶應義塾大学大学院経済学研究科博士論文

振り返ると，修士課程から数えれば，ほぼ10年間近くかかってしまった。その間，研究のことだけでなく，耐え難いことも多々あったし，指の先まで無力感に押しつぶされそうになりベッドから動けない時もしばしばあった。それでも何とか生き延びて，こうして形にできたのは，ひとえに周りのたくさんの人々や，友人たちによって何とかつなぎ止められていたからだと思う。本書は

多くの人々との関わりの所産である。心から感謝したい。

　1人ひとりの名前をあげて詳らかにすることには，正直かなり抵抗がある。どうしても権力を再生産してしまう気がするし，そもそも人間関係をできればあまり開示したいと思わないからだ。名前をあげきれない多くの人への深い感謝の気持ちはありながらも，とりわけ原稿にコメントをいただく等で，本書に極めて直接的な形で関わっていただいた方へのお礼を述べるにとどまるご無礼を，どうかご容赦いただきたい。

　まず，学部在籍中から博士課程に至るまで，井手英策先生には指導教員としてお世話になった。研究者としてまだ歩みを始めたばかりのころ，たしか修士論文提出直前の宴席でのことだったと思うが，井手先生が「まぁ，研究者は嘘はついちゃいけないけど，書く勇気ってのはあるよね」と言ったことがある。本書が，何らかの意味で批判精神をもったものとなっていたとしても，それを可能にする勇気は，到底生まれもったものなどではなかった。幾度となく励まされ，対話する中で育まれたものであり，井手先生はその出発点だった。

　大学院の演習でお世話になった金子勝先生にも，批判精神について多くのことを学んだ。虚飾的な論理を排し，本質を眼差そうとする視点からは，何度も示唆的なコメントをいただいた。松沢裕作先生には，博士論文の主査をお引き受けいただいた。財政学と歴史学というやや異なる主軸でありながらも，勇み足が過ぎる部分もある筆者の立論にも，むしろ問題意識を積極的に広げるようなご示唆をいただいた。創造的な研究者とは，やや異分野の研究に対しても，かくあるものかと思った。

　本書の理論的な出自を示すためにも付言すると，大学で直接的なご指導をいただいた先生のほかにも，本書は，先輩後輩を問わず，様々なネットワークからの学恩の賜物でもある。慶應義塾大学大学院の先輩後輩はもちろんのこと，日本財政学会，日本地方財政学会，政治経済学・経済史学会，社会政策学会，日本政治学会，Social Science History Association の討論者・査読者の先生方，科学研究費助成事業の共同研究者の方々，スイス留学中にお世話になった先生方や，スイス史研究会，神野直彦先生の主催される研究会，財政学の新研究会でお世話になった方々に，とりわけ深く感謝したい。すべてのお名前をあげきれないご無礼をお許しいただきたいが，中でも，倉地真太郎先生，早﨑成都先

生，髙橋涼太朗先生には，何度も折に触れて，途中経過の原稿に直接コメントをお寄せいただいた。時には原稿を超える，現状についての様々な問題意識や違和感も共有することで，どれだけ書くことへの不安が拭われたかわからない。また，本書は狭義にはこうした学問潮流の中の産物であるが，政治学，社会運動論，アナキズム，歴史学などを専門とする方々との対話の産物でもある。

　本書の刊行にあたって，公益財団法人日本証券奨学財団の 2024 年度研究出版助成を受けた。また，画家の岡村芳樹さんには装丁のための作品を制作していただいた。心より感謝したい。

　最後に有斐閣の長谷川絵里さんには，プライベートな事情などで思うように研究に集中できない時期もあり，大変なご迷惑をかけてしまった。それでも原稿の細部にまで繰り返しコメントいただき，辛抱づよく待っていただいたことに，厚くお礼を申し上げる。

　2025 年 2 月

著　者

目　次

はしがき　i

第1章　財政民主主義と財政学の諸学派 ─── 1
　　── 新自由主義をめぐる議論をふまえて

　はじめに──実感できない財政民主主義　1

　1　新自由主義による財政民主主義の形骸化 …………… 3

　　1.1　W. ブラウンによる新自由主義の再解釈と，新自由主義による主体・国家の変質　3
　　1.2　主体と民主主義の変質　5
　　1.3　「客観的」評価の反政治性と政治性　7
　　　　　── アナキズムの視座，「測りすぎ」をふまえて
　　1.4　小括──新自由主義による評価軸の変質と財政民主主義　9

　2　財政学における学派間の緊張関係と，本書の位置づけ ………… 11

　　2.1　財政学における3大学派間の緊張　11
　　2.2　財政社会学の手法と財政民主主義　15

　おわりに　18

第2章　財政民主主義の多面化 ── 既存の理解への批判 ─── 25

　はじめに　25

　1　財政学の教科書が描く「財政民主主義」 …………… 26

　　1.1　近代経済学的財政学の民主主義に対する不信　26
　　1.2　制度派財政学による財政議会主義としての財政民主主義理解　28

　2　熟議民主主義をふまえた財政民主主義の可能性と限界 ………… 30

　　2.1　利害の多元化と財政学における熟議民主主義への期待　30
　　2.2　政治学における民主主義概念の多面化と，熟議的財政民主主義の限界　32

2.3　京都大学系財政学を中心とした熟議への強い期待とその限界　34
　2.4　闘技（的）民主主義をふまえて　39
おわりに——事例研究との接合　40

第3章　なぜスイスを研究対象とするのか ―――――― 49
　　　　　――制度的独自性・国際比較・新自由主義

はじめに　49
1　スイス社会・政治の独自性……………………………………………50
　1.1　スイス社会・政治の概観　50
　1.2　スイスにおける直接民主主義　52
2　財政社会学・比較財政史における貢献として………………………54
　2.1　財政社会学・比較財政史における普遍主義モデル　54
　2.2　普遍主義モデルの課題とスイスの示唆　55
3　新自由主義の時代を超えて……………………………………………58
　3.1　1990年代前半の動向　58
　3.2　1990年代後半の動向　66
　3.3　「新自由主義的」改革路線からの乖離　69
おわりに——政策パッケージとして「新自由主義的」でないとすれば？　71

第4章　「客観的」評価と政治的評価 ―――――――――― 77
　　　　　――スイスの労働政策の自治

はじめに　77
1　バブル崩壊後のスイス労働政策………………………………………80
　　　――1995年失業保険改革で何が変わったか
　1.1　1995年失業保険改革に至るまでの経緯　80
　1.2　1995年失業保険改革による変更点　81
2　政治過程における3つの特徴①………………………………………81
　　　――政治的アクター間の妥協的合意形成
　2.1　失業保険料増加をめぐって　81
　2.2　積極的労働市場政策をめぐって　83
3　政治過程における3つの特徴②………………………………………84
　　　――連邦レベルの改革に先行する「下からの改革」
　3.1　RAVの「量的」インパクト　84

  3.2 州レベルでの先行施策と動向 85
    ——ザンクトガレン州における職業訓練民間委託に対する政治的
     コントロール
  3.3 スイスで観察された特徴は日本で観察できるか 88
 4 政治過程における3つの特徴③——州政府の強い拒否権……………90
  4.1 SECOのNPM的評価設定をめぐって 90
  4.2 積極的労働市場政策の財源をめぐる動向 92
 おわりに 92
  ——一見類似する日本とスイスの労働政策と，なお残る評価軸の違い

第5章 直接民主主義の暴走と抑制　―――――――――――― 101
   ——スイスの「逆進」所得税の分析を通じて

 はじめに 101
 1 租税競争をめぐる議論………………………………………………………102
  1.1 租税競争の理論と国際社会における議論 102
  1.2 スイスにおける租税競争をめぐる議論 104
 2 「逆進」所得税の導入をめぐって………………………………………105
  2.1 州民投票に先立ち配布された冊子が示す「公平」 105
  2.2 スイスにおける参加民主主義 109
 3 協調・合意による抑制の不機能…………………………………………110
 4 「逆進」所得税廃止をめぐる動向………………………………………113
  4.1 ジシャディス氏による「異議申し立て」と闘技的な財政民主主義 113
  4.2 異なる文脈の直接民主主義 118
    ——立憲民主主義・闘技民主主義との結託
 おわりに 119
  ——直接民主主義的な財政民主主義は，ポピュリズムだけを意味しない

第6章 多様な地域はいかに合意可能か　―――――――――――― 125
   ——スイスの政府間財政調整制度改革（NFA）をめぐる
    意思決定過程

 はじめに 125
 1 制度の概略と時代的文脈…………………………………………………126

2 「上からの改革」の機運……………………………………………130
      ──FDK が主導する 1996 年までの政治過程
  3 自己利益を追求する各州と KdK の登場……………………………132
      ──「ガイドライン」公表後の意思決定の変質
    3.1 事前聴取制の中でのさまざまなアクターの意見の表明　132
    3.2 ガイドライン公表以降の意思決定をめぐる組織体制　134
    3.3 KdK の正統性と事前聴取制における政治的立場　135
  4 KdK という協議の場はどう機能したか……………………………137
    4.1 州間の同権性──KdK の意思決定システムと，管理委員会　137
    4.2 積極的補完性原理の重視　138
        ──KdK における KAB を介したワーキング・グループの統率
    4.3 政治的な妥協点はどうもたらされたか　140
        ──NFA 全体のデザインに対する KdK の最終決定とその後の修正
  おわりに──協議の場という「中間的財政権力」における財政民主主義　141

第 7 章　新自由主義とポピュリズムの時代 ─────── 151
     ──スイスの年金改革と「イシューの分割」

  はじめに　151
  1 年金改革をめぐる背景………………………………………………152
    1.1 国際比較の中のスイス　152
    1.2 2 つの福祉削減圧力と年金改革　154
    1.3 スイスの社会福祉をめぐる先行研究の整理　154
        ──妥協・コンセンサス重視か？　拒否権の行使か？
  2 第 10 次改正をめぐって……………………………………………156
      ──規範と技術的論点の「イシューの分割」
    2.1 第 10 次改正（1995 年制定，97 年より施行）前後の制度　156
    2.2 第 10 次改正までの意思決定過程（1990～95 年）　157
        ──カトリック的価値観の後退と女性の退職年齢をめぐる
          「イシューの分割」
  3 第 11 次改正をめぐって……………………………………………162
      ──右派ポピュリズムと「イシューの分割」
    3.1 第 11 次改正前後の政党の動向──党間コンセンサスの難化？　162
    3.2 第 11 次改正の意思決定過程　163
        ──右派ポピュリズムを抑制する直接民主主義
  おわりに──コンセンサスと「イシューの分割」　166

終　章　来たるべき財政民主主義に向けて ―――――― 173
　　　　――学術的課題と社会実装における課題
　1　財政民主主義の根源的な捉え直し……………………………173
　2　財政社会学の手法をめぐって…………………………………178
　3　社会運動と財政民主主義………………………………………181
　4　多様な利害と財政民主主義……………………………………185
　5　財政民主主義の社会実装………………………………………187
　　　　――あえてインプリケーションを単純化する

索　引　193

第1章

財政民主主義と財政学の諸学派
新自由主義をめぐる議論をふまえて

はじめに——実感できない財政民主主義

　財政における民主主義，すなわち財政民主主義は，現代において十分に機能していると果たして感じられるだろうか。この問いへの答えは，答える人によってもおそらく大きく異なるだろう。例えば，住んでいる国や地域，その人の置かれている社会的，政治的，経済的状況にもよるだろう。また，研究者であれば，その価値前提によっても返答は異なるだろう。経済学者の中には，そもそも財政は民主主義に任せるべきでない，と考える人すらいるかもしれない。とはいえ，大多数の読者は主観的に，財政に民主主義の影響を感じられていないのではないだろうか。財政に多くの人々の声がもっと反映されるべきではないのか，なぜそうなっていないのかという疑問が浮かぶのも当然である。

　「市民がどれほど政治過程について影響力を行使できるか」について測定する概念を，政治的有効性感覚と呼ぶ。これをどのように測定し，比較するかについて議論はあるものの，おおむね現代日本では，他の先進諸国に比べて，この政治的有効性感覚が低いとされてきた（小林［2008］；金［2016］）。つまり，日本では民主主義を実感できていない市民が多いということである。また，若者に限った統計でみても[1]，「私の参加により，変えてほしい社会現象が少し変えられるかもしれない」と考える割合は32.5％と，調査対象国の中でも最も低く，変えられないと考える人の割合（51.0％）を大きく下回る。なお，「私個

人の力では政府の決定に影響を与えられない」と考えている若者が多数派なのは，スウェーデンを除き，日本（58.5％）を含む調査対象国（日本，韓国，アメリカ，イギリス，ドイツ，フランス）に共通した現象である。

　そうしたあり方を反映してか，日本において政府への不信感は根強い（佐藤・古市［2014］）。こうした心理的な要因は，財政にも影響する。主観的な税の負担感（痛税感）が強ければ，課税への合意はなかなか得られない。実際には日本は大きな政府とは必ずしもいえないのだが，世論のムダ削減論はいまだなお根強い[2]。とはいえ，税の使い道に十分に声が反映されていないとなれば，こうした社会心理が働くのも不思議ではない。

　もっといえば，社会や政治に影響力を行使できないことが，もはや当然視されつつある時代とすらいえるかもしれない。先述の若者に対する意識調査では，「社会をよりよくするため，私は社会における問題の解決に関与したい」あるいは「将来の国や地域の担い手として積極的に政策決定に参加したい」と考える割合は，日本は比較対象国の中で最も低い値を示している。現代のわれわれが生きているのは，そのような政治や財政に対する諦念すら漂う時代である[3]。しかし，財政（税や予算）における民主主義的なコントロール，つまり財政民主主義は，近代国家・近代財政の成立条件である。そうである以上，財政民主主義を放棄して，為政者が自由に税を徴収し，使途も恣意的に決定できてしまえば，それは近代以前の「領主支配」への退行にもなりかねない。

　なぜ現代が，あるいは現代日本がこのような状況になっているのかについて考察することは簡単ではない。本書の焦点はむしろ，こうした状況の中で，オルタナティブの可能性について探求することであり，そのために半直接民主主義国家のスイスという素材の検討をしている。財政に民主主義が反映されず，国家や地域社会に人々の声が反映されないという状況は，どうしようもない当然の現実ではない。財政民主主義を実質的なものにしていくことは，一朝一夕で達成できる簡易な目標でもない。万能薬もない。しかし，不可能ではない。本書は，そうした財政民主主義の可能性についての書である。

　では，財政が民主主義的にコントロールできるのであれば，それはどのように可能なのか。どのような特徴が観察でき，弊害があるとすれば何なのか。本書が取り組むのはそのような問いである。

1 新自由主義による財政民主主義の形骸化

　なぜ現代で財政民主主義が実感しにくくなったかは本書の主題ではないとしたが，全く説明なしに議論を始めることも難しいだろう。そこで，やや遠回りになるが，新自由主義概念について本節で検討することから議論を始め，現代における財政民主主義の形骸化を考えるための前段としたい。

　新自由主義は，過去50年近くにわたって影響力を維持し続けたイデオロギーといえるであろう。しかし，この新自由主義という概念は，それぞれの時代や地域におけるヴァリエーションや，論者による定義と批判も非常に多様である。しかも，何らかの政策や立場が，新自由主義的であると非難が起こる場合においてですら，その批判対象自身が「新自由主義的である」と公然と自認することは少ない[4]。ある種の「レッテル張り」でしかないのではないか，という懸念が生じるのもこうした傾向をふまえてのことであろう。では，新自由主義概念自体を「レッテル張り」として放棄することは妥当なのだろうか。本書はそうした立場をとらない。むしろ，財政民主主義がなぜ現代において重要なのかを考えるうえで，新自由主義による「非政治化」作用とも呼ぶべき特徴が，特筆に値することを示す。

1.1　W. ブラウンによる新自由主義の再解釈と，新自由主義による主体・国家の変質

　この新自由主義の理解の仕方は，政治学者のW. ブラウンに依拠している。ブラウンは，M. フーコーの新自由主義解釈から出発し，新自由主義とは，よくいわれるような政策パッケージ（民営化，規制緩和，市場原理の導入など）やその結果から定義されるのではないとする。むしろ，それは根本的に「統治の合理性」が変化し，主体と国家，民主主義のあり方が根本的に変質することだ，と喝破している。

　ブラウンの新自由主義理解の独自性については後述するが，そもそも，既存の新自由主義批判について，ブラウン自身は，4つの類型に分類している（ブラウン［2017］24〜26頁）。まず，①現実として激化する不平等への批判である。

これには，主流派を含めた経済学者（R. ライシュ，P. クルーグマン，J. スティグリッツなど）による西洋の国家政策への批判や，A. センや J. ファガーソンによる開発政策への批判が含まれる[5]。次に，②市場化に適さないと思われていたものへの反倫理的な商業主義化に対する批判である。例えば，臓器売買や第三世界の代理母出産などへの倫理的な反発や，公に開かれるべきもの（教育，自然，インフラなど）が商業化していくことへの批判である。こうした立場を示す論者として，『それをお金で買いますか』で知られる M. サンデルなどがあげられている。そして，③企業や金融資本と国家がますます密に関係を築く中での，政治的決断や経済政策における企業の支配への批判である。こうした批判を行う論者として，S. ウォリンや，P. ピアソンと J. ハッカーらがあげられている。また，こうした視点はマイケル・ムーア監督のドキュメンタリー映画の得意技だともいっている。最後に，④金融市場が「現実の」経済から乖離して，劇的な変動をもたらすことによる混乱への批判である。いわゆる「実体経済」と資本主義が乖離することへの批判といえよう。

　こうした既存の新自由主義への批判をふまえて，ブラウンの新自由主義理解の独自性はどこにあるのか。繰り返すと，ブラウンは，新自由主義は政策的パッケージの問題ではなく，もっと根本的な「統治の合理性」の転換を孕んでいる，と主張している。すなわち，それまで政治的に語られていた人間観や国家にまつわる概念・言葉・目標が，経済的に語られるようになる形での統治へ置き換わることである。そして「民主主義の構成のあきらかに政治的な性質，意味，作用を，経済的なものに転換させる」（ブラウン［2017］9 頁）としている。つまり，権利や善のような「政治的」な概念や尺度で論じられてきたものを，経済の言語で論じだすことである。こうした見方の転換が，一般には新自由主義的とみなされないような，左派においてすら浸透していると指摘する。

　その印象深い例示が，一般的にはリベラルとみなされる，オバマ大統領の2013 年の一般教書演説である。その演説の中で，リベラルな課題が，経済の活性化政策としてパッケージ化されている，とブラウンは指摘する。具体的には，メディケア，累進課税への改革，科学技術研究，クリーン・エネルギー，住宅所有，教育への投資，性差別および家庭内暴力，最低賃金の引き上げ，移民制度改革[6]などのような「政治的」課題も，経済成長，あるいはアメリカの

競争力への貢献という観点から語られ，すなわち経済的な言語で語られているのである（ブラウン［2017］19頁）。そこでは，例えば移民問題にせよ，「政治的」な「権利」としての側面は後景化してしまう。このように，左派にも浸透する新自由主義は，評価軸そのものの変化を孕む。ブラウンによれば，「新自由主義とは理性および主体の生産の独特の様式であるとともに，『行いの指導』なのであり，評価の仕組みである」（14頁）という。

　このように，新自由主義が，単に右派の教義としてだけ展開されていたわけではない側面が描写されている。むしろ，評価方法や思考方法に埋め込まれていると捉えるべきだと整理できるだろう[7]。ブラウンは，経済的価値，実践，方法に特有の定式を，人間の生のすべての次元（市民的徳性，公共における目標など）に拡大するように，評価や，統治の合理性が転換するのだとする。ここではもはや，新自由主義はかならずしも貨幣化や民営化を伴うわけですらない。新自由主義はより根本的に，人間（≒主体）のあり方や，国家や民主主義のあり方を根本的に転換するものとして描かれるのである。

1.2　主体と民主主義の変質

　新自由主義による人間（≒主体）のあり方の転換とはどういうことか。ブラウンは，主体が，市場の評価基準によって，自己投資する人的資本として構成されるようになる（ブラウン［2017］202頁）と説明している[8]。そして，そこで起こるのは，ホモ・ポリティクスとしての主体の喪失である。ブラウンは「ホモ・ポリティクスは新自由主義的理性の支配によるもっとも重大な犠牲者であり（……）ホモ・ポリティクスの民主主義的な形態が，新自由主義の理性が統治の合理性として具現化したときそれに対抗する主要な武器となり（……）別の構想によってそれに反論するための資源となる」（95頁）という。つまり，人間の政治的側面，ホモ・ポリティクスはまさに新自由主義において捨象されゆく側面である。それと同時に，潜在的に対抗軸でもありうるのである。

　新自由主義が国家や民主主義に与える影響についてはどうか。そこでの変質を理解するキーワードとして，「ガバナンス」やニュー・パブリック・マネジメント（New Public Management: NPM）などをあげている。まず，この「ガバナンス」という語は，「統治すること」と「経営すること」の両義性をもち，新

自由主義を加速させたキーワードだという（ブラウン［2017］136 頁）。さらに，NPM はその縮図であるとブラウンは評価している（138 頁）。この NPM という新たな行政管理手法は，一般的に，民間の経営手法を公共サービスに移入することを促進するものである。

　むろん，評者によって NPM の定義や評価自体，分かれるところであろうし，擁護する立場から，このブラウンの整理への異論もありえるだろう。とはいえ，批判者によっては，NPM のネーミング自体が，新自由主義的なイデオロギーとして特徴づけられる実践が先行し，それを学問的に色付けしてまとめたもの，というような評価も存在する（兼村［2019］）。また，NPM と「ガバナンス」の関係についての評価もまちまちである。例えば，兼村高文は，経済理論，市場原理をベースとする NPM を批判する主要な立場として，民主主義理論をベースとする新公共ガバナンス（New Public Governance: NPG）が登場した，と整理している（兼村［2019］）。つまり，NPG のもつ参加と包摂を比較的ポジティブに評価しているわけである。一方で，ブラウンは，この「ガバナンス」の語にも否定的な評価を浴びせている。

　ブラウンの「ガバナンス」への第 1 の批判として，「ガバナンス」という標語が，社会や価値観における差異を軽視するという問題がある。「ガバナンス」は民主主義を単に手続き的なものに置き換えてしまい，権力の問題とは分離させてしまうのだという。結果としてあらわれる，包摂，参加，連携として定義されるような民主主義は，正義や目的の任命やそうしたものをめぐる多元的な闘争への関心を欠如させると指摘する（ブラウン［2017］144 頁）。換言すれば，「ガバナンス」概念により，問題解決と手続き的な合意が重んじられるようになることは，異なる政治的利害とポジション，善をめぐる規範論的闘争を生み出しうる経済社会的な前提を軽視してしまうというわけである[9]。

　第 2 の「ガバナンス」への批判として，異なる組織や部門，産業の質的な差異の軽視があがっている。そこでは，「ベンチマーキング」「ベストプラクティス」の名のもとに，他の「成功例」の企業や機関の実践を模倣し，内部の改革を実践することが求められるようになる（ブラウン［2017］153 頁）。当然のことながら，特定の自治体には固有の文脈や価値観があり，特定の国家には固有の文脈や価値観があるわけで，「成功例」の模倣は「成功」の再現を必ずしも意

味しない[10]。そして，国や自治体の財政も文脈や価値観に大きく依存する。にもかかわらず，「ガバナンス」はこの質的な差異を軽視する傾向にあるのである[11]。つまりは，価値中立的な見せかけの中に埋め込まれた，政治性の問題なのである。さらに，「ベストプラクティスはたんに非政治的であると主張するだけでなく，反政治を構成」するとも主張する（157頁）。

こうした，価値の差異・多元性や，それぞれの組織の質的な差異を無視し「政治的なもの」を不可視化する反政治性と，一見，価値中立的にみえる指標や評価方法に潜り込む政治性に対する批判的なブラウンの視点は，政治や評価についての，現代のアナキズムの視点とも意外なほど類似している。

1.3 「客観的」評価の反政治性と政治性
　　　　——アナキズムの視座，「測りすぎ」をふまえて

■J. スコットの「反政治マシーン」としての量的評価

イェール大学の政治学者・人類学者，そしてアナキストでもあるJ. スコットは，量的な評価がもつ，根本的な「反政治マシーン」としての性質を指摘する。具体例として，教育や自治体における質的な評価を量的な評価へと置き換えようとすることの根本的な問題性をあげる。例えば，たしかに自治体の費用便益分析や論文の引用件数などの量的評価への転換は，明確で単一な測定基準に基づいた比較を可能にしうる。しかしこれらは，本来であれば民主的討議の対象となるべき，価値についての「政治的な」問題を，中立と客観性を掲げる評価や専門家を称する人々の手へと委ねることを意味するのだという。したがって，ある種の「反政治マシーン」として機能するのだという。つまり，費用便益分析はいかに厳格に適用されようとも，公共的な意思決定の根本的な非政治化を孕んでいるわけである。結果として，これまで質的に評価されていたものを正確に測ることができなかったり，さらには行動自体を歪めたりする危険性（「測定方法が行動を植民地化する」と表現している）を指摘している。

そして，こうした一見「客観的」な測定方法は，逆説的に，何を測るのか，どの尺度を使うのか，いかに数的な価値へ翻訳するのか，数的価値をどう意思決定に利用するのか，という計算技術の中に強い政治性を隠蔽しているとする。これにより，偏りや依怙贔屓という批判を払いのける非政治性の見かけの裏で，

計算方法の中に深く隠蔽された政治性をもつという帰結につながるのである[12]。

■歴史学者 J. ミュラーの「測りすぎ」と，人類学者 D. グレーバーの「リベラリズムの鉄則」と官僚制

こうしたスコットの指摘は，歴史学者の J. ミュラーが「測りすぎ」として指摘する現象とも大きく重なる。ミュラーはキャンベルの法則（定量的な社会指標が社会的意思決定に使われるほど，汚職の圧力に晒されやすくなり，監視するはずの社会的プロセスを捻じ曲げ，腐敗しやすくなる）などの先行研究に言及しつつ，量的な評価がいかに，情報の歪曲（簡単に測定できるものを基準にしたり，成果の代わりにインプットを測定したり，コンテクストを無視する），基準の改竄，データの書き換えなど不正行為につながるかを論じている。

そして，こうした欠点にもかかわらず量的評価が重宝されるのは，NPM の手法が背景にあるとされる。つまり，価格の代わりとなる測定基準を作り，測定基準に基づいて金銭的に動機づけを行い，測定基準を公開させ，互いに競わせる，という発想である。ただし，利益で簡単に測れる民間企業とは違い，そもそも政府などの組織は複雑な目標をもっている。この点について，スコットにも言及しつつ，ここにはある種の合理主義者の幻想が存在しているとミュラーは指摘する。つまり，抽象的知識（体系化し，定式化することができる知識）に比較して，一般化できない，経験によって学習されるような知識（実践的知識）を合理主義者は軽視しているというのである。こうしたすれ違いの帰結として，測定されるものに労力を割くことで目標がずれること，短期的な目標の優先，測定すること自体のコストの増大，規則の増加などの現象がもたらされる。さらには，民間企業であれば「測定によるメリット＜測定自体のコスト」となった時点で，測定自体が行われなくなるのだが，公的部門にはそのハーネスがないために，「測りすぎ」となると指摘する。こうした一連の現象が説明責任＝アカウンタビリティの名のもとに進められるのである。

NPM の趨勢が現代においてもなお，1990 年代，2000 年代の勢いを保っているとはいいがたい。しかし，EBPM（Evidence Based Policy Making）のような標語に基づき，「客観的」数値測定を推進する傾向自体は依然健在である。通常，EBPM が新自由主義と結びつけて考えられることは少ないわけだが，ここまでの議論をふまえるとそうした評価方法の採用が「政治的なもの」を切り

詰め，民主主義の範囲を狭めている可能性が考慮されるべきではないだろうか。そして，実際に現場にしばしば混乱と反発を生むようなことは現在もあるようである。その行政と経済学者のすれ違いについての鋭い批判として，鈴木亘の論考などは非常に興味深い[13]。

　より悲観的な観測によれば，こうした評価方法の変化は，それが意図していた「経済的効率」さえもたらさない可能性すらある。人類学者でアナキストのD. グレーバーは，主に経済的な言語による，量的で客観的な評価は，それが本来意図していた競争の促進に反して，逆説的に競争の不活性化，さらなる規則や官僚制の強化につながる可能性すらあることを示唆している。グレーバーは，「市場は政府と対立したり政府から独立したりしているという発想が，少なくとも十九世紀以来，政府の役割の縮小をもくろんだレッセフェールの経済政策の正当化のために用いられたとしても，その政策が実際にそんな効果をもたらすことはなかった（……）この明白な逆説，すなわち，政府による経済の介入の縮減を意図する政策が，実際には，より多くの規制，官僚，警察官を生みだす結果にいたるという逆説は，実に頻繁に観察できる（……）これを『リベラリズムの鉄則』と名付けたい」（グレーバー［2017］12頁）という。つまり，「競争を促すための計画や評価」が逆説的に，管理を強化する可能性を示唆している[14]。こうした論者の指摘がどれほど実証可能かという点は，今後の議論が待たれるが，少なくとも新自由主義にまつわる評価や統治の変質についての興味深い側面を描写しているといえよう。

1.4　小括——新自由主義による評価軸の変質と財政民主主義

　ここまでの議論を一度整理したい。まず，ブラウンによる新自由主義概念の捉えなおしの中で，政治の言語が経済の言語に置き換えられることで，民主主義や主体のあり方が変質したことが指摘されてきた。それに伴い，評価軸のあり方も変質しうるわけである。そして，NPM,「ガバナンス」や「ベンチマーキング」の標語のもとで，異なる組織や産業部門における差異，社会の多元性に起因する差異が軽視されるようになれば，民主主義は差異の中の対話というより，単に手続き的なものとして形骸化してしまう。そして本質的に「政治的なもの」についての議論は後景化し，経済の言語で語られるようになる。

そして，この後者のブラウンの指摘は，スコットが「反政治マシーン」として指摘するものにも類似している。これまで質的に測定されていたものを量的に測定するということ自体に，政治的な決定や評価，民主主義的な決定の余地を切り詰める作用が潜在的に存在する。しかし，ミュラーが指摘するように，量的な評価を拡大することは，経済的な合理性すら高めない（むしろ低める）可能性すらある。そして，そのように「測りすぎ」となる独自の要因を公的部門は抱えているのである。この量的な目標の設定が経済合理性すら高めないかもしれないという指摘は，グレーバーの「リベラリズムの鉄則」にも通底する。つまり，経済的な競争を促進しようとしてとられる策が逆説的に管理を強めるというものである。

　こうした反政治マシーン，測りすぎ，リベラリズムの鉄則はいずれも，（主に公的部門における）「政治的な」評価や決定を切り詰める発想に起因している。しかし，財政においては，根本的に政治的な決定が排除できない[15]。財政民主主義が重要であるのは，その「政治的」決定をどのように民主主義的にコントロールするか，という点がむしろ問題となるからである。その意味で，こうした量的，経済的，競争的評価への置き換えが進むことは，財政民主主義の切り詰めへと働きうる。さらに，こうした評価軸自体の変化として新自由主義を理解するとき，それは，先進国で政治的な左派が政権をとった時期もあるにもかかわらず，通奏低音としての新自由主義が継続していることへの1つの説明となろう。こうした評価軸やアカウンタビリティの変質は，政治的左派の中にも観察しうるにもかかわらず，それ自体が一般的に新自由主義と結びつけて連想されることは稀である。このように，新自由主義の教義が非明示的に導入される性質を捉えて，ブラウンは「新自由主義化は一般的には，ライオンよりもシロアリに似ている」（ブラウン［2017］32頁）と表現している。そして「その理性の様式は，毛細管のようなやり方で，職場，学校，官公署，社会的かつ政治的言説，そしてとりわけ主体の幹や枝のなかに入り込んでくる」（32～33頁）のである。

　ここまで見てきたように，新自由主義が単に政治的な変質として捉えられるだけでなく，政治的な評価を下しうる範囲の縮小や，民主主義的なコントロールを及ぼしうる範囲の縮小を伴うものとして捉えられる場合，新自由主義は，

評価方法そのものや科学とその社会実装のあり方の変質とも関わる。こうした議論をふまえ，次節では，財政学の領域における評価軸の変質について考える。

2　財政学における学派間の緊張関係と，本書の位置づけ

2.1　財政学における3大学派間の緊張

　ここまで，新自由主義のもたらす「政治的なもの」の縮小という，現代の財政民主主義における課題の所在を示すために，政治学，歴史学，人類学，あるいはアナキズムの知見まで用いながら，新自由主義概念について考察してきた。しかし，あくまで本書は財政学の研究である。もっと具体的にいうのであれば，制度派の財政学≒財政社会学の文脈とアプローチに則った研究である。しかし，財政学界の外では，依然として財政社会学という単語自体が十分に浸透しているとは思えないし，他領域を専門とする読者に向ける意味でも，以降で改めて財政学内部の学問潮流と本書の位置づけを整理しておきたい[16]。それによって，新自由主義と財政学の関連，財政学内部の流派の差異，本書が財政社会学的アプローチを用いる理由，そして財政社会学の中における民主主義理論の弱さを指摘していきたい。こうした記述を通じ，学術的な議論の次元で，なぜ財政民主主義が重要であるのかについて示していくことにする。

　新自由主義が，これまでみてきたような，政治的・社会的帰結をもたらしながら国家の役割を変質させる時，当然ながら国家財政のあり方も影響を受けざるをえない。では，その時に財政学は，財政が経済の論理で決定されてゆくのをただ傍観せざるをえないのだろうか。否，一部の財政学者は，財政を経済現象のみに還元したり，市場システムのあくまで必要悪として位置づけたりすることに抵抗し続けてきた。例えば，神野直彦は，社会全体を，経済システム，政治システム，社会システムの3つのサブシステムからなるものと捉え，財政はまさにその政治システムと経済システム，政治システムと社会システムをつなぐリンクとして整理している（神野［2021］26〜28頁）。つまり，財政は，経済と政治と社会の境界に存在するものとして位置づけられるのである。すなわち，財政は単に経済現象なのではなく，政治・行政現象，社会現象なのである。こうした側面を強調してきたのが，財政社会学や，制度派の財政学である[17]。

財政社会学とは何か。財政社会学の観点からすると，財政学は単なる経済学の一応用部門ではありえず，政治学，社会学などとの境界の学として位置づけられるべきであるとされる。実際に，手法としても歴史的制度論のような歴史主義的なアプローチを摂取する形で発展してきた。そのため，財政社会学では，主流派の経済学，新古典派経済学が立脚する方法論的個人主義を必ずしも前提としない点が，財政への経済学的アプローチと異なっている（金子［1997］）[18]。さらに，神野・池上岳彦の『租税の財政社会学』では，財政への経済学的アプローチ（あるいは公共経済学）が，租税制度の影響の事後的な分析を焦点とするのに対し，財政社会学のアプローチは，むしろ財政や税制の事前的な形成過程を焦点化することを指摘する（神野・池上［2009］1～4頁）。そうであるがゆえに，財政社会学では，歴史的分析や国際比較が重視されることとなる。では，こうした財政社会学の手法や視角は，財政学界全体の中でいかなる位置を占めているのか。おそらく現代の財政学者の中では経験知として周知の事実かもしれないが，経済学的（ないし新古典派的・近代経済学的）財政学のアプローチと財政社会学的（≒制度派）アプローチは，少なからぬ緊張関係をもって長い間併存してきた。

　その意味で，本間正明の『日本の財政学──受難と挑戦の軌跡』は，その緊張関係と差異を生々しく伝える記録として，非常に興味深いものである（本間［2021］）。本間自身は新古典派経済学，ないし近代経済学の立場をとる財政学者・経済学者である。同書は，財政学者・佐藤進の整理（佐藤編［1986］）に基づき，財政学全体を3大学派（制度派，マルクス主義財政学，近代経済学）からなるものとして捉え，戦中から現代に至るまでの財政学の学説史を展開している（本間［2021］）。制度派の財政学者としては，先述の神野直彦や，大島通義，金子勝，井手英策などの名前をあげている。そして，3大学派が分離と対立を行うのではなく，相互発展的に学び合うべきである，との立場を同書で示している。

　こうした記述は，本間の政策当事者としての側面もふまえると非常に興味深い。そもそも本間は，小さな政府路線，もっといってしまえば新自由主義路線を主導した小泉政権下で，竹中平蔵らとともに財政政策における意思決定に大きな影響力をもった経済財政諮問会議の民間委員であり（宋［2012］），当時の

権力の中枢にいたといっても差し支えないだろう。その本間が，本人いわく「近代経済学的財政（公共経済）学の発想しか持っていなかった」（本間［2021］ⅴ頁）立場を省み，他学派である制度派・財政社会学の成果に一定の評価を与えながら，近代経済学の「現実味のない財政論が主流となりつつあり（……）この傾向を助長してきた者の一人ひとりとして，財政学研究のあり様について改めて考える」（14頁）という趣旨の，ある種の転向や内省とすらとれる主張を行っているためである。そして，近代経済学的財政学の研究者のより若い世代（本間の語によれば「第2世代（SGT）[19]」）が，現実から乖離したモデルで財政現象を分析しようとすることに警鐘を鳴らしている。

　同書の整理によれば，（とりわけ地方財政論における）1980年代からの近代経済学的財政学の顕著な方法論上の特徴は，分析手法の理論化であり，数量化であるとされる（本間［2021］250頁）。つまり，制度的・定性的分析から経済的，定量的分析への転換であり，これらが現代の「エビデンス（根拠）」に基づく政策論（EBPM）の端緒となったという。さらに時代を下り，三位一体改革のころには，30代の研究者を中心に近代経済学の第2世代（SGT）が理論・計量分析を進めるようになった（259頁）。そして彼らは，ゲーム論，契約論，ガバナンス論，NPMなどを理論的なベースとして取り入れ，地方政府の「モラル・ハザード」などを分析するようになったとまとめている（272頁）。そして，日本でNPMが最も注目を集めたのは，2001年の小泉政権下の経済諮問会議で，いわゆる骨太方針がまとめられたころであるとし，第2世代の近代経済学的財政学者の中では，NPMを支持する議論が広がったとしている。

　さらに，W. オーツらの整理に言及しながら，「第1世代の地方分権理論（FGT）」がどちらかというと「規範的分析（normative analysis）」を主たる関心としていたのに対し，「第2世代の地方分権理論（SGT）」は「実証的分析（positive analysis）」を志向していったとされる（本間［2021］281頁）。翻って「規範的」視角は薄れていったのである（28〜29頁）。

　こうした近代経済学的財政学が，アメリカでの新古典派経済学の強まりとともに国際的な活躍を広げていったことに，本間は肯定的な評価を与える。しかし，その一方で「実証的（positive）」な分析をするうえでの定量的分析のモデル自体の妥当性，あるいは定量的分析のモデルを構築するうえでの前提への妥

当性について，近代経済学的な立場をとる本間自身，疑問を呈している（本間[2021] 318頁）。例えば，「モラル・ハザード」論のように，地方自治体を単に自己利益の最大化をめざす「個人」，あるいはプリンシパル・エージェント理論の中での「エージェント」と見立てることは妥当なのか。このようなSGTの研究の，地方間競争理論における分析の過度の簡素化は，「人間」の喪失をもたらさないか[20]。あるいは，財政学のそもそもの問題である「公共的(public)」なる問題への挑戦を放棄しているのではないか（318頁）。このように，定量的手法の前提への問題提起が，新古典派経済学的な財政学の内部から起きているのである[21]。

とはいえ，もちろんNPM的な手法や，プリンシパル・エージェント理論的な競争の側面を焦点化した定量的分析の導入をもって，新古典派経済学的な発想に立つ財政学のすべてが，新自由主義的だといいたいのではない。そのような批判は藁人形論法となってしまうだろう。実際に，むしろ近代経済学の中でも，むしろ限定合理性を焦点化する傾向として，大竹文雄や岩本康志らの行動経済学に影響を受けた「行動財政学」の領域の近年の台頭なども同書では触れられている[22]。要するに，そのような十把一絡げな批判をするのであれば，おそらくそれは，ブラウンの例でいうところの，オバマ大統領の発言をもって彼を「新自由主義者」として位置づけてしまうことに似ている。だが，ブラウンの表現を繰り返せば，新自由主義はむしろ「シロアリ」のように評価軸に入り込むものなのである。そう考えると，客観的かつ価値中立的な分析を志向する定量的な手法にも価値前提が内在しており，価値中立ではありえないことが意識されなければならないのではないか。もっといえば，そうした評価手法が，「反政治マシーン」として機能する一方で，評価軸の中に別の政治性を孕む危険性も潜在的に存在するわけである。そして，ブラウンが指摘したような異なる組織や産業部門における差異，社会の多元性に起因する差異の軽視や，政治的・民主主義的な決定の領域の削減により，財政民主主義が形骸化する可能性は警戒されてよいのではないだろうか。

では，このような財政学の研究動向をふまえて，どのように建設的な対話が3大学派の間で可能なのだろうか。先述の本間は，3大学派の協調を支持しながら，3大学派が最も共同歩調を取りやすい点として，「アカウンタビリティ」

の重視があるのではないかとしている(本間[2021]25～30頁)。たしかに，財政社会学派の大島も，予算の説明責任というような意味合いで「アカウンタビリティ」という語を用いている。また，京都大学系のマルクス経済学的な財政学者である池上惇は，「情報の公開」「知る権利の保障」「民主主義的な参加と意思決定」の条件を満たすような「新社会権」の保障を求めている[23]。本間は，これはむしろ「アカウンタビリティ(説明責任)」論に入れる方が適切ではないか，という。そして，近代経済学のアカウンタビリティ論としては，NPMや政府統治(すなわちガバメント・ガバナンス)が重要であるとしている。

しかし，前節で検討したようなNPM，ガバナンスと新自由主義の供託関係(あるいはそれらと「政治的なもの」，民主主義との緊張関係)についての批判をふまえつつ，財政民主主義の立場に立てば，むしろアカウンタビリティの一語に込められた意味の差異の方が際立つといわざるをえない。京都大学系のマルクス経済学的財政学や，財政社会学派の大島が「説明責任」として「アカウンタビリティ」を使う時には，むしろ財政民主主義の一要素の側面が強い。一方で，NPMやガバナンスのもとに，定量的評価を促進する理屈として「アカウンタビリティ」が用いられる時，それは政治的裁量の縮小や，財政民主主義の縮小を伴う可能性すらあるわけである。つまり，誰が，どのような価値前提で，どのような方法で評価するのか，という点に依然として差異が存在するのである。ミュラーが，そもそも「アカウンタビリティ」の語自体，「カウントできる」という意味をもつことに着目していることも重要かもしれない。そもそも語彙として「定量化」のニュアンスを伴うわけである。そのため，マルクス経済学的財政学の「新社会権」や，財政社会学の議論を「アカウンタビリティ」に収斂させてしまうことは，財政民主主義の多様な側面の捨象にもつながりかねない。

2.2　財政社会学の手法と財政民主主義

では，そのうえで財政社会学の研究指針として，どのようなことが考えられるのか。財政学が経済学的なツールで語られ，政治の領域が経済の言語で語られていく新自由主義の時代の中で，財政社会学は，政治の領域における固有の共通言語や評価軸をもちえてきたのだろうか。筆者は，第1に，本来であれば

政治に固有の論理として共有の基盤たりうる財政民主主義の概念が，十分に深化させられてこなかったと考えている。第2に，財政社会学が共有する方法論は，現在苦闘しながら発展している最中である，といってよいと考えている。

　後者に関していうと，これまでも近代経済学の立場から制度派の財政学に対して，共有された手法が不在であるとの批判はしばしばなされてきた（本間［2021］）。また，制度派内部でもそうした問題意識は長らくもたれてきた。例えば，制度派の財政学者の金子は1999年の著作で，主流派経済学への批判理論をさまざまに紹介したうえで，「なぜ批判経済学は体系化されないのか」と題された節で，「これらの批判的アプローチは個々の理論家の所有物にとどまり，決して『学の体系』として多くの人々に共有されてはいない。たぶん，その最大の理由は，たとえ間違っているとはいえ，新古典派経済学が極めてシンプルで『解りやすい』政策提言に結び付いているのに対して，大部分のホモ・エコノミカス仮説批判は，批評家のそれにとどまっており，そこから導き出される政策的インプリケーションがないから」（金子［1999］298〜299頁）だとしている。つまりこれは，制度派をはじめとする非主流派経済学や制度派の財政学が，新古典派の価値前提に疑問を投げかける一方で，制度派の側には体系性が希薄で，あくまで批判理論としてとどまってきたことへの反省である。事象の複雑さを複雑なまま理解するという営みはそれ自体が重要である。だが，単純化しやすい言説の方が世に波及するうえで有利となる，というのは想像にかたいことではない。

　約100年前に，R. ゴルトシャイトと並んで，財政社会学を提唱したJ. シュンペーターは「その発展がまだ大部分神の胎内に眠っている」と評した。だがもちろん，その後に体系化への努力や，共有する方法論の構築が企図されてこなかったというわけではない。現代の財政社会学は，アメリカの政治学の歴史的制度論の発展なども吸収しつつ，展開されてきた。動向を網羅することは難しいが，先述の金子と井手やその門下の研究者により組まれた『三田学会雑誌』第107巻第4号の「特集――財政学の批判的検討」などは，その後の2000年代，10年代前半の方法論的蓄積の到達点を整理している。大きく一般化するのであれば，財政社会学は歴史的分析と国際比較に強みをもつ形で発展してきたといえるだろう（茂住［2015］；倉地［2015］）。本書もおおむね，こうし

た方法論上の蓄積のうえに展開している。

　しかし，これらの方法論が課題を抱えていないわけではない。筆者は，少なくとも，2つの落とし穴に留意する必要があるのではないかと考えている。財政史分析が影響を受けた歴史的制度論の主要なテーゼとして，「歴史が問題になる（history matters）」というものがある。だが，共通の（規範）概念のない歴史記述は，事例の個別性を紹介するにとどまり，規範論との接続もなく，「歴史は重要だというだけ（history just matters）」にとどまってしまう可能性もある。また，後者の国際比較に関していうと，規範的な視座なくしては，ただ単に多様な国家が，多様な財政政策を展開して，違いが存在する（just differ，ただ色々あるというだけ）という結論に至りかねない[24]。つまり，こうした方法論を採用することは，財政における規範的な議論を再度展開するための，十分条件にはなっていない。そのため，本書では政治の領域における固有の概念や評価軸を同定するためにも，民主主義論のような規範的な議論との橋渡しを模索してゆく。またこれは，（本間の整理が適切であれば）第2世代以降の近代経済学的財政学において，規範的議論よりも実証的議論が優先されるという空白地帯も埋めうるのではないか，という意図もある。

　だが結局のところ，財政社会学の内部においても，民主主義理論のような規範的な議論との接続はあまり強くない[25]。大島と井手による先駆的な財政社会学の業績である『中央銀行の財政社会学』は，財政的利益集団である中間的財政権力を分析の射程に入れた点では手法として先進的であった。しかし，財政的利益集団がどのように利害を調整す「べき」なのか，あるいは，どのような対話を行う「べき」なのか，といった規範的な議論は手薄なままである（大島・井手［2006］）。そのため，中間的財政権力による財政民主主義の形骸化の過程は描かれるものの，どのように財政民主主義を実質化するか，という問いへの答えは見出しにくい。

　さらに，そもそも財政社会学の構想の淵源となっているシュンペーターの議論自体，ある種の「エリート民主主義理論」として，むしろ現代民主主義理論の中では，批判的な評価も増えている。民主主義理論の専門家である山本圭によれば，シュンペーターに端を発し，R.ダールやS.リプセットに引き継がれていったエリート民主主義理論は，J.ウォーカーの「民主主義のエリート理論

批判」(Walker [1966]) により，市民を単に受動的な存在として描いており，社会運動のような人々の政治参加の意義を過小評価をしていると批判されている（山本 [2021]）。つまり，シュンペーターやダールのエリート理論が徹底した現実主義的，記述主義的な立場を取ることで，民主主義論の規範的な側面を見失っているという批判である。すなわち，「『現実とよりよく一致するよう理論を修正することで，エリート主義の理論家たちはデモクラシーをラディカルなものから保守的な政治的教義に変えてしまった』ため，もはやそれは，社会がめざす理想像ではなくなってしまった」(94頁) ということである。たしかに，財政社会学の手法，あるいは財政史的な手法も，ザッハリッヒな（即物的な）記述ゆえに同様の落とし穴に陥らないよう警戒する必要があると考えられる。

とはいえ，これは制度派の財政学や財政社会学が，財政民主主義に価値を置いてこなかったということではない。詳しくは次章で詳述するが，むしろ標準的な制度派の財政学の教科書には，まず冒頭で必ず出てくる概念ですらある。財政民主主義は，近代国家，近代財政が成立する前提条件であるためである。にもかかわらず，この財政民主主義という概念は，現代民主主義論と十分な対話を行ってきたとはいいがたい。財政民主主義とはそもそも何なのか。あるいは，どのようにそれを実質化することが可能なのか。これらについて議論が十分でなかったように思われる。財政民主主義という概念は，制度派の財政学の本尊とも呼べる場所に大切に保管されてきたとでもいえるかもしれない。

おわりに

上記の状況をふまえ，財政社会学の方法は，財政民主主義を規範的な議論の土台として据えながら展開されるべき，というのが本書の立場である。まず，同時代の社会的な文脈において，財政民主主義について検討することは，政治的なものを経済の言語で言い換えるのではなく，再び「政治的なもの」として捉えなおす営みとなる。どのように税を使うかに関して「政治的な」価値判断を免れえず，一方で，それを「非政治化」（的な見かけ）にする試みが新自由主義であったのだとすれば，むしろ政治的であることを前提として受け入れ，政治的価値判断をいかに民主主義的にコントロールするかが財政民主主義の視角

である。さらに，政治の言語が経済の言語に置き換えられるのが新自由主義であるというブラウンの整理を受け入れるなら，政治と経済の境界である財政こそその変化の主戦場であり，財政学こそ主戦場である。だからこそ，同時代的な意味でも，学術的な意義を鑑みても，単なる「民主主義」でなく財政民主主義を改めて焦点化すべきなのだ。その意味で，本書は財政民主主義を財政社会学，制度派の財政学の体系の中心的な参照基準に据えることを提唱するものである。

「なぜ財政民主主義なのか」という点について，ダメ押しで何点か付言しよう。そもそも財政民主主義のない民主主義は，端的に「絵に描いた餅」である。財政学者の内山昭は，「憲法の全体構造は国民主権，基本的人権の尊重，恒久的平和主義，地方自治などを主要な原理としている。だが多くの場合，それらに財源や経済的裏付けがなければ単なる建前や目標にとどまり，それらの実質を確保することはできない。だから，基本的人権と公正な社会システムを経済的に支える役割を期待されている現代の財政において，財政民主主義はその法制的かつ実体的保障であるといえる」(内山［1997］2頁) と整理している。つまり，民主主義の原理が単なる建前やお題目を超えて，経済的実体を伴って保障されるためには，財政民主主義が必要なのである。これは翻って，闘技(的) 民主主義のような現代民主主義理論において指摘されてきた，制度的裏付けについての議論の手薄さという欠点をも潜在的に乗り越える可能性を有しているだろう。

さらに，比較政治学の文脈でも，「日本型多元主義」の議論が，規範的な議論と切断され，結果として現状肯定的なインプリケーションをもたらしてきたとの批判も受ける中では，利害や価値において異なる多元的な社会集団，多様な人間が民主主義的に財政と政治を決定しうるのかを問い直すことは，改めて規範的な議論を再考する契機となるだろう。

最後に，根本的に財政民主主義は，同時代において社会的にも要請されている。「はしがき」で述べたように，財政民主主義を主観として体感できないときこそ，いかにそのフィクションを紡ぎ出しうるのかが問題なのである。第1節で述べたように，新自由主義が差異，多様性，質的な違い，組織間の文脈を軽視する帰結を招くのだとすれば，そのオルタナティブである思想には，財政

というフィールドで，多様性・多元性，あるいは分断のような「政治的なもの」を直視し，いかに民主主義的な関係性を編むことが可能かが課題となる。

　ここまで，現代における財政民主主義の必要性を示すために，新自由主義概念の再検討と，本書の研究史上の位置づけについて述べた。つまるところ本書は，民主主義先進国であるスイスの財政民主主義を観察することで，財政民主主義の潜在的な可能性について模索するものである。

〈注〉
1) 以降の数字は「そう思う」と「どちらかといえばそう思う」，「そう思わない」と「どちらかといえばそう思わない」をそれぞれ合計した数値である（内閣府「我が国と諸外国の若者の意識に関する調査」〔2018年度〕）。
2) 例えば，ISSP（International Social Survey Programme）による2016年の世論調査によれば，「政府の支出を削減すること」に「賛成」ないし「どちらかといえば賛成」と答えた割合は74％である。「賛成」だけに限っても49％を占め，これは調査対象国35カ国中の上位10位以内に位置している（村田［2019］）。
3) なお，世界価値観調査（WVS）の最新のデータセット（2017〜20年）の，「自分の人生をどの程度自由に動かせるか」というアンケートでは，日本は調査対象国84カ国82位である。したがって，社会や政治だけでなく，自分の人生に関しても左右しうるという感覚が他国に比べて弱いことが指摘できるだろう。
4) 例えば，小泉政権下で旗振り役として規制緩和を推し進めたことで知られる竹中平蔵ですら，自身の立場を新自由主義として位置づけられることを拒否し，そのような批判はレッテル貼りだとしている（竹中［2010］3頁）。
5) ただし，ブラウンは①②③の類型について，例としてあげた論者が「新自由主義」の語をあまり明示的に用いていないことにも留保をつけている。
6) 移民を，経済・財政に貢献するかどうかという視点から中心的に分析することの問題性は，別稿にて論じた（掛貝・早崎［2022］）。
7) 例えば，1990年代から現代に至るまでの日本の政治や政策においても，宮本は「磁力としての新自由主義」が機能した，と指摘する（宮本［2021］）。この概念は，右派だけが政権を握ってきたわけではないにもかかわらず，新自由主義的な発想が影響力を維持し，左派政権においても十分な修正がなされなかった側面を捉えているように思われる。
8) 具体的には，ブラウンは以下のように説明する。「人的資本は，かつてのホモ・エコノミクスのように，自己の利害関心によって駆動されるのではない。むしろ人的資本は，自己の高評価に貢献するか，少なくとも価値の下落を防ぐようなやり方で，自己投資するように強いられている。こうした自己投資に含まれるのは，教育のようなインプットの量を決めること，職業，住宅，健康，老後の市場の変化を予測しそれに適応すること，価値を高めるようなやり方で恋愛，結婚，創造，余暇の実践を計画することである。人的資本は，知性ある民主主義的市民に必要な知識と経験を獲得することには，まったく関心がない」（ブラウン［2017］202〜203頁）。

9) このように，本来的に「政治的なもの」について再び焦点化すべきという立場は，ラディカル・デモクラシーないし闘技（的）民主主義の問題意識にも近しいだろう。実際同書ではラディカル・デモクラシーへの言及もある（ブラウン［2017］240 頁）。
10) 後述の財政社会学の歴史分析と国際比較の手法もこうした点を焦点化する。
11) こうした政治的な変化の中で，財政は「犠牲の共有」という帰着を生むとブラウンはいう。「自由主義から新自由主義的民主主義へと移行する過程で（……）緊縮財政期においては，国家の長とビジネス界の長によって日常的に求められる『犠牲の共有』としてもつくりなおされる。このような犠牲は突然の失業，一時雇用，給与や福利厚生の削減を意味するかもしれないし，（……）『犠牲の共有』は教育，インフラ，公共交通機関，公園，公共サービスへの国家投資の切り詰めという影響を指しているかもしれないし，たんに雇用の『共有（シェアリング）』（……）なのかもしれない。ともかく，能動的な市民性が衰退して自己を責任化された人的資本として育成するということに還元されるにつれて，自己犠牲的な市民性（シティズンシップ）は拡大されて，経済の要求や命令に関連するものならなんでも受け入れるようになっている」（ブラウン［2017］243 頁）。
12) 例えば，財政調整のように極めて数式的な複雑性の高い制度においてすら，計算方法に価値判断が混入することは所与として，むしろその「価値判断」が「民主的なのかどうか」が重要なのだとする指摘もある（池上［2006］）。
13) 鈴木は「行政側で EBPM にやや熱心なのは（……）一部の部局に限られ（……）熱心なのは行政よりも，圧倒的に経済学者の側である。政府の審議会や検討会等の場で，経済学者が口を開くたびに EBPM と言い出すので，またかと裏で苦笑されていることも少なくない」として，経済学者の発想の前提にある「①行政はエビデンスに基づく政策立案を全く行っていない，②行政が，経済学の政策評価の成果を活用しないのは，単にその存在を知らないからである，③行政は（……）データを政策立案に活用することの有用性を理解していないが故に，実施していない」というような考えを諫めている。理由として，そもそものスピード感の違いや，経済学者の制度的な知識や関連法規の知識の欠如などをあげている（鈴木［2018］）。
14) 例えば，「地方創生」についても，地方版総合戦略の策定と KPI（重要業績評価指標）の設定による目標管理が義務付けられているわけだが，金額の規模が大きくない割には，地方の側の労力が大きい仕組みになっているという懸念も指摘されている（武田［2016］15 頁）。こうした数値目標に基づく，"競争"の"管理"という逆説が，どれほどグレーバーのいう「リベラリズムの鉄則」や「ブルシット・ジョブ」に当てはまるのかという点は今後議論が必要だろう。
15) 例えば，後述の本間正明も，「それまで私は，財政学者としてはきわめて理論的・客観的な仕事をやっているという自負がありました。ところが，現実的な財政・税制の問題にコミットして気づいたことは，『財政』は価値判断が要求される学問で，具体的にお金をどう使うとか，税をどう取るのかという問題に発言すること自体がある種の政治的インプリケーションをともなわざるをえないということ」（本間・宮島［1991］13 頁）のように述べている。
16) 本書では，本書の叙述における必要最低限な分だけ財政社会学の紹介を行っているので，財政社会学のより詳細な紹介として何点か文献をあげておく。井手英策の 2008 年の論考は，財政社会学の学説史的な淵源について詳しい（井手［2008］）。また，日本の社会学者からの数少ない応答として，湯浅陽一の著書は，近年の財政学内部での議論の動向まで含んだ研究史の整理を行ったうえで，国内自治体への応用を試みている（湯浅［2018］）。

17) より極端な立場では「財政社会学は一般的に反経済主義だといってよい」(Dewit [1999] 252頁) のような整理も存在する。このように，制度派の財政学，財政社会学の流派でも論者間の細かい立場・問題意識の相違は否めない。
18) 金子勝らのホモ・エコノミクス的な前提への疑念は，ブラウンの個人や主体を経済の言語で人的資本として語ることへの疑念とも通底するように思われる。なお，本書では主流派経済学，新古典派経済学，近代経済学という用語は，おおむね互換的なものとして用いている。こうした新古典派経済学の一応用領域として公共経済や財政を扱う財政学者は，公共経済学を称することも多い。
19) 具体的には，林正義，小川光，松本陸，赤井伸郎，佐藤主光，土居丈朗，西川雅史，小川禎友，寺井公子，西村幸治，別所俊一郎などの名前をあげている (本間 [2021] 308〜309頁)。
20) 翻って財政社会学の中で，経済的な側面に還元できない人間心理の側面を焦点化する試みが蓄積されていることは示唆的である (神野 [2021] 17〜20頁；井手 [2015] 3〜4頁)。
21) 実際，このようなモラル・ハザード論をめぐる認識は，日本の交付税における政治的な議論にも大きく影響してきた。本間の整理に従えば，近代経済学派の第2世代 (SGT) は，主に地方交付税の改革派 (ないし段階的廃止派) として，アカウンタビリティの向上を目標に，財政調整の簡素化を要求した (本間 [2021] 265頁)。その一方で，制度派の財政学者たちは，交付税擁護派として，簡素化は自治体の実際の財政力を反映しないばかりか，中央政府の裁量性を高め，無原則な交付税の削減につながるとして批判した (266頁)。このように学派間での対立と前提の違いを反映する形で，論戦が活発化した。
22) 主流派経済学の国外の動向としても，D. アトキンソン，スティグリッツの *Lectures on Public Finance* のような教科書の改訂版で，こうした限定合理性を織り込んだ「行動財政学」が主要なテーマとしてあげられていることに言及している (本間 [2021] 44頁)。
23) ここでは詳細に立ち入らないが，マルクス主義財政学は，近代経済学的財政学と他2派の緊張に比較すれば，制度派に問題意識を重ねる形で発展してきたといえよう。それでもなお本書が財政社会学的アプローチをとる理由に関連して，あえて両者の相違点をあげるのであれば，R. マスグレイブの多元主義的財政社会学の立場からのマルクス経済学への批判が注目に値する。マスグレイブは，経済界が財政に対する影響力を保持することは認めつつも，経済界に限らない，多様な利益集団が影響力を行使していると主張し，そのため，階級のみへの着目では不十分であり，「財政的利益集団 (fiscal interest group)」への着目が必要であると論じている (Dewit [1999] 264頁)。こうした所得階層という次元に限定されない社会の多元性から出発することには，2つの方法論上の優位があるように思われる。1つには，いまだなお，所得階層による社会的分断も重要ではあるものの，再分配と承認論争やアイデンティティ・ポリティクスのような議論が指摘するように，現代では，社会の多元性がジェンダーやエスニシティなどをはじめ複数の次元で注目されるようになったためである。第2に，本書で研究対象とするスイスでも，言語や宗教などむしろ経済的な次元に還元されない多様性や多元性が重要であり，財政社会学的アプローチをとる方が有効であると考えられる。
24) 例えば，A. デウィットはシュンペーターの遺産を継承するJ.M. ホブソンにしろ，E. ブラウンリーにしろ，先進諸国で多様化する財政の構造的相違を必ずしも説得的に説明しえない，と批判している (Dewit [1999] 269〜270頁)。
25) この点についての論証は，次章で展開する。

〈引用・参考文献〉

池上岳彦［2006］「財政調整の理論と制度をめぐって」『立教経済学研究』60(1)，249～265頁
井手英策［2008］「財政社会学とは何か？（特集 財政社会学は危機の学問か？）」『エコノミア』59(2)，35～59頁
井手英策［2015］『経済の時代の終焉』岩波書店
内山昭［1997］「日本の財政民主主義は再生できるか」『労働総研クォータリー』(25)，2～10頁
大島通義・井手英策［2006］『中央銀行の財政社会学——現代国家の財政赤字と中央銀行』知泉書館
大島通義［2013］『予算国家の〈危機〉——財政社会学から日本を考える』岩波書店
掛貝祐太・早﨑成都［2022］「財政学はなぜ移民を論じるべきなのか？——隣接領域における議論の限界と「貢献論」の問題を踏まえて（〈特集〉移民の財政学的検討——理論・制度・自治体）」『立教経済学研究』75(4)，3～30頁
金子勝［1997］『市場と制度の政治経済学』東京大学出版会
金子勝［1999］『反経済学——市場主義的リベラリズムの限界』新書館
兼村高文［2019］「公共経営（NPM）による地方行革の四半世紀を振り返る——日英比較をとおして」『地方財政レポート2018 経済・財政・社会保障のこれまでとこれから』127(1)，75～86頁
金兌希［2016］「政治意識の変容と発展——政治的有効性感覚の比較研究」慶應義塾大学大学院法学研究科博士論文
倉地真太郎［2015］「比較財政における方法論的検討——財政社会学における国際比較」『三田学会雑誌』107(4)，27～41頁
グレーバー，D.（酒井隆史訳）［2017］『官僚制のユートピア——テクノロジー，構造的愚かさ，リベラリズムの鉄則』以文社
小林良彰［2008］『制度改革以降の日本型民主主義——選挙行動における連続と変化』木鐸社
佐藤滋・古市将人［2014］『租税抵抗の財政学——信頼と合意に基づく社会へ』岩波書店
佐藤進編［1986］『日本の財政学——その先駆者の群像』ぎょうせい
神野直彦［2021］『財政学（第3版）』有斐閣
神野直彦・池上岳彦［2009］『租税の財政社会学』税務経理協会
スコット，J. C.（清水展・日下渉・中溝和弥訳）［2017］『実践 日々のアナキズム——世界に抗う土着の秩序の作り方』岩波書店
鈴木亘［2018］「EBPMに対する温度差の意味すること」『医療経済研究』30(1)，1～4頁
宋宇［2012］「小泉政権における財政再建の政策決定過程——緊縮財政から『歳出・歳入一体改革』へ」『横浜国際社会科学研究』17(3)，73～88頁
武田公子［2016］「『地方創生』と政府間財政関係」『財政研究（第12巻）』日本財政学会
竹中平蔵［2010］『経済古典は役に立つ』光文社（光文社新書）
Dewit, A.［1999］「現代財政社会学の諸源流」大島通義・神野直彦・金子勝編著『日本が直面する財政問題——財政社会学的アプローチの視点から』八千代出版
ブラウン，W.（中井亜佐子訳）［2017］『いかにして民主主義は失われていくのか——新自由主義の見えざる攻撃』みすず書房
本間正明［2021］『日本の財政学——受難と挑戦の軌跡』日本評論社
本間正明・宮島洋［1991］『財政・入門——三日間の経済学』JICC出版局
宮本太郎［2021］『貧困・介護・育児の政治——ベーシックアセットの福祉国家へ』朝日新聞

出版

ミュラー，J. Z.（松本裕訳）［2019］『測りすぎ——なぜパフォーマンス評価は失敗するのか？』みすず書房

村田ひろ子［2019］「日本人が政府に期待するもの——ISSP 国際比較調査『政府の役割』から」『放送研究と調査』69(7)，90～101 頁

茂住政一郎［2015］「既存財政学批判と財政社会学——その方法的根幹としての「財政史的考察方法」の検討」『三田学会雑誌』107(4)，85～105 頁

山本圭［2021］『現代民主主義——指導者論から熟議，ポピュリズムまで』中央公論新社（中公新書）

湯浅陽一［2018］『エネルギーと地方財政の社会学——旧産炭地と原子力関連自治体の分析』春風社

Inglehart, R., C. Haerpfer, A. Moreno, C. Welzel, K. Kizilova, J. Diez-Medrano, M. Lagos, P. Norris, E. Ponarin and B. Puranen eds.［2022］"World Values Survey: Round Seven-Country-Pooled Datafile Version 3.0," JD Systems Institute & WVSA Secretariat. doi:10.14281/18241.16

Walker, J. L.［1966］"A Critique of the Elitist Theory of Democracy," *American Political Science Review*, 60(2), pp.285–295.

第2章

財政民主主義の多面化
既存の理解への批判

はじめに

本書全体としての課題は,スイスという事例を素材に,財政民主主義のあり方のオルタナティブを探ることである。しかし,そもそも財政民主主義とは何なのであろうか。民主主義という言葉に比して,財政学の領域の外側ではほとんど認知されていない概念であろう。そこで,本章では,まず財政民主主義という概念について,日本の財政学がいかに論じてきたかについてサーベイを行い,その限界を示す。そして,近年の民主主義理論の展開や国際比較の歴史実証研究,とりわけスイスの事例をふまえることで,財政民主主義が概念として拡張・多面化しうることを示す。

財政民主主義という概念は,世論の民主主義への関心に比すると,全くといってよいほど関心を向けられていない。過去20年間(2000年9月23日〜20年9月23日)における『朝日新聞』の「民主主義」の語を含む記事は2万7211件あり,文字どおり「紙面を賑わさない日はない」概念なわけだが,同じ期間における「財政民主主義」を含む記事はわずか29件のみである。すなわち,「民主主義」に比して,「財政民主主義」は財政学をはじめとするアカデミックな議論の外側では,ほとんど認知されていない概念である。このことは,近年の選挙での争点で財政が関わらないことはないというような状況もふまえると,驚くべきことでもある[1]。しかし,いかに憲法に国民主権,基本的人権

の尊重，地方自治のような民主主義における重要概念が文言として定められていたとしても，多くの場合，財源や経済的裏付けなくしては単なる建前や目標にとどまり，その実質を確保することはできない（内山［1997］2頁）。したがって，財政民主主義は民主主義を法制的，実体的に保障するために必要なのである（2頁）。換言すれば，財政民主主義なき民主主義は，絵に描いた餅である。

なぜ財政民主主義概念は，このようにあまり社会的に認知されていないのだろうか。その一端は，戦前からその概念を拡大する必要性が指摘されていたにもかかわらず，日本の財政学の中で財政民主主義概念が極めて狭義の概念として論じられてきたことがあるのではないか。すなわち，財政学自体の責任が免れえない側面があるのではないか。本章では，このようなリサーチ・クエスチョンのもとにサーベイを行う[2]。そして，現代の政治学・政治理論における民主主義理論や，財政史の国際比較に関する実証研究をふまえ，財政民主主義の概念的拡張・多面化を試みることを目的とする。

1 財政学の教科書が描く「財政民主主義」

1.1 近代経済学的財政学の民主主義に対する不信

以降では，財政学の，比較的近年に出版されたオーソドックスな教科書の中で，財政民主主義がどのように言及されているかを検討していく。本章は，制度派の財政学の財政民主主義概念を焦点に置いており，近代経済学，ないし公共経済学や公共選択論の中での民主主義概念については主たる検討対象としていないが，一応ここで簡単に言及しておく。例えば，よく知られるように，公共選択論の代表的論者のJ. ブキャナンは「財政錯覚」などの概念を用いて，大衆民主主義社会の中では，税負担以上の便益がもたらされていることが正確に認識できず，財政赤字の拡大につながると考えてきた（伊集［2019］）。こうした素朴な想定は，比較的近年の研究にも依然として散見されるといえるだろう。

例えば，加藤創太・小林慶一郎の編集による『財政と民主主義――ポピュリズムは債務危機への道か』は，「民主主義は，財政規律を守ることができるの

だろうか。民主主義は，減税・バラマキなどの財政ポピュリズムを招き，やがて債務危機へとつながるのではないか」（加藤・小林編著［2017］1頁）との言葉から始まっている。しかし，そもそも大衆民主主義やポピュリズムは，（財政）民主主義の一要素でしかない。また同書では，国会の予算審議機能の向上や，外部の専門組織による予算の適正性の審査によるアカウンタビリティの向上などが模索されている。しかし，そうした同書の内実に合わせるのであれば，本来問われるべきは「形骸化した財政民主主義は，財政規律を守ることができるのであろうか」であり，「財政民主主義の形骸化は，やがて債務危機につながるのではないか」という点である。つまり，財政民主主義それ自体が問題なのではなく，その形骸化こそが問題なのである。また，そもそも民主主義が財政赤字を拡張する，という価値前提自体，無批判に受け入れるべきではない。例えば，25カ国の国際比較において，『エコノミスト』の調査部門 Economist Intelligence Unit による民主主義指標と，政府債務残高には負の相関関係があること，つまり民主主義の成熟した国ほど債務残高が小さいことを示し，ブキャナンの前提に疑義を呈する研究もある（伊集［2019］）。

新古典派経済学的な財政学の立場から，より明示的に民主主義への不信感を示すものとして，2017年の日本財政学会でのシンポジウムの登壇者である西川雅史の発言は注目に値する（西川［2018］）。西川は，ブキャナンの主張に触れながら「有権者も自分のお財布から支出していないかぎりにおいて，費用と便益を勘案した，経済学者にとって好ましい性向を発揮しないと考えるべき（……）すこし大げさな言い方をすれば，納税額がさほどでもないにもかかわらず，国から提供されるサービスに非常に大きく依存しているような方が，国からのサービスを下げていいと自分からいうはずがなかろう」（37頁）として，一定の年齢層（22～70歳）以外の国民については，納税額に応じて選挙権を与えるという驚くべき提案を試みている。これはほとんど制限選挙と変わらないものであるし，一般報償性のような財政学の原理に鑑みても，到底受け入れがたい。しかし，ブキャナン以来の価値前提の中の民主主義不信を鑑みれば，近代経済学的な財政学の中にこうした発想が出てくるのも不思議ではないのかもしれない。

むろん，西川のような立場が新古典派経済学的財政学の中でのスタンダード

というわけではないだろう。例えば、佐藤主光は、むしろ日本における財政民主主義の重要性を主張する（佐藤［2024］）。その主張の中には、コロナ禍での予備費の拡充や、補正予算や防衛関連費における全体の金額の規模先行での予算拡充に対する批判や、申請主義の問題への対処の必要性など、首肯できる重要な指摘も少なくない。しかしながら、あくまで佐藤もブキャナン流の民主主義理解に基づき、「財政錯覚」などの議論を援用し、民主主義が財政赤字を基本的に拡大するという価値前提は崩さない[3]。また、佐藤が肯定的に言及するEBPMや「見える化」、ワイズ・スペンディングというような方針は、第1章第1節で議論したように、一見、財政民主主義に資するようで、逆説的に「政治的なもの」や財政民主主義を切り詰める可能性もあることが留意されるべきである。さらに、「財源を『見える化』すれば、国の財政が『自分ごと』になり易い」（佐藤［2024］211頁）というのも、過度に楽観視すべきでない。この点は、次節で詳述していく。

　濃淡はあるにせよ、新古典派経済学的な財政学者の、財政民主主義に対する立場はおおむねこれらのグラデーションの中にあるように思われる。現状、制度派の財政学と新古典派経済学的な財政学が、財政民主主義について表立って議論を交わすことは少ない。財政民主主義についてどこが合意形成可能で、どこが価値前提として異なるのか、今後の対話が求められるだろう。

1.2　制度派財政学による財政議会主義としての財政民主主義理解

　さて、では制度派の財政学は、いかに財政民主主義について語ってきたのだろうか。結論から述べると、「議会の予算統制による限界を指摘する一方、議会を介した財政民主主義（財政議会主義）に固執する」という傾向があるように見受けられる。

　例えば、比較的近年の教科書である金澤史男編『財政学』では、いわゆる近代財政民主主義の4原則などが提示されている（関口［2005］33〜34頁）。同書は代議制民主主義のもとでは議員が必ずしも民意を反映しないことを批判し、財政民主主義の形骸化を指摘する（44〜45頁）。だが、議会を通じた予算編成による財政民主主義に対する代替策のようなものに関しては言及がない。つまり、原則として望ましい財政民主主義のあり方や、その形骸化が認識される一

方で，どのようにそれを実質化していくかという点は明示的に検討されていない。

　また，植田和弘・諸富徹編『テキストブック現代財政学』では，予算の実質的審議は極めて不十分であると指摘し，対策として①国会の予算審議能力の向上，②特別会計の整理縮小，③（国によるナショナル・ミニマム保障と合わせた）地方分権化，④国際的な財政協調のもとでの財政自主権の回復をあげる（植田・諸富編［2016］17〜19頁）。すなわち，同書は議会制民主主義による財政民主主義の限界性を指摘しつつ，対処策としては議会による予算編成に重点がおかれ，財政議会主義への回帰というべきものとなっているといえよう。

　神野直彦『財政学』では，利害に同質性が存在していれば，利害調整は容易で，議会によるモニタリングとコントロールのみでよいとされる（神野［2007］84〜85頁）。引き合いに出されるのは19世紀イギリスのように「財産」と「教養」のある「市民」による統治である（84頁）。しかし，神野は，J. シュンペーターの議論を下敷きに，大衆民主主義の登場により，現代では議会は分裂した多元的利害を盛り込みあう戦場となり，政治的過程は諸利害を調整する市場メカニズムと類似したものとして理解されるようになったとしている（85頁）。そして，同質的利益であれば全員一致のルールが可能だが，多元的利益であれば結局多数決原理によらざるをえない，との記述をしている（86頁）。ただし，神野自身は，このように議論を整理しつつも，多数決原理の欠陥を指摘するK. アローの中位投票者定理や，「政府の失敗」を指摘するブキャナンらの議論を紹介しながら，「『政府の失敗』を叫ぶブキャナンらの議論も，財政学の発展にとっては意味があると思えない」（88頁）と退けている。そして，「被支配者が予算という手続きで，財政をコントロールできていないとすれば，コントロールできる手続きを構想することが，財政学の任務」（88頁）である，としている。

　この神野『財政学』について，重森曉は「日本における民主主義財政学の系譜」と題されたサーベイ論文の中で「久々に個性的な『財政学』が登場した」（重森［2009］45頁）と積極的に評価しつつも，「財政民主主義の理解についてもややあいまいなところがある」（46頁）と指摘する。そのうえで重森は，大内兵衛，島恭彦，池上淳，林栄夫などの伝統的な財政学の教科書に立ち返り，

人権概念と財政民主主義の関連を強調し「財産権,生存権,発達権という人権概念の発展にともなって,財政民主主義の内容が進化し,公共的意志決定のプロセスやその制度的保障のあり方も変化していかざるをえない」(53頁) と結論づける[4]。詳細は後述するが,つまり,重森は神野『財政学』の財政民主主義理解の不十分性を指摘するうえで,人権という国民全般に「共通」する「普遍的」な概念装置による分析を図ることで,概念の深化を促したわけである。そのため,国民全体に共通する権利ではなく,多元的な利害を前に財政民主主義概念がどのように捉えられるかという点については,同論文は議論を掘り下げていない。

一方で,より近年の2015年発行の池上岳彦編『現代財政を学ぶ』では,多元的利害の調整の重要さが意識されており,行為主体として政党や省庁のみならず,関係業界,多様な中間組織などを含めて言及している(池上［2015］65〜67頁)。そして,多元的利害を議会で反映することが困難であるために,行政府への裁量の移行,地方分権の推進などが求められたと指摘する(70〜71頁)。しかし,あくまで財政議会主義が前提であるとしたうえで,そうした予算改革は部分的であるがゆえに許容されうる,というような立場をとっていると考えられる(71頁)。つまり,一定の自治によって代議制民主主義を修正する必要性を認めながらも,対処法に関しては,結局は代議制民主主義の内側に限定された財政民主主義という理解に基づいて提示されている。

このように,予算に対する議会統制のみをさす概念として,財政民主主義の語を用いる文献が一定数存在してきたわけである。しかし,次節で検討するように,こうした財政民主主義理解は,古典的財政民主主義,ないし狭義の財政民主主義と表現すべきものである。

2 熟議民主主義をふまえた財政民主主義の可能性と限界

2.1 利害の多元化と財政学における熟議民主主義への期待

本節では,先述の重森のサーベイのように,伝統的な日本の財政学における議論の内側のみから財政民主主義を導出するアプローチをとるのではなく,政治学における現代的な民主主義理論との接合も模索していく。そもそも政治理

論の議論においては，神野『財政学』における記述とは異なり，多数決原理はあくまで民主主義の一側面でしかないことは既に広く認知されている。交渉過程を支配する参加者の行動ルールは，多数決以外にも当然ありうるわけである。この多数決型，ないし集計型の民主主義を批判する代表的立場の1つとして，熟議民主主義（deliberative democracy）があげられることは，現代の政治学においては教科書にも書かれている広く知られた事実といえよう（田村［2017］97～99頁）。「熟議」とは平たくいえば，話し合いやコミュニケーションのことである。また「熟議」の原語のdeliberationには「熟慮」や「熟考」といったニュアンスも含まれる。したがって，熟議民主主義といった時には，単なる話し合いをさすというよりも，皆で熟慮しながら協議する，という両者のニュアンスを含んでいる（山本［2021］141～145頁）。1980年代末ごろないし90年代から，民主主義理論の中では，熟議論的転回（the deliberative turn）とも呼ばれる主導的な理論の交代が進み，90年代半ば以降は，規範的な政治理論をはじめ政治学一般において活発に議論されだした（荻原［2016］109頁；山本［2021］141頁）。

多数決型の民主主義ではなく，熟議民主主義的な観点を反映した財政学の研究は，明示的な言及がないものも含め，これまでも存在してきた。そうした試みの1つとして，少し毛色の異なる財政学の文献として，大島通義『予算国家の〈危機〉』があげられる（大島［2013］）。同書では財政をめぐるデモクラシーには「代議制デモクラシー」と「市民社会を中心とした民衆による参加と討議のデモクラシー」の2つの回路があり，これからは後者の回路も含めて議論していくことが必要である，と結論づける（276頁）。このように，従来の財政学の教科書とは異なり，財政議会主義にとどまらない財政におけるデモクラシーの実質化の回路を考えており，ここには熟議民主主義的な財政民主主義の発想が読み取れる[5]。ただし，多元的利害を参加と討議のデモクラシーの中でどのように取り扱うのか，という点を含め，同書では具体的な制度に落とし込む議論はされていない。

そもそも，こうした発想自体は全く新しい視点というわけでもない。財政学者ではなく財政法学会内の議論であるが，第3章でも言及するように，小島昭は，多元的な利害調整の困難さや，議会制民主主義という手段のみで対応することの不十分さが古くから指摘されてきたことを強調している（小島［1984］）。

具体的には，日本の財政学の祖ともいえる大内兵衛は，1930年にすでに，予算の決定過程は立法過程にとどまらず，議会外での政治過程を含む問題であると示唆していたことを，小島は指摘する（大内［1930］；小島［1984］139頁）。だが，「現代」，つまり小島の時代である1984年に至るまで，予算政治の多元化に社会科学が対応できていない点に課題があるとする（小島［1984］64〜65頁）。よって，政治過程の単なる記述理論でなく，規範理論への変化も射程に入れた「交渉過程を支配する参加者の行動ルール」が重要なのだ，としている。また，議会に射程を限定した財政民主主義論（古典的財政民主主義）は，むしろ参加を抑制する論理として機能することを指摘する[6]。であるからこそ，「現代財政民主主義は〈参加の論理〉を基軸としつつ，財政議会主義の枠を超えて財政過程全体に及ぶトータルな論理として再構築される必要がある」(74頁)と結論づけている。つまり，議会に限定されない多様な民主主義のチャンネルをも範疇に収めた概念として，財政民主主義概念を豊富化する必要がある，ということである。この小島の問題提起は，すでに古びた問題だと果たしていえるのだろうか。

　むろん，こうした議会外の参加についての具体的な制度を分析した財政学の事例研究も近年は一定数存在する。とくに，予算編成への住民の直接参加についての国内外の事例に焦点を当てた研究群などである[7]。こうした研究群では，熟議民主主義との関連が明示的に意識されていないものも多いが，小島が提起したような課題設定に呼応するものだといえよう。しかし，日本国内では，こうした政治的動向自体はいまだ例外的な趨勢にとどまるといえるだろう。

2.2　政治学における民主主義概念の多面化と，熟議的財政民主主義の限界

　選挙や代議制を民主主義の中心に据える発想（とその批判）自体は，財政学以外の領域にも散見される。とりわけ政治学の文脈では，選挙のみが民主主義のチャンネルではなく，多様な民主主義の文脈がありうることが近年では指摘されている。スウェーデンに本部をもつV-Demプロジェクトは，各国の研究者らと共同し，世界的に類を見ない規模で，約180カ国についてさまざまな文脈での民主主義についての定量化分析を進めている。このプロジェクトでは主

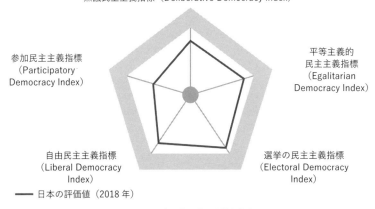

図2-1 V-Demによる日本の民主主義の要素の分析

出所：V-Demホームページより，2018年の値に基づき筆者作成。

要な5つの指標として，選挙における民主主義のほかに，自由民主主義，参加民主主義，熟議民主主義，平等主義的民主主義をあげている。多くの指標においてスイスや北欧諸国が上位に存在するが，日本に関して目立つのは，図2-1にみられるように，参加を通じた民主主義の弱さである[8]。

先述の大島は，代議制を中心としたデモクラシー以外に，「市民社会を中心とした民衆による参加と討議のデモクラシー」[9]を模索していたわけであるが，この大島の「参加」と「討議」を，Participatory（参加），Deliberative（熟議）の指標に読みかえることが可能だろう。この2つの指標に関して他国に目を向けると，興味深い傾向も読み取れる。財政学の中では肯定的な文脈で言及されることの多い北欧諸国は，ほとんどの主要5指標で上位に来ているが，参加指標に関してはばらつきがあり，デンマークが10位に来る一方，ノルウェー26位，スウェーデンは36位と振るわない。その点，図2-2から明らかなように，スイスはParticipatory（参加），Deliberative（熟議）の両方で最も抜きん出た位置に存在する。

しかし，大島が期待を寄せる参加と熟議を重視する財政のあり方とて，当然万能ではない。例えば，日本の参加型予算の例の1つである鳥取県智頭町の百人委員会では，住民による直接的な予算策定を行ったが，開始後3年間におい

図 2-2 熟議と参加に関する国際比較（2016 年）

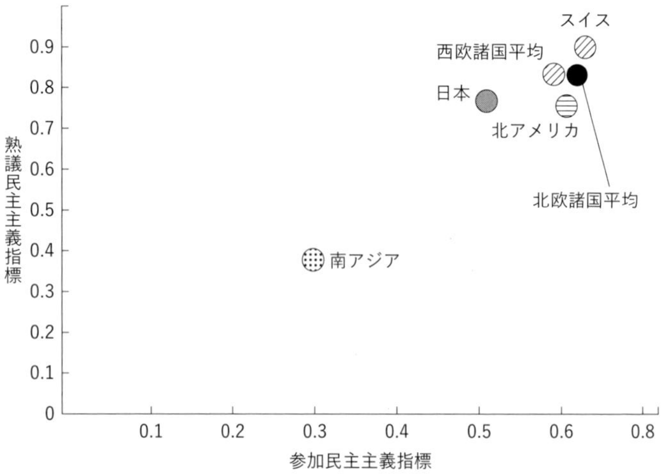

出所：V-Dem ホームページより，2016 年の値に基づき筆者作成。

て年々参加者は減少し，予算の規模も低下した[10]。いうなれば，ある種の「自治疲れ」である。そもそも熟議は疲れるものだ，という点は理論的な次元でも意識されていることであり，そうであるからこそそれをどう乗り越えるか，という点が課題となってきている。それゆえに，「自治疲れ」を軽減するさまざまなアイデアが考案されてきたのであり，例えば B. アッカマン，J. フィシュキンの提案による「熟議の日」のような祝日や，田村哲樹が提唱するベーシック・インカムとの組み合わせのようなものが存在する（アッカマン゠フィシュキン［2015］；田村［2017］）。しかし，この熟議のコスト，自治疲れの問題は，何か万能薬があるというわけではなく根本的な解消には至っていない。つまり，「自治疲れ」は熟議民主主義が抱えるアポリア（難問）であるといえるだろう。

2.3 京都大学系財政学を中心とした熟議への強い期待とその限界

こうした熟議民主主義の抱えるアポリアは依然として存在するのだが，京都大学系の財政学の教科書は，むしろ熟議と参加の民主主義に強い期待を寄せてきた。京都大学系の財政学の教科書として植田・諸富編の『テキストブック現代財政学』はすでに取り上げたところであるが，梅原英治は，これまでの京都

大学系の財政学は財政民主主義の内実を豊富化しようとしてきたとして積極的な評価を与えている（梅原［2007］107頁）[11]。しかし，熟議民主主義のアポリアについての議論をふまえると，彼らの共通する傾向として，熟議・熟慮・参加について過度な期待を寄せすぎではないか，というような側面も見受けられる。以下，そうした特徴を示す代表的な京都大学系の財政学の教科書として，池上惇著，重森曉ほか編，内山昭編の教科書を取り上げ，彼らの財政民主主義理解について簡単に紹介する（池上［1990］；重森［2009］；内山編［2006］）。

　例えば，池上惇の『財政学』では，財政民主主義を複数の権利として説明している点に特徴がある（池上［1990］5頁）。そして，権利としての財政民主主義が実現する人権の内容が，段階的に，自然権のようなものから，知る権利のような新しい社会権まで時代と共に変化するのものとして捉えている。そして，新しい社会権が実現しうるには「国民は現代の財政の構造や機能を認識して，納税額・租税の負担・税率・予算の仕組み・財政支出の構成・国防費・福祉・教育・公共事業などの内容を調査し，さらに公共サービスの供給にあたっては，中央政府・地方団体・非営利団体などによる業務の分担関係はいかにあるべきかを検討しつつ，この重要な意思決定に参加せざるをえない」（19頁）として，非常に高いハードルを課している。

　また，梅原は，この池上『財政学』が，財政民主主義の担い手と，財政民主主義の条件について言及している点も特徴的であるとする（梅原［2007］107頁）。前者の担い手について，池上は「納税者が複数の予算案のなかから住民のニーズに応えうる最良のものを選択しようとするとき，彼らは社会的便益と社会的費用の評価を参考にし（……）『学習人』として行動しうると想定し」（313頁），「社会におけるコミュニケーションがインフラストラクチャーの整備によって促進される場合には，学習が自己実現の欲求と結びついているので，‘財政を正義の視点から制御しうるルール’が絶えず創り出されうる」（313頁）と述べている。ここでいうインフラストラクチャーとは熟議を促進するような情報システム，文化システムなど広義にわたるものを指している（55～56頁）。そして，財政民主主義の2つの基本的要件の1つとして「あらゆる関係者のあらゆるレベルでの意思決定過程への参加と自己を実現するうえでの欲求」（102～103頁）をあげている。これには，彼自身，「大きな努力を要請せざるをえな

い」(103頁) として，高いハードルであることは理解を示しつつも，情報技術(IT) などの進展も引き合いに出しながら，分権的な意思決定システムの普及に期待を寄せている。

むろん，こうした熟議や参加を促すような広義のインフラストラクチャーの模索自体は重要であろう。しかし，こうした高いハードルを市民の参加や熟議によって乗り越えさせようとする点は，ある種の熟議・参加楽観論ともいえるであろうし，自治疲れなどの熟議民主主義自体の抱える根本的なアポリアに向けられた，政治理論の次元での批判から逃れられないであろう。

次に，重森ほか編『Basic 現代財政学（第3版）』では，財政民主主義を3段階の展開として捉えている（重森［2009］14〜19頁）。第1段階の近代的財政民主主義では，議会制民主主義の成立による形式面での財政民主主義の成立と，その形骸化が指摘される（14〜15頁）。第2の福祉国家型財政民主主義では，生存権の保障が目的として掲げられるも，国民はあくまでサービスを受ける対象でしかなかったとされる（17頁）。ゆえに，自らその能力を発揮し，財政運営に参加し，学習しながら自治能力と政策能力を高め，人間的発達を遂げていく主体的存在としては位置づけられてこなかったとされる（17頁）。したがって，第3のポスト福祉国家型の財政民主主義では，財政運営の主人公としての国民の自治権と発達を基礎に置くことが課題であるとされる。そのための手段として，①国家の審議機能強化，②特別会計の縮小，③（ナショナル・ミニマム保障と同時に）地方分権化，市民参加の促進，非営利組織などとのネットワーク形成を通じた国民の自治的財政運営能力の向上，④対米関係における財政自主権の回復とアジアでの交流・協調が課題となる，とまとめている（17〜19頁）。第3段階のポスト福祉国家型の財政民主主義に確認できるように，『Basic 現代財政学（第3版）』においても，熟議・参加民主主義へ強い期待が示されていることがいえるだろう。

さらに，内山編の『現代の財政』でも，極めて明示的に，財政議会主義にとどまらない財政民主主義への期待を寄せている（内山編［2006］）。『現代の財政』では，財政民主主義は「国民財政主義」「議会中心主義」の2つの柱からなるとされている（9頁）。そして内山は，財政民主主義の現代的諸原則として8点を提示している。具体的には，①議会優位と国民の多数意思尊重の原則，

②情報公開と説明責任,③財政過程への参加と直接請求の原則,④公正と効率の原則,両者の統一的追求,⑤生存権・生活権の最大限追求,⑥地方自治・地方分権の財政的保障,⑦平和主義と平等互恵の国際協力,⑧環境権の尊重,である (10頁)。ここにおいて,③のように参加民主主義に近しい原則がみてとれる一方で,ではそれを①の議会の優位を定めた原則とどのように調整するのか,などといった疑問は生じるが,詳細は「8原則の詳しい説明は省く」(10頁) として,同書からは明らかでない[12]。とはいえ,別稿でも,「わが国で予算や税制の変更が議会多数派の承認という手続きを経てはいるものの,議会制民主主義の空洞化と一体の関係で財政民主主義は著しく形骸化し,危機に瀕していると言わざるを得ない」(内山 [1997] 2頁) として,財政議会主義を財政民主主義の十分条件としていないという特徴を読み取ることができる。そのうえで,財政民主主義を強化する手段として情報公開の推進に期待を寄せている (6〜8頁)。しかし,当然のことながら,情報公開が進みさえすれば,それについて市民や住民が積極的に情報収集し,熟議に参画する,ともし想定するのならば,それは極めて楽観的な観測だといわざるをえない。

　以上のように,京都系の財政学では,議会制民主主義の文脈の中での財政民主主義に焦点化しがちな先述の文献群とはやや異なり,熟議民主主義や参加民主主義に近い文脈での財政民主主義の概念を拡張している,という点に一定の意義がある。しかしながら,これらの主張が市民に課しているハードルは,池上自身も認めているように非常に高い (池上 [1990] 103頁)。いうなれば,ある種の「強い個人」「強い市民」のような前提に立脚しているといえるだろう。こうした前提に強く依拠してしまうことは,参加や熟慮・熟議についての楽観論とも捉えられかねない。よって,理論レベルでの熟議民主主義の隘路を追行しないためには,「自治疲れ」のような問題も含め,熟議民主主義に内在的な問題にも配慮する必要がある。そのためにも,規範的な次元での民主主義理論との接合が模索されるべきであろう。

　加えて,社会運動・市民運動のような議会外での財政民主主義の発露の中で,彼らが期待するような「強い個人」や「強い市民」が優位となることは,それ自体が構造上の問題をもたらす可能性もある。つまり,社会運動・市民運動の中で,いかに水平なコミュニケーションが意図されていたとしても,結局は

「マジョリティ」としての属性が優位な人間が運動の内部で発言権をもったり，専門家や知識人が影響力を行使してしまうという可能性が存在するということである。社会運動論の中では，こうした現象は「構造なき専制（Tyranny of Structurelessness）」として概念化されてきた（富永［2022］）。また，金銭的余裕や時間，キャリアの選択肢のような，運動にコミットメントできるための資源が少ない層（金銭資源の限られる学生，ケア労働に従事し時間資源が限られる主婦層，キャリアの選択肢が限られる有色人種など）が，運動の中で周縁化されてしまう危険性も内在的に存在する（富永［2022］）[13]。したがって，「強い個人」「強い市民」頼りの議会外での財政民主主義は，運動内部のマイノリティを周縁化し，十分にニーズを反映させることができない可能性がある。

さらに，熟議民主主義について理論的な次元で指摘されている問題はほかにも存在する。I. シャピロによって指摘されるように，そもそも，熟議というものは選好を修正して妥協点を発見することにもつながりうる一方で，意見の「差異」を表出させることにもつながりうる（シャピロ［2010］38頁）[14]。熟議を経ても，依然として異なる利害をどう調整するかという問題について，熟議民主主義の解答は明確ではない。こうしたシャピロの問題意識は，闘技民主主義と呼ばれる民主主義理論にも連なるものだとされる（234頁）。いずれにせよ，利害・立場の対立を調停する万能薬が熟議民主主義の内部にあるわけではない。

利害の衝突や分断をも生むような，こうした社会の多元性をいかに考えるべきなのだろうか。多数決型民主主義を批判する別の立場として，多極共存型（コンセンサス型）の民主主義（コンセンサス・デモクラシー）ないし合意形成型民主主義が存在する。代表的論者のA. レイプハルトは，選挙制を中心とした制度比較の側面から分析を掘り下げている（レイプハルト［1979］）。そして，二大政党制のもとでの多数決型の政治ではなく，小選挙区制をベースとした複数政党の連立政権のもとでのコンセンサス（合意）を形成する政治に軍配をあげている。先述した社会の利害の多元性という問題に，レイプハルトは明示的に焦点をおいているといえよう。レイプハルトはそもそも，国民が均質的でなく多様である時，国家の統治が困難であることは，アリストテレス以来，政治学では確定済みの命題だ，という（13頁）。しかし，困難ではあるものの不可能ではない，とも述べる（13頁）。そして，スイスをはじめとしたコンセンサスを

重視する民主主義のあり方を説き,イギリスのような二大政党制・多数決型民主主義に対して,前者は多くの指標において優越するモデルであることを示している(レイプハルト[2005])。国家が多様性をどのように取り扱うか,という問題は R. ダール以降繰り返されてきている命題ではあるものの,比較的同質的な社会に依拠してきた北欧諸国の普遍主義的福祉国家が移民問題で揺れる中では,極めて現代的な課題でもあり続けている。

2.4 闘技(的)民主主義をふまえて

ここまであげてきた熟議民主主義やコンセンサス・デモクラシーは,「多元的な利害を前にしたとき,いかに合意や共通利益を探ることができるか」というアプローチである。一方で,コンセンサスの形成そのものを好意的に捉えない立場も存在する。先に言及した闘技民主主義は,多数決型民主主義や熟議民主主義への批判の文脈から出てきている。闘技民主主義は,違いや多様性を障害とみなさず,むしろそれ自体に価値を置く(向山[2004])[15]。闘技民主主義では,敵対関係から「競合関係」への変化を重視し,その中での「闘技的な敬意」をもったうえでの議論や異議申し立てを重視する。さらに,正統性や政治的決定は常に暫定的な解答であるとされている。すなわちある種の「完全な民主主義」というようなものをめざすのではなく常に未実現の状態にとどめられるべきとする。代表的論者の1人の C. ムフは J. デリダの語彙を借用しながら,これを「来たるべき民主主義」と呼んでいる(ムフ[2013])。そしてムフは「あらゆる合意はある暫定的なヘゲモニーの一時的な帰結として,権力のあるひとつの安定化としてのみ存在するということ,そしてそれはなんらかの排除が伴うことを認めなくてはならない。(……)社会が『よく秩序づけられている』ことを理由に異議申し立てがなくなる時代が必然的に来るという考えは,放棄しなければならないのである」(ムフ[2006]161頁)のように述べる[16]。

一方で,財政学の国際比較研究は,こうした闘技民主主義がめざす方向とは逆方向に向かって動いているようにも思われる。どちらかといえば,北欧諸国を中心とした分析を下地に,むしろ「普遍的」なニーズによる合意や正統性の安定性という傾向,言い換えるならば,よく秩序づけられているのはなぜか,を探る傾向が顕著である[17]。一方で,闘技民主主義理論の側にも課題は残る。

「異議申し立て」を行う際の「闘技的敬意」が,具体的にどのような制度によって裏付けられるのか,というような具体的制度設計に関する闘技民主主義の説明は,これまで十分になされてきたとはいいがたいのである(山本[2022])。この熟議民主主義に比較した時の闘技民主主義の弱点は,「制度的な赤字(institutional deficit)」と呼ばれてきた[18]。この「制度的な赤字」の問題に対処するためにも,財政民主主義という,経済的・財政的・制度的実態をもった民主主義の観点から,闘技民主主義について考えることは有益であるといえよう。

  おわりに──事例研究との接合

 さらに,こうした民主主義理論の制度的裏付けを今後模索するうえでも,スイスを事例として取り上げることは有用であるように思われる。そもそもスイスは V-Dem において最も際立った参加民主主義・熟議民主主義の指標を示しており,また,レイプハルトのコンセンサス・デモクラシーのモデルにも最も整合的な国家のうちの1つでもある。断っておきたいのは,ここで目的としているのは,「どの民主主義概念がスイスをよく説明するのか」を示すことではないし,「どの民主主義概念が最も優れているのか」を明らかにすることでもない[19]。むしろ,どの文脈の(財政)民主主義が前景化するかは政治的条件やタイミングに依存するといえるだろう。

 本章の最後に,第4章以降の議論を先取りし,財政をめぐるスイスでの歴史実証研究や事例から,財政と民主主義理論とどのように接合できるかについて展望しよう。第4章以降で分析するスイス現代財政をめぐる具体的な政治過程の観察からは,①財政においても,参加・直接民主主義の及ぶ範囲が広いこと,②参加・直接民主主義はたしかに利害対立を鮮明にすることもある一方で,そうした多元的な利害の衝突については熟議とそれによるコンセンサスの模索がなされていること,③むろん参加や熟議が利害対立を克服するとは限らないが,利害の調和が困難な場合は闘技民主主義的な財政民主主義が前景化することがある,という3点が指摘できよう。

 第1に,スイスにおいて,①の参加・直接民主主義的な解決を図る傾向はいうまでもなく極めて顕著である。そもそもスイスでは年に4回程度,およそ

10〜15項目程度について国民投票が行われている。投票対象となるイシューは非常に広範である。「動物愛護の観点から牛の角を切らずに飼育する農家への補助金の是否」というような非常にニッチで一部の層にしか関わらないイシューから，年金や軍事政策のような高度に専門的な知識が要求される分野についても直接民主主義の対象となっている。さらに，年金であれば，選挙の中の数ある論点の1つとして問われるのではなく，複数の年金改革案が同時に国民に直接問われることもある。年金の中でも支給開始年齢の変更などの具体的な論点に関して，国民が意思決定に直接関与しているのである。この点は第7章にて詳述するが，本書ではこうした特徴を「イシューの分割」として概念化して説明している。

また，第4章に示すとおり，労働政策についても，中央政府主導の「上からの改革」というよりは，自治の実践の中から生まれた成功事例を進める形での改革が1990年代以降顕著であり，①の特徴に近い（中野［1997］）[20]。しかし，京都系の財政学による参加民主主義や熟議民主主義への期待とはうらはらに，直接民主主義的な意思決定や自治の拡大は必ずしも万能薬ではない。第5章で論じるように，2005年には，富裕層ほど減税する逆進的所得税がオプヴァルデン州で住民投票によって可決され，国内・国外から大きな批判を呼んだ。他にも，医学的見地からすれば疑問が残るとされるホメオパシーによる代替医療が，国民投票に押し切られる形で，健康保険の適用対象となることとなったという事例も存在する[21]。つまり財政民主主義における直接民主主義や自治は際限なく拡大すればよいというわけではなく，時には科学と対立するような決定すらもたらしうる。

さらに，むしろ直接民主主義や自治は，多元的利害の衝突を先鋭化させる場合すらある。そこで解決策の1つとしてあがりうるのが，②の熟議とコンセンサスの模索である。スイスはそのための多くの制度を備えている。例えば，第6章で詳述する事前聴取制と呼ばれる制度は，議会での議論を行う前に，州政府・政党・団体などの利害関係者に連邦政府（中央政府）がヒアリングを行う制度である。この聴取の中では妥協案としてのコンセンサスが模索されている[22]。政治的・社会的・言語的マイノリティへの配慮という点は，「魔法の公式」という不文律にも観察できる。くわえて州間ではKdK（Konferenz der

Kantonsregierungen）や FDK（Finanzdirektorenkonferenz）などの州間の協議会が存在し，財政調整の意思決定にも強く関与している。こうしたいわゆる「協議の場」がどれほど実効性をもつかは国によって程度が大きく異なる。スイスでは，経済的な側面だけでなく，社会的・文化的な側面の多様性も加味しながら，協議の場での妥協が模索されている。

　しかし，多元的利害はある程度は熟議による妥協案が模索可能であっても，最終的なコンセンサスに至らない場合も当然ある。そうした場合には③の闘技民主主義の要素が前景化することがある。例えば，第6章で検討するNFA（Die Neugestaltung des Finanzausgleichs und der Aufgabenteilung）と呼ばれた政府間財政調整制度改革では激しい州間の利害対立がみられるが，最終的に州間の同権性に基づき1州1票で投票し，財源力の強い州の反対を抑える形で，KdKと呼ばれる州間の協議の場の中で可決されている[23]。また，第5章の逆進所得税も熟議や協調，コンセンサスによる解決は困難だったが，富裕層ほど重課すべしという憲法の規定に訴えることで，労働党の政治家という政治的マイノリティが起こした違憲訴訟によって，はじめて廃案となる。このように州間の同権性により弱小州の発言権が担保されていることにせよ，違憲訴訟の提起にせよ，マイノリティの「異議申し立て」に対して開かれていることは，闘技民主主義の重要な前提であるといえよう。また，第7章で検討する年金改革についても，議会でのマイノリティが提出したB案が直接国民投票にかけられるが，こうした点も，同様に異議申し立ての尊重といえるだろう。このように，「闘技的敬意」の発揮が，州間・政党間・個人の複数の次元で存在しているとみることができるだろう。

　このようにさまざまな民主主義の発揮の経路があることは，ややもすれば正統性の分裂ととれるかもしれない。しかし，スイスでは，しばしば「アクセル」と「ブレーキ」という言葉で表現されるように，改革を促進する動きと抑制する動きの両方の重要性が意識されている。ここには，闘技民主主義理論の「来たるべき民主主義」概念との接近を観察できるだろう。そこでは，普遍主義のような1つの理念のもとに定常的に合意がもたらされるのではなく，あらゆる合意は，ある暫定的なヘゲモニーの一時的な帰結なのである。さらに政治学における議論の中では，複数の正統性が存在することはむしろ好ましいとい

う「制度的冗長さ」を重視する議論もあり[24]，民主主義の発揮の経路の複数性を正当性の分裂として否定的に評価するのは一面的な評価である。

　このように民主主義理論では多様な方法と文脈が議論されてきているが，かならずしも，財政学と財政民主主義がそれらの議論を十全に咀嚼してきたとは言い難い。しかし，こうした議論を丁寧にふまえ，財政民主主義を発揮するチャンネルにはさまざまな経路があり，それらは多面的に活用されることが好ましいのではないか，というのが本書の立場である。財政民主主義に関して，従来の財政学の財政議会主義を焦点化する議論は狭隘なものだと評価せざるをえず，より規範的な民主主義論との接合も意識した財政民主主義の議論が必要である。翻って，民主主義概念の中でも財政民主主義概念に着目することは，制度的な裏付けや経済的裏付けといった実態を伴う民主主義を構想するにあたっては必要不可欠である。繰り返すが，経済的・財政的な裏付けのない民主主義の理念は，絵に描いた餅となりかねない[25]。そうであるからこそ，財政民主主義概念をめぐって，財政学の事例研究・歴史実証と規範的な民主主義理論を接合する試みが必要とされる。次章では，スイスの特殊な政治・社会制度を概説し，国際比較上の意義を述べたうえで，第4章より具体的な歴史実証・事例研究を進める。

〈注〉
1) なお，この29件のうち9件は2020年に集中し，20年のコロナ禍を受けての予備費について批判する内容であり，急速に重要性が増している概念だとも解釈できる。
2) 本章ではあくまで国内の財政民主主義概念について検討対象とするため，国外の fiscal democracy に関する議論は本章の課題設定を超えている。しかし，例えば index of fiscal democracy という概念は，「現行の議会がどれくらい裁量的経費に割いているか」というものでしかなく，多様な民主主義の文脈を踏まえたものとはいいにくいと考えられる (Streeck and Mertens [2010])。そのため国外の議論でも fiscal democracy が概念として狭義に捉えられすぎたのではないか，という仮説の立論は可能であるように思える。この点は終章で再論する。
3) 佐藤は「繰り返すが，民主主義の政治には否応なく財政赤字へのバイアスが伴う。しかし，目指すべきは『財政民主主義』で，究極的には国民が財政をコントロールし，規律づけることである。民主主義で財政赤字を解決できるか，それが今，試されている」(佐藤 [2024] 227頁) のように述べている。民主主義が基本的に財政赤字につながるとしながらも，それを民主主義の一部である財政民主主義で抑制すべき，というのは概念的に混乱しているよう

にも思われる。むしろ，ブキャナンのような民主主義理解が，狭義で恣意的な定義と認め，より幅広い民主主義の文脈にあたるべきではないだろうか。
4) こうした権利をめぐる島，池上らの財政民主主義思想は『財政民主主義の理論と思想』（島・池上編［1979］）に詳しい。
5) ただし大島自身は財政民主主義という語を用いず，「デモクラシー」という用語を使っている点には留意が必要である。財政民主主義を狭義に解する立場，すなわち財政民主主義が財政議会主義のみをさすと捉える立場からすれば，この大島の「デモクラシー」を財政民主主義と捉えてよいのか，という異論もありえよう。しかしながら，本節で検討している財政民主主義概念がより広い概念を示していることにみられるように，そうした狭義に解する立場は必ずしも絶対的なものではない。本章でも，より広義に財政民主主義を解釈する立場から，大島の財政に関する「デモクラシー」を財政民主主義と捉えている。
6) 理由の1つとして，日本ではまだ抵抗感が強いが，一方で特殊利益も，特権階級でなく納税者，消費者，市民の団体による利益表出は検討されるべきであり，「財政議会主義が教条化して，院外における集団的利益表出を排除する論理に転化する危険性」（小島［1984］72頁）を考えるべきとしている。
7) 例えば，井手編［2013］では鳥取県智頭町の百人委員会における予算編成における住民参加が取り上げられている。ほかにも，財政学の中ではブラジルにおける参加型予算が取り上げられることもある（水上［2011］）。さらに，アメリカ，イギリス，韓国などの複数の事例に言及したものとしては，兼村・洪［2012］がある。政治学の中でも，フランスのレンヌ市における参加型予算を取り上げた研究なども存在する（中田［2017］）。
8) これら5つの指標は，0～1のスケールで評価される複合指標であり，2018年段階の日本は，熟議民主主義指標，自由民主主義指標，平等主義的民主主義指標がいずれも0.73を示し，選挙民主主義指標では，0.81を示すが，参加民主主義指標は0.53にとどまっている。詳細な評価方法については，V-Dem Annual Democracy Report 2019を参照されたい。
9) だが，そもそも参加と熟議を別個とのものとして捉えるのか，まとめて理解するのかは，議論が分かれるところだろう。理論的な出自などを考えると概念的に完全に同一視はしがたいものの，現実の制度設計に目を向ければ，共通する要素を保持してはいるとはいえるだろう。例えば，V-Demの中では，たしかに別個の指標として参加要素指標（Participatory Component Index）と熟議要素指標（Deliberative Component Index）は取られている。しかしそれぞれの内訳をみてみると，参加要素指標の1項目として「市民団体の意見が取り入れられているか」という項目があり，熟議要素指標の1項目として「幅広い意見が取り入れられているか」という項目がある。これらが意味するものは同じではないにせよ，実態として重複するものをさす側面というのは否定できないだろう。
10) 具体的には，無報酬の公募委員（任期1年，再任可）の人数は2008年度が140人，09年度が100人，10年度が64人と，わずか3年間で当初の半分以下になった。また，事業規模・予算規模に関しても，2009年度当初予算には7事業，総額約9300万円が百人委員会を通じて盛り込まれたが，10年度当初予算では，4事業，総額約4300万円と，およそ半減した（早尻［2012］）。
11) 一方で，そのうちの1人である島恭彦の財政学の教科書として『財政学概論』があるが，「財政民主主義論そのものの独自的展開はあまり見られない」（梅原［2007］107頁）と梅原は評価している。また，重森によっても「財政民主主義論は，すくなくともこの『財政学概論』に関するかぎり，十分に展開されているとはいえない」（重森［2004］51頁）との評価を受けており，本章での立ち入った詳細な検討対象からは外した。他の京都系財政学の教科

書に比した時の，同書の位置づけなどについては重森［2004］を参照されたい。
12) 梅原も，この原則に関しては同書がやや説明不十分である点を指摘（梅原［2007］114頁）しながらも，内山［1997］における内山の議論と照応可能であることを指摘している（梅原［2007］110〜113頁）。そして，①の原則は「これは憲法が定めている国民財政主義と国会中心財政主義を体現する原則である。政党，国会議員と国民との関係が地元や業界への利益誘導で結ばれるのではなく，選挙での公約や公表した政策で結合するように変えていく必要がある。政党や議員は整合性があり，実現可能な政策を提案する責任があるし，国民の諸階層や団体の側は権利にもとづいた正当な根拠のある要求を提出するとともに，政策の理解力，判断力を高める不断の努力が求められるということである」（内山［1997］4頁）という記述と照応しているとされる。しかし，「国民の諸階層や団体の側は（……）政策の理解力，判断力を高める不断の努力が求められる」という記述は，やはり市民に高すぎるハードルを課しているように見受けられる。また，内山［1997］の中でも，議会が国民のニーズから乖離する危険性についての指摘が繰り返されているものの，では第1原則と第3原則をどのように調和させるかなどの，原則間の関係性が明らかにされているわけではない。
13) ただし，富永京子は社会運動への参加を決定するものが資源だけではないことも指摘している。そのうえで，日本のアクティビスト（とりわけ「女性」や「若年層」）がどのようにして運動の「中心」から外れていかざるをえなかったか，心理的な側面に着目して分析している（富永［2022］281〜297頁）。
14) また，シャピロは「問題の核心は（……）たとえそうなることが期待され，望まれていたとしても，熟議によって人々が結合する理由など特に存在しないということである」（シャピロ［2010］38頁）とも述べている。
15) 闘技民主主義論の立場からすれば，紛争や対立の可能性が除去された，調和的かつ同質的な民主主義はむしろ正反対の全体主義に反転するという逆説が指摘されている（向山［2004］）。
16) ムフらをはじめとするラディカル・デモクラシーには，「代議制民主主義，代表そのものにたいする反発，既成政治の選良が民衆の要求を無視し利益誘導に走っているという批判，民衆の自己統治の回復を求める立場」（木村［2017］53頁）などがあるとされ，そもそも代議制民主主義を批判的に検討する傾向がある。
17) 例として，井手英策編『危機と再建の比較財政史』がある（井手編［2013］）。同書では，北欧における合意形成型政治やそれを基盤とする普遍主義，統治の安定性を肯定的に評価している（142頁，376〜389頁）。しかし，闘技民主主義の視座からすれば，そもそも合意形成の追求自体，民主主義の目的ではない。また，同書では，北欧諸国だけでなく，多くの先進国を事例として取り上げているものの，結局は北欧諸国をモデルとした普遍主義モデルという尺度で各国を切り取っている箇所もあり（376〜379頁），基本的にはやはり北欧諸国の普遍主義や合意形成を肯定的に捉える立場がベースとなっているといえるだろう。
18) 山本によれば，こうした問題意識を背景に，2011年ごろから「現代アゴニズムの第2世代」とも呼びうる研究動向が現れはじめている。その中で「闘技的なミニ・パブリクス」や「対立の日（Contestation Day）」といった提案がなされつつある。一方で，このような形で闘技が制度化されることは，熟議モデルが展開してきた議論（「熟議の日」等）に大きく依拠しており，結果的に闘技民主主義・アゴニズムの制度化と衝突しそうな部分が排除されてしまっており，依然として制度化の議論の必要がある，と山本は評価している（山本［2022］）。
19) とはいえ，本書の立ち位置が，熟議民主主義へのそれに比較して，闘技民主主義に好意

注　45

的すぎないか、という反論はおそらくありえよう。しかし、財政学の議論において、熟議民主主義に明示的、非明示的にせよ、好意的な立場がとられてきた一方で、管見の限りでは闘技民主主義が等閑視されてきたことをふまえる必要がある。
20) 中野［1997］でも、連邦政府の施策が先行する州の動向を受けたものであることに言及している（54頁）。
21) SWI swissinfo.ch, "Why Alternative Therapies are Covered by Health Insurance," 2016年8月24日公開記事。
22) 事前聴取制は、必ずしも政治的なマジョリティではないアクターの発言権が確保されるというメリットがある。「異議申し立て」の機会の確保は闘技的民主主義の重要な要素であるが、こうした制度は選挙以外の「異議申し立て」を可能にするものであり、事前聴取制は闘技民主主義にも資するといえるだろう。
23) あるいは、そもそも「事前聴取制」のような場で発言の機会が設けられていること自体も、「異議申し立て」の機会の尊重といえるかもしれない。
24) 複数の議論の場があることは、条件によってはむしろ妥協的な合意形成を促す可能性があることが指摘されている（Häusermann, Machand and Papadopoulos［2004］）。
25) 例えば「周知のように、憲法の全体構造は国民主権、基本的人権の尊重、恒久的平和主義、地方自治などを主要な原理としている。だが多くの場合、それらに財源や経済的裏付けがなければ単なる建前や目標にとどまり、それらの実質を確保することはできない。だから、基本的人権と公正な社会システムを経済的に支える役割を期待されている現代の財政において、財政民主主義はその法制的かつ実体的保障であるといえる」という整理もある（内山［1997］2頁）。

〈引用・参考文献〉

アッカマン, B.＝ J. S. フィシュキン（川岸令和・谷澤正嗣・青山豊訳）［2015］『熟議の日──普通の市民が主権者になるために』早稲田大学出版部
池上惇［1990］『財政学──現代財政システムの総合的解明』岩波書店
池上岳彦［2015］「財政の政策決定過程──予算と税制改革」池上岳彦編『現代財政を学ぶ』有斐閣
伊集守直［2019］「スウェーデンの民主主義と教育」『生活経済政策』269, 6～10頁
井手英策編［2013］『危機と再建の比較財政史』ミネルヴァ書房
植田和弘・諸富徹編［2016］『テキストブック現代財政学』有斐閣
内山昭［1997］「日本の財政民主主義は再生できるか」『労働総研クォータリー』(25), 2～10頁
内山昭編［2006］『現代の財政』税務経理協会
梅原英治［2007］「財政学体系と財政民主主義論の現代的発展（下）内山昭編著『現代の財政』（税務経理協会, 2006年）の意義と課題」『立命館経済学』56(2), 102～121頁
大内兵衛［1930］『財政学大綱（上巻）』岩波書店
大島通義［2013］『予算国家の〈危機〉──財政社会学から日本を考える』岩波書店
荻原幸子［2016］「熟議民主主義論による『分析の視点』からみた図書館づくり住民団体の活動」『Library and information science』75, 107～136頁
掛貝祐太［2017］「現代スイス財政における政府間財政調整制度改革（NFA）」『財政研究（第13巻）』日本財政学会

掛貝祐太［2019］「スイスの第10・11次年金改革における政治的コンセンサス」『社会政策』11(1), 74～84頁
加藤創太・小林慶一郎編著［2017］『財政と民主主義——ポピュリズムは債務危機への道か』日本経済新聞出版社
兼村高文・洪萬杓［2012］「住民参加型予算の現状と今後——日韓の事例を中心に」『自治総研』38(7), 1～25頁
木村光太郎［2017］「主体の政治——民主主義，ポピュリズム，ポストモダニズム」『尚美学園大学総合政策研究紀要』30, 47～66頁
小島昭［1984］「予算過程論と財政民主主義の再検討——予算政治論の視角から」日本財政法学会編『予算過程の諸問題』財政法叢書(1)，学陽書房
佐藤主光［2024］『日本の財政——破綻回避への５つの提言』中央公論新社（中公新書）
重森曉［2004］「日本における民主主義財政学の系譜」『財政と公共政策』26(1), 45～54頁
重森曉［2009］「現代財政と民主主義」重森曉・鶴田廣巳・植田和弘編『Basic現代財政学（第３版）』有斐閣
島恭彦・池上惇編［1979］『財政民主主義の理論と思想——「安価な政府」と公務労働』青木書店
シャピロ, I.（中道寿一訳）［2010］『民主主義理論の現在』慶應義塾大学出版会
神野直彦［2007］『財政学（改訂版）』有斐閣
関口浩［2005］「予算と財政民主主義」金澤史男編『財政学』有斐閣
田村哲樹［2017］『熟議民主主義の困難——その乗り越え方の政治理論的考察』ナカニシヤ出版
田村哲樹・松元雅和・乙部延剛・山崎望［2017］『ここから始める政治理論』有斐閣
富永京子［2022］「現代のアクティヴィズムにおいて『代表』は機能しているのか——『代表』しているのは誰なのか，あるいは『代表』されないのは誰なのか」山崎望編『民主主義に未来はあるのか？』法政大学出版局
中田晋自［2017］「フランスの都市自治体における参加型予算の実践——レンヌ市における地域民主主義改革（2014-15年）の事例」『愛知県立大学外国語学部紀要（地域研究・国際学編）』(49), 31～56頁
中野育男［1997］「海外研究——スイス社会保障法制の動向」『週刊社会保障』51 (1930), 52～55頁
西川雅史［2018］「代議制民主主義をあなたは信用できますか」『財政研究（第14巻）』日本財政学会
早尻正宏［2012］「過疎山村の地域づくりと住民参画の展開過程——鳥取県智頭町の事例」『北海道大学大学院教育学研究院紀要』116, 87～99頁
水上啓吾［2011］「ブラジルにおける参加型予算制度——カルドーゾ政権気におけるポルトアレグレ市を中心に」井手英策・菊地登志子・半田正樹編『交響する社会——「自律と調和」の政治経済学』ナカニシヤ出版
向山恭一［2004］「合意と紛争——多元的民主主義理論の新しい展開」『社会と文化』2, 15～24頁
ムフ, C.（葛西弘隆訳）［2006］『民主主義の逆説』以文社
ムフ, C.（青木隆嘉訳）［2013］「脱構築およびプラグマティズムと民主政治」C. ムフ編, J. デリダ, R. ローティ, S. クリッチリー, E. ラクラウ（青木隆嘉訳）『脱構築とプラグマティズム——来たるべき民主主義（新装版）』法政大学出版局

山本圭［2021］『現代民主主義——指導者論から熟議，ポピュリズムまで』中央公論新社（中公新書）
山本圭［2022］「アゴニズムを制度化する——熟議／闘技論争の第二ラウンドのために」山崎望編『民主主義に未来はあるのか』法政大学出版局
レイプハルト，A.（内山秀夫訳）［1979］『多元社会のデモクラシー』三一書房
レイプハルト，A.（粕谷祐子訳）［2005］『民主主義対民主主義——多数決型とコンセンサス型の36ヶ国比較研究』勁草書房
Häusermann, S., A. Mach and Y. Papadopoulos［2004］"From Corporatism to Partisan Politics: Social Policy Making under Strain in Switzerland," *Swiss Political Science Review*, 10(2), pp.33–59.
Streeck, W. and D. Mertens［2010］"An Index of Fiscal Democracy," MPIfG Working Paper, Max-Planck-Institut für Gesellschaftsforschung, Köln.

——ウェブサイト——

SWI swissinfo.ch, "Court Strikes Down Obwalden Tax Break for Rich," 2007年6月1日公開記事（https://www.swissinfo.ch/eng/court-strikes-down-obwalden-tax-break-for-rich/651040）2020年10月1日最終アクセス
SWI swissinfo.ch, "Why Alternative Therapies Are Covered by Health Insurance," 2016年8月24日公開記事（https://www.swissinfo.ch/eng/homeopathy-in-switzerland_why-alternative-therapies-are-covered-by-health-insurance/42392158）2022年11月13日最終アクセス
V-Dem institute, "V-Dem Annual Democracy Report 2019. Democracy Facing Global Challenges," V-Dem institute, Gothenburg（https://www.v-dem.net/documents/16/dr_2019_CoXPbb1.pdf） 2020年11月1日最終アクセス
V-Dem varieties of democracy（https://www.v-dem.net） 2020年11月1日最終アクセス

第3章

なぜスイスを研究対象とするのか
制度的独自性・国際比較・新自由主義

はじめに

　そもそも，なぜスイスを研究対象とするのか。この問いに対しては，さまざまな角度からの回答が可能である。ある意味では，読者の関心にも依存せざるをえないともいえる。例えば，前章で説明してきたとおり，財政民主主義の概念を拡張する可能性があるというのもその1つである。本章では，なぜスイスを研究対象とするのかについて，複数の文脈からの意義を示すことで，今後の議論の補助線をあらかじめ引いておきたい。

　そもそも，スイスは極めて独特な政治文化・社会を有している。例えば，毎年3，4回行われる国民投票や，住民の約4分の1を外国人が占めることなどもその1つである。しかし，日本においては，財政学のみならず，政治学や経済学の文脈でも，スイスを対象としている研究蓄積は多いわけではなく，制度紹介すら十分に行われているわけではないのが現状である。それゆえ，政治・社会の動向について，日本の政治・社会についての常識を前提にすると，考えづらいようなことも多々ある。そこで第1節では，スイス政治・社会・経済上の概説をまとめ，その制度的な特質について，前提知識として共有しておくこととする。そのユニークさから，スイスに焦点をあてる積極的な意義を示すとともに，第1節をふまえることで，とりわけスイスについて前提知識をもたない読者にとっても，次章以降の歴史・制度実証分析について理解できるような

補助となることを意図している。

　第2節では，近接領域を含めた，より学史的な文脈におけるスイスの位置づけをまとめている。具体的には，財政学（とりわけ比較財政史）や，政治学の比較政治，比較福祉国家レジーム論などの隣接領域の研究との関連で整理している。専門や主たる関心が大きく異なる読者や実践家については，読み飛ばしてもさほど問題はないかもしれない。

　最後に，第3節では，本書が主たる研究対象としている時期の，時代的な背景を新自由主義との関連において整理する。本書は，第1章において新自由主義との対抗関係の中で財政民主主義を捉えているが，その新自由主義という現象が，1990年代以降のスイスの時代的な文脈の中でどのような位置づけだったのかを示すためである。スイスは特異で強固な民主主義制度を有する一方で，90年代以降のバブル経済の崩壊以降，新自由主義の潮流と無縁であったわけではなかった。当時の財界人などによって発行された通称「白書」と呼ばれるレポートは，新自由主義の趨勢の象徴である。しかしながら，この「白書」が財政構造に与えた影響は，帰結としては限定的であったことをまとめる。第3節は，やや細かい話が続くため，他分野を専門とする読者などであれば，この結論を前提として受け入れてもらえるのであれば，読み流して先に進んでも構わないだろう。

1　スイス社会・政治の独自性

1.1　スイス社会・政治の概観

　しばしば言及されるように，スイスは小国である。人口は，約867万人（2020年）と，大阪府や神奈川県の人口をやや下回る程度である（Bundesamt für Statistik [2022]）[1]。それが，九州と同程度の広さの領土（約4.1万 km^2）に居住していることとなる。

　そのような小国でありながら，連邦制のこの国の内部には，言語・エスニシティの面をはじめとした強い多様性をもっている。ドイツ，フランス，イタリア等と境界を接するこの国は，長きにわたり外国人を受け入れてきており，人口の約4分の1が外国人である。この割合はルクセンブルクに次いでOECD

諸国の中で2番目に高い。現在，4つの言語が連邦の公用語と定められている。ドイツ語話者が約6割，フランス語が約2〜3割，イタリア語が約1割で，ロマンシュ語は1％以下である。15歳以上では，2つ以上の言語を日常的に使用する者が3分の2以上にのぼる[2]。一方で，これらの言語は地域的に偏在しており，26州ごとに公用語も異なる。おおむね，西部にフランス語圏，南部にイタリア語圏が位置する[3]。言語圏の違いによる社会・政治・文化の違いも多岐にわたり，例えば，「欧州統合に積極的かどうか」のような政治的態度（一般にフランス語圏の方が積極的）から，食文化にまで及んでいる。この言語圏をベースにしたさまざまな面での文化の違いは，「レシュティ」という，ドイツ語圏でよく食されるが他の言語圏ではあまりみられないジャガイモ料理になぞらえて，「レシュティの溝」としてしばしば表現される。

　このように国内に強い多様性を内包する一方で，対外的には，EU未加盟など欧州圏から一定の独立性を保っている。また，国内政治は非常に安定しているとみなされることが多い。これらの要因を特定することは，むろん容易ではない。だが，ひとまずここでは，スイスの政治制度の概説も兼ね，2つの観点から，その背景たる「多様性を前提とした政治文化・制度の存在」をあげておきたい。

　第1に，合意を重んじる政治文化である。内閣にあたる連邦参事会は，長くにわたり，左右両派におよぶ4党（社会民主党，自由民主党[4]，キリスト教民主党[5]，国民党）の連立政権によって運営されてきた。しかも，この連邦参事会内における7つの閣僚ポストを，長らく各党の議会の議席数とは関係なく一定割合で各党に配分してきた。この不文律の慣行は，通称「魔法の公式」と呼ばれる[6]。加えて，この「魔法の公式」の中では，閣僚の出身言語圏も分散するよう図られる。さらに，大統領も，この7人の大臣から任期1年の輪番制で選ばれる。再任もあるが，最後の任期から最も期間の空いた者，ないし新任で大統領職を務めていない期間が最も長い者が選ばれるという不文律が存在する。このように権力を分散する制度の存在もあって，二元代表制と多極共存型（コンセンサス型）デモクラシーの比較研究で広く知られるA. レイプハルトも，スイスを代表的なコンセンサス・デモクラシーの国として位置づけている。

　第2に，先述の合意形成の仕組みと矛盾するようだが，スイスには，異議申

し立ての仕組みが多岐にわたって存在することも重要である。そもそも，世界の国民投票のおよそ3分の1から半分はスイスで行われているともいわれるように，スイスは（半）直接民主主義の国である。そして，市民による直接民主主義的な異議申し立ての仕組みが，連邦・州（カントン）・基礎自治体の3つのレベルにおいて存在している。

1.2　スイスにおける直接民主主義

　まず，連邦レベルでの直接民主主義的な仕組みとしての国民投票は，例えば2011年から20年までで，合計82件と頻繁に行われている（森田［2021］）。厳密にはこの国民投票は，3種（イニシアチブ・任意的レファレンダム・義務的レファレンダム）に分類される。最も多く，82件のうち44件を占めるイニシアチブは，国民が署名を集めることによって直接要求するものである。自身による改正草案の公示から18カ月以内に，10万人の署名を集めることでイニシアチブ要求要件が成立する。つまり，スイスのイニシアチブでは，ひとたび一定数の署名が集まれば，強制的に国民投票によって民意が問われるわけである。イニシアチブ要件成立後は議会が審議し，議会が国民に賛成を推奨するか，反対を推奨するかの議論が行われる。また，議会が別の改正案を対案として出し，それらを同時に国民投票にかけることもある。審議項目は，年金や税制における制度変更から，たばこ広告規制や，牛の角を切除しない農家への補助金のようなニッチな論点まで多岐にわたる。間接民主主義では争点となりにくい論点について焦点化しうることも，このイニシアチブの利点であろう。

　イニシアチブとは別種の国民投票として，レファレンダムが存在する。これは連邦議会の決定について，国民が後から拒否権を発揮する機能である。新法の公布から100日以内に，有権者5万人分の署名を集めれば国民投票を要求できる（任意的レファレンダム）。また，憲法の改正や，超国家機関ないし集団安全保障機構への加盟のような重要事項については，必ず国民投票が行われる（義務的レファレンダム）。レファレンダムは，行政が世論を無視した方針を一方的に進めることに，ブレーキをかける意図のもとに設計されている。

　イニシアチブやレファレンダムの制度は，州レベルや基礎自治体レベルにも存在する。州憲法改正についてのレファレンダムやイニシアチブだけでなく，

州によっては法令の変更を要求する住民投票も可能である。また、州レベルのイニシアチブとレファレンダムでは、それぞれの州の人口規模などに応じて、必要とする署名の数などの条件が異なっている。例えば、チューリヒ州を例にあげれば、2011年から20年までで、44件のレファレンダム[7]と34件のイニシアチブ[8]が実施されている。その中身は多岐にわたり、税制（通勤費に関する控除のような具体的な項目について）、学校の学級の人数に関するもの、住宅政策の拡充を求めるものなどから、もっとマイナーな論点でいえば「大型犬の飼い主に義務付けられているトレーニング・プログラムを廃止するか[9]」というようなものもある。

　さらに、州レベルでは2州に限られるものの、基礎自治体のレベルでは約8割の自治体で住民が一同に会する住民総会の仕組みをもっている（岡本[2018]）。逆にいえば、こうした住民総会を基礎自治体の最高意思決定機関とするところでは、議会をそもそも有さない基礎自治体も多い。住民総会のあり方や審議対象はさまざまであるものの、公共施設の建築や改修にあたって、この住民総会で審議されるなどしている。また、特定の額の支出を上回る予算は義務的レファレンダム、ないし任意的レファレンダムに付される制度を設ける基礎自治体も存在する（岡本[2010]）。このように、連邦レベルだけでなく、州や基礎自治体のレベルにおいても、極めて広範な対象と手段をもって、直接民主主義的な自治が行われているのである。

　このように、連邦・州・基礎自治体の複数の次元において、直接民主主義的な仕組みが存在する。とりわけ、論点になりにくいものを議論や議決の俎上にあげて変革を要求する機能は「アクセル」、行政に対する拒否権を発揮する仕組みは「ブレーキ」と呼ばれ、その両輪の重要性が国内では意識されている。こうした直接民主主義的な異議申し立ての仕組みは、日本においても請願や陳情などを通じて一部制度化されてはいるものの、スイスに比べればほとんど機能していないも同然といわざるをえない。

2　財政社会学・比較財政史における貢献として

2.1　財政社会学・比較財政史における普遍主義モデル

　前節で示したスイスの制度的独自性は，われわれが通常想定するような民主主義のチャンネルよりも幅広い可能性を示すことで，制度・政治的実践におけるインプリケーションを多分に有しているといえよう。しかし，それだけでなく，複数の領域における学術的な文脈において，スイスという事例が意義をもつことを本節では示す。とりわけ，第1章で述べたとおり，本書は，基本的には財政社会学・比較財政史の手法にのっとっている。そして，この領域が潜在的に抱える隘路に対して，スイスが突破口となりうることを本節では論じていく。

　そもそも，比較財政史という手法を積極的に切り開いた先行研究として，井手英策編『危機と再建の比較財政史』があげられよう（井手編著［2013］）。従来の比較財政史をやや大胆に整理するのであれば，「普遍主義 or 選別主義」という2つの評価軸へと収斂するような傾向が見受けられる[10]。前者の，大きな政府による普遍主義モデル（ユニバーサリズム）では，政府支出の普遍主義化による中間層のニーズの充足が政府への信頼を醸成し，租税合意の形成に至るとされる。基本的にはスウェーデンなどの北欧諸国をベースにした理念型といえるが，同書ではドイツやフランスもある時点からこうしたモデルに接近したと整理される。一方で，小さな政府の選別主義モデル（ターゲッティズム）は，普遍主義化をし損ねたある種の「失敗例」としてのニュアンスを伴うこともあるモデルである。これらのモデルの中では，概して，富裕層など特定の層に負担を強いると同時に，労働者という枠組みの中で社会保険的に公的ニーズを充足するために，ニーズの充足と負担は分断化される。結果として，社会的不信，政府への不信から租税合意の形成が困難となり，緊縮財政による赤字削減が意図される。同書では，アメリカ（とくに1993年以降）や日本に，こうした傾向が指摘されている[11]。こうした評価は，デンマーク出身の社会政策学者である G. エスピン－アンデルセンのレジーム論における，社会民主主義レジームに対する肯定的な評価と地続きのものとも見なせるだろう。

この2つのモデルによる分析には，たしかに一定の意義があったといえよう。そもそも多くの先進諸国は1990年前後より，経済・財政状況が悪化する中での，財政再建と格差削減というアンビバレントな課題を共有していた。こうした困難の中で，選別主義＝小さな政府モデルの国家が，新自由主義的改革を推し進め，社会保障機能の弱体化を招いたり，「分権」の標語のもとに，地方政府の財政的弱体化を招くというような傾向も，部分的に観察された。そうした帰結を避ける方向でのオルタナティブとして，普遍主義モデルは，政策論のうえでも，1つの暫定的な処方箋にはなってきたためである。こうした学術的な議論の動向を反映して，濃淡の差こそあれ，財政社会学者が一般書や啓蒙書で描く政策論においてはより明示的に，北欧諸国を参照点とした議論が展開されることがある[12)13)]。

2.2　普遍主義モデルの課題とスイスの示唆

　しかし，上記の評価軸による分析には4つの限界がある。第1に，そもそもスイスを上記の評価軸で分析することは困難であるということである。たしかにスイスは，一面では選別主義モデルのように，小さな政府としての側面をもつ。例えば，スイスの対GDP比の公的支出規模は，1990年代，2000年代を通じて小さい（図3-1，図3-2）。

　しかし，同時にスイスは，普遍主義的な施策をとっている国家以上に高い政府への信頼を示し，財政緊縮政策・民営化措置もあくまで限定的なものとしてとどまってきた。そのため，2つのモデルのどちらにも当てはまらない，異なる「政府サービスと租税合意の関係」があるとみられる。あるいは，もっと大きくいうのであれば，普遍主義モデルの国々とは，国家における正統性（legitimacy）を支えるメカニズムが根本的に異なっているといえよう。

　第2に，現代の移民問題の深刻化によって，北欧型普遍主義モデルにも部分的に疑問が呈されてきたという点である。後述するように，そもそも「何が普遍的ニーズなのか」というのは極めて難しい問いである。さらに，移民の増加により社会的ニーズが多様化することは，この問題を深刻化させ，移民の福祉受給要件に関する厳格化や，福祉削減を求める世論の増加も起きている。それをふまえると北欧諸国の「普遍性」は社会的均質性にある面で依存してきた

図 3-1　1990 年代・2000 年代を通じた対 GDP 比一般政府支出の国際比較

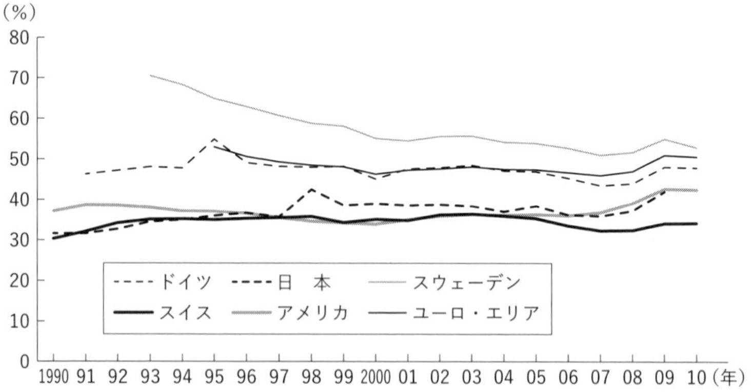

出所：OECD.stat により，National Accounts at a Glance - 2011 edition, Total expenditure of general government, percentage of GDP に基づき筆者作成。

ともいえるかもしれない。

　第 3 に，「何が普遍的ニーズなのか」という問いは，そもそもアプリオリに定義可能なのか，という問題である。むろん，ニーズ論の代表的論者である L. ドイヨル，I. ゴフらの論考をはじめとして，理論的・哲学的なレベルの議論でもこの点ではそれなりに蓄積がある（ドイヨル＝ゴフ［2014］）。その一方で，彼らが普遍的ニーズのうちに「政治参加」概念を含めている点は，ニーズの範囲として広すぎる概念ではないかという疑問や，どこまで，あるいはどのような政治参加が満たされるべきなのか不明瞭ではないか，という疑問も招く。こうした点は，普遍的ニーズを「政治的制度・政治的価値判断と分離してアプリオリに定義すること」の困難さを示しているとも解釈できるだろう。むしろ，ある種の「価値判断」がニーズの同定に入り込みうることを所与として，その「価値判断」がいかに民主主義的に行われるかが重要ではないだろうか[14]。だが，前章でも述べたように，この「ニーズの決定と民主主義的決定方式」に，財政学が十分に注意を払ってきたとはいいがたい側面もある。

　最後に，受益感や痛税感への対処のみで，社会的信頼・政府への信頼は回復可能なのか，という問題もある。人々が政府を信頼し，正統性が担保されるかどうかは，何も経済的な尺度に照らし合わせてだけ行われるというわけではな

図 3-2　1991 年から 2010 年までの一般政府支出（対 GDP 比）の平均値

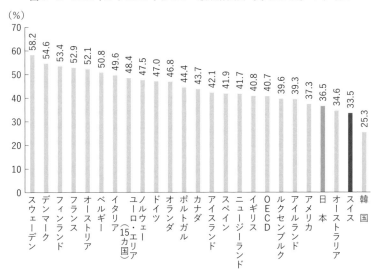

出所：OECD.stat により筆者作成。

い。市民が政治的な影響力をもつことができると感じられるか，すなわち政治的有効性感覚は，政府への信頼を高める要素のうちの1つである（金 [2016]）。財政に市民が影響力を行使できているか，つまり，財政民主主義概念が市民にとって実質的なものとして感じられているかも含めて，広範なファクターが政府への信頼には影響するとみるべきであろう。

　では，こうした4つの問題が，なぜスイスの事例で超克しうるのであろうか。第2の問題点として，北欧諸国での移民の増加によるニーズの多様化が「何が普遍的ニーズか」への合意形成を困難にしていることを述べた。一方でスイスは，先述のとおり，在住者の4分の1が移民であり，4つの公用語を有し，また，宗教的にもカトリック・プロテスタントが混在し，さらに，都市―地方間にも，大きな社会的・文化的差異が存在する。そのため，社会の多様性・多元性と，それに伴う課題を考察するには極めて適した事例であるといえる[15]。

　社会の利害の多元性を，財政をめぐる民主主義の中でどう調整するかというのは，財政学・政治学の中で基本的な問題であると同時に，難問であり続けてきた（神野 [2007]；小島 [1984]）[16]。隣接領域の比較政治学の文脈でも，こうし

た社会の多元性をめぐる問題は,いわゆるレヴァイアサン第1世代[17]によって「日本型多元主義」のような形で1980年代末から概念化されてきた。しかし,政治的エリートの利害も多元的であるがゆえに,諸社会集団の利益の調整が政治的エリートによって代理的に行われている,というこの発想は,のちの世代による批判も招いた(大嶽 [2005])。具体的には,そもそもそれが果たして民主的といえるのかどうか,という規範的な批判や,こうした捉え方が必然的に現状肯定的なインプリケーションをもたらす,といった批判である(山田 [2007])。こうした批判が正しいとすれば,日本型多元主義は,多元的な社会の利害対立がどのように表面的に調整されているかについての経験的な概念ではあるかもしれないが,その多元的な利害の調整が本当に民主主義的な調整といえるのか,という規範的な議論を行えていないことになる。社会の多元性に意識を向けつつ,他国の事例研究を行うことは,多元的な利害の調整方法・集団活動のあり方を相対化し,より望ましい調整の仕方について展望しうる可能性をもっている。そうであるからこそ,本書では,多元的利害を調整するうえでの,より実効的な財政民主主義について検討しているのである。

また,第3の問題点として,「何がニーズなのか」についてアプリオリに定義することがそもそも困難で,むしろ,政治的価値判断,またそれを下す制度,集団活動のあり方を民主主義的に行うことが重要であると述べた。この点の重要性をふまえて,本書では社会集団の多様性や,それに伴う政治的価値判断の構造に着目しながら,スイスは,ニーズの同定において,いかなる意味において民主主義的に価値判断してきたかを明らかにする。第2章で詳述したように,スイスはさまざまな民主主義の測定指標において上位に位置しており,スイス財政における意思決定・価値判断における民主主義を問い直すことは,財政民主主義の文脈の多面化にもつながりうるだろう。

3　新自由主義の時代を超えて

3.1　1990年代前半の動向

前節の冒頭で,スイスは小さな政府でありつつも,単に選別主義的,あるいは新自由主義的な特徴を示す「失敗例」として単純に捉えられるわけではない

ことを述べた。本書全体としては，ではスイスはそうした類型とは「なぜ，どのように異なっているのか」という点を，財政民主主義との関連で分析することに力点がある。しかし，そもそもそうした問い立てが可能となるためには，スイスがそうした単に新自由主義的な類型と「異なっている」ということ自体が，準備として証明されていなくてはならない。本節ではこの問いについて，「白書」と呼ばれるレポートにおける新自由主義的な提言と，実態としての税・財政構造の乖離について分析することで，この橋渡しを行う。

簡単にいえば，他の先進諸国と同様に，スイスにおいても1990年代初頭から新自由主義的改革に向けた機運は高まりつつあったが，財政構造には大きな影響を与えず，頓挫している側面の方が強い。さらに，こうした分析は，本書が研究対象とする時代の経済的な背景について理解するうえでも重要であろう。

通称「白書」と呼ばれるレポートは，スイスの1990年代初頭の経済・財政状況の悪化に対して，91年および95年にエコノミスト・財界人が発行し，極めて明白な新自由主義路線改革を打ち出した。同レポートは，連邦政府関係者のみならず一般層にも読まれ，大きな衝撃を与えた。同レポートは事実上の政府路線となったと先行研究では評価されている（Kriesi and Trechsel [2008]）。しかし，同レポートでの具体的な制度提案と，政治的意思決定過程を経たのちの90年代の制度改革の結果を比較すると，同レポートが実際の財政構造に与えた影響は限定的である。例えば財政再建に関しても，コンセンサスを要する政治構造などにより，白書で主張された歳出削減策には一定の歯止めがかかる。むしろ付加価値税の導入など歳入面の改革が進み，とりわけ90年代前半に構造的財政赤字の削減に成功したことがわかる。

スイスの経済・財政状況として，1990年代以前は基調として1％以下の極めて低い失業率と安定した経済成長を達成していた。それに転機が訪れる契機となったのが，ブラックマンデーへの対応を契機とした80年代末の金融緩和政策によりインフレが発生し，不動産価格が高騰したことである。その後，この土地・不動産バブルは崩壊した。それを受け，90年までは1％前後の水準だった失業率は，93年には5％弱まで上昇した[18]。それに伴う福祉関連費の増大は，連邦政府の財政赤字へとつながった（図3-3，図3-4）。低失業率に裏付けられていた「小さな政府」が，バブル崩壊後の失業の増加により経済，財政状況の

図3-3　連邦政府支出の内訳

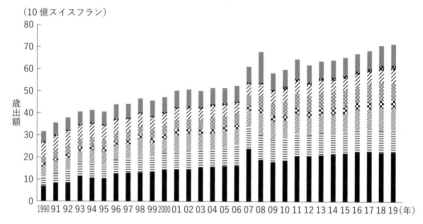

出所：Datenportal, (Bundeshaushalt, Einnahmen und Ausgaben, Ausgaben nach Aufgabengebiet) に基づき筆者作成。

図3-4　連邦財政支出・収入・債務残高の動向

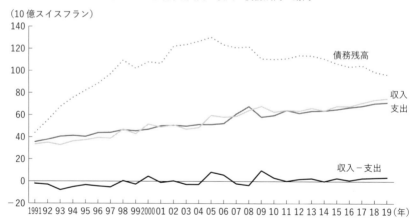

出所：Datenportal, (Bundeshaushalt, Einnahmen und Ausgaben, Ausgaben nach Aufgabengebiet) に基づき筆者作成。

課題を抱えるという状況は，同時期の日本とも共通するといえよう。

　図3-4が示すのは，1998年，2000年には連邦政府は早くも財政黒字を示し，2010年代は一貫して財政黒字となっていることである（これは特筆すべきことである）[19]。本書の主たる検討対象ではないが，ここには，2003年に導入された債務ブレーキの影響も指摘できる。

　1990年代初頭に端を発する課題に対して，その後連邦政府がとった対処策は，基本的には種々の新自由主義的改革であると先行研究では評価されている。スイス経済史研究者の黒澤隆文は，財界，エコノミスト，経済学者らが公表した91年レポート（Leutwiler（Hg.）[1991]），95年レポート「出発への勇気」（de Pury, Hauser and Schmid（Hrsg.）[1995]）（2つは合わせて通称「白書」と呼ばれる）は90年代の新自由主義路線を基調づけ，「事実上の政府路線」になったとしている（黒澤[2001]）。N. エガート，M. ジューニも同様に，新自由主義に関する議論は95年白書の出版後に急進派から公論へと広がったとしている（Eggert and Giugni[2007]）。H. クリージは，91年白書が連邦政府によって直接的に顧みられただけでなく，一般大衆にも読まれ，大きな影響力をもったことを強調している（Kriesi[2006]）。クリージとA. H. トレクセルも同様に，90年代の，政府部門の増大は競争力を低くするというネオリベラルな意見は国民に響き，国民はネオリベラルな提案に追従した[20]，としている（Kriesi and Trechsel[2008]p.144）。

　しかし，白書の提案が政府路線として基調づけられたとみなす黒澤，クリージ，トレクセルらの評価は修正の余地がある。具体的には，両白書での具体的な制度提案や，実際の改革の制度的帰結，とりわけ歳入面での改革や，実際の政策過程の中での歳出削減策における一進一退などを考慮すると，そうした評価は批判的に検討可能である。以降では，スイスにおける1990年代初頭の新自由主義改革はどのように提起され，結果としてどこまで実現したのかを分析する。そして，提起と結果との乖離があるとすればどのような方向性・特徴をもつものであるかを分析していく。本節のこれ以降は，財政制度についてのやや細かい話が続くため，こうした「新自由主義的なものと実際との乖離」という議論の前提を受け入れてもらえるのであれば，経済史研究者，財政学者以外は読み流しても問題ないかもしれない。

そもそも 91 年白書を作成した一連の財界人，エコノミスト，経済学者のグループはいかにしてその発言権を強めてきたのだろうか。1990 年代以前は，スイス銀行を除き行政部門に経済学者が参画することは稀であった。彼らは，スイスの政治制度の特殊性の 1 つである，多くの「専門委員会」——議会以前の段階で，個別政策ごとに経済・社会政策の一般的な方向と内容を決定づける組織[21]——にも参画しない状況であった。しかし，こうした状態は，90 年代初頭に S. ボーナーと H. ハウザーという 2 人の経済学者の主導によって転換することになる。ボーナーとハウザーら経済学者グループの提案が，政治的な影響力をもつためには，実業界の重要人物の支援が欠かせなかった（Mach [2002]）。90 年代初頭には，実業界の大企業の代表たちが，ザンクトガレン大学のエコノミストと協働し，いくつかの文書を出版し，新自由主義的改革を推進した（Mach [2002]）。この財界のバックアップの動きにおける第 1 の主要人物は，F. ロイトヴィラーである。彼は当時，電力産業などを中心とするアセア・ブラウン・ボベリ（ABB）という多国籍大企業の CEO を務めている。第 2 の主要人物である，S. シュミットハイニーは同族経営の多国籍大企業である石綿セメント会社エタニット・グループなどを率いる財界人である。彼はネスレ（88〜2003 年）や UBS（78〜96 年）などの役員も兼任している。この 2 人の主導により，91 年白書は編纂された。

　91 年白書は，既存の経済団体を介さずに提言を行ったという点にも特徴がある。この白書編纂グループの財界人たちは，既存の経済団体に自分たちの利益が代表されていないと感じていたのである（Kriesi and Trechsel [2008]；Mach [2002]）。スイスの国内市場はネスレや ABB をはじめとする少数の多国籍企業と，競争力の劣る（しかし雇用としては大多数を占める）中小企業を中心とした国内産業部門に格差があり，分断された構造にある（黒澤 [2001]）。その意味で，白書は，経済界の中でも産業構造的には部分的な利益（とくに前者の側）を反映している。すなわち，前者のような，既存の経済団体に意見が反映されていないと感じていた，多国籍企業側の立場が白書には強く反映されているのである。では，この 91 年白書では具体的にどのような提案がなされたのだろうか。

　91 年白書は提言を 5 つの方針にまとめている。具体的には，①競合諸国からの商品，サービス，労働力に対する制限の開放，②国家の独占的な市場領域

（テレコミュニケーション，郵便，公衆衛生制度等）の市場化，③州間の租税競争の強化，④市場に干渉する憲法上の権限の削除と，課税の増加についての憲法上の制限の維持，⑤国家支出の制限（再分配，産業保護についての支出削減を含む）である。

④に関連して，老齢・遺族年金への財源措置として付加価値税の税率を1.3％高める権限を議会がもつという方策は，課税に対する憲法上の制限を緩めるものだとして批判している。この点，連邦の歳入拡大には否定的であった。また，提言⑤は，3つの具体的な提案に細分化されている。第1に，議会の支出決定に対する「制限付き多数決」である。彼らは，議会における利益団体がコントロール不可能な支出の増大を招いていると非難する。そのため，連邦評議会の提案を超えた支出に関し，議会の3分の2の得票による合意を条件に課すような，制限付き多数決ルールをもって決定することを提案した[22]。第2に，補助金法の定期的な点検が提唱された。もはや時代にあっていない補助金が存続し続けることを防ぐために，すべての補助金法案は定期的にその必要性を点検されるべきだ，という[23]。最後に「中期的に均衡的な連邦の会計」を目標として掲げ，現状では連邦支出負担の将来の納税者への転嫁が起きていると非難している。

このように，91年白書では，取引の自由の保護の強調を基調として，反面での市場に対する国家の干渉を，憲法や議会という制度において排除する試みを提案する，極めて強い市場原理主義を示している。それと同時に，歳入面でも，憲法の修正や，地方政府間の租税競争を肯定することにより租税収入を縮小することを提言し，付加価値税の導入・増税には否定的であった。

さらに，先に触れたように，提言①，④，加えて提言⑤における経済的に遅れた部門における保護主義への批判的な認識は，ある種の開放経済への楽観的な見方を示しているが，この認識には当然異論もある。それに関して，クリージとトレクセルは，開放経済楽観論を示すP. J. カッツェンスタインのような先行研究の焦点が，左派への経済的保障や，重度に国際競争に晒されている産業（織物と時計）に偏っていることを指摘する（Kriesi and Trechsel [2008]；Katzenstein [1984] [1985]）。そして，国際競争に晒されてないセクターや，それらへの選別的保護主義（selective protectionism）にも目を向ければ，カッツェ

ンスタインやボーナーらのような,開放経済に対する楽観論は修正されるだろうと批判する (Kriesi and Trechsel [2008])。すなわち,どの産業部門に焦点をあてるかによって,開放経済への楽観性は左右されうるのである。この 91 年白書にみられる開放経済への楽観性は,ある意味で前述した白書編纂グループの産業部門における偏りを反映しているとみなすこともできよう。

　91 年白書の出版後,政府は特別委員会を任命した。同委員会は前述のボーナーとハウザーのほかは,財界人のみで構成され,アセア・ブラウン・ボベリの共同代表取締役 (co-managing director) である D. ド・ピュリーが次の報告書の編纂を務めることとなった (Mach [2002])。1992 年には同委員会が委員会報告書を発行し,内容としては,女性の夜間労働の認可,主要政府部門の民営化,カルテルの禁止,連邦直接税の一部を付加価値税の導入によって代替すること,法人所得税の減税などが盛り込まれた。

　これらの動きと並行して,財政再建計画として「1992 年計画」(the 1992 program, premier programme d'assainissement) が策定された。91 年白書での歳入増への否定的な立場とは裏腹に,本計画は続く「1993 年計画」とあわせて,歳入歳出両面に同じウェイトを置く形で改革を進めた[24]。

　1993 年には連邦が直接税を課税する権利を延長し[25],付加価値税の導入の採択と同時に石油税,たばこ税などの間接税も引き上げた。これらを含む間接税は,2000 年代に至るまで連邦政府の歳入の 6〜7 割を占める基幹税となっている。

　1993 年計画での最も大きな変化は,1995 年からの売上税から付加価値税への移行である (OECD [1995])。この付加価値税への移行は連邦政府収入に 29 億スイスフランの増収をもたらした。6.3％にとどまっていた既存の売上税を代替する形で,6.5％への税率上昇を伴っての導入となっている。

　さらに付加価値税の導入に関しては,左派政党との妥協的な合意を結ぶため,さまざまな方策がとられた。まず,付加価値税の逆進性対策として,2 段階の軽減税率が設けている[26]。また,左派は,付加価値税の一部を社会保障財源にあてるための増税可能性などを条件に譲歩した (Kriesi and Trechsel [2008])。後者は連邦憲法にも条文として定められたが,そもそもこれは 91 年白書において提言④で批判されていた方策であり,91 年白書の提言とは逆の形で結実し

たこととなる。

　付加価値税のほかにも，1993年計画では，支出へのブレーキ措置（支出ブレーキ）が提案された。それによると，一定の限度を超える追加的支出をもたらすべての議会の決定は，議会両院全員の過半数によって承認されなくてはならないとされ，95年3月に国民投票（レファレンダム）で可決された。しかしこの手段は，支出の増大に重要なインパクトをもたらさないとみられている（OECD [1995]）。というのも，そもそも多くの予算が議会の立法で規定されていることを考えると，通常の議決要件と同じ過半数で十分とするのは，とりたてて支出増へのブレーキを厳格化するものとはいえないであろうためである。91年白書を振り返れば，一定水準を超えた支出について，3分の2の議会の得票による合意を条件に課すような，修正を加えた多数決ルールをもって決定する「制限付き多数決」が提唱されていた。しかし，それを骨抜きにする形での結実となったといえよう。

　これらの1992, 93年の計画によって，合計70億スイスフランの構造的財政赤字削減に成功した（OECD [1995]）。その一方で，1998年までの中期的な構造的財政赤字は，およそGDP比1%の40億スイスフラン残るとみられていた。しかし，それまでの計画と異なり，1994年計画では歳入面の改革が提案はされたものの，多くは採択されなかった。たばこ税の増収はあったが，その他は支出削減策に依存することとなる。結果として，構造的財政赤字の削減分は19億スイスフランにとどまった。その中では，国防，外交関連費用の削減などや，農業団体らによって提案された高速道路修繕費の削減などが行われた。一方で，社会保障関連の支出削減も提案されたが，議会で否決される。結果，この年度の構造的財政赤字削減分は，当初提案された案よりも20億スイスフラン少ない19億スイスフランにとどまり（OECD [1995]），92, 93年と比較しても小さな成果となった。

　このように，1994年には一時的に足踏みするものの，92年以降は付加価値税の導入をはじめとする歳入面での改革が，歳出面での改革と同時に進行した。これは，前述のように，91年白書では否定的に捉えられていたものである。また歳出面においても，支出ブレーキは限定的なものとして結実した。つまり，これも91年白書で提案されていた条件とは異なっている。さらに，歳入面で

の改革が滞り，歳出削減が前景化する94年にも，社会保障支出の削減は提案されるも議会において否決されている。さらに，実行された支出削減を支持する動きにも，農業団体のような，白書編纂グループとは異なる利益団体の動きがみてとれるのである。

3.2　1990年代後半の動向

翌年の1995年には，ド・ピュリーを筆頭著者に95年白書「出発への勇気」が発行され，さらなる自由化を主張した。彼らは多岐にわたる議論の中でも，95年から99年までの改革の優先順位をつけており，7点にまとめている。その中で，第3～7の目標は主に個別産業に関連するものであったが，第1～2の目標は財政に関するものであり，よりプライオリティが置かれている。具体的には，第1の目標として，名目支出の安定化により3年以内に経常収支を均衡化すべきと主張した。加えて，第2の目標としては，イノベーションを促進する租税構造の創出が必要であるとした。具体的には，付加価値税の引き上げ，配当利益への経済的二重課税の廃止，（有価証券等）発行印紙税の廃止による部分的補正を伴う連邦直接税の引き下げが必要だとした。

ここには，具体的な税制改革の方針をめぐる，91年白書からの立場の変化が確認できる。すでにみたとおり，91年白書では付加価値税を社会保障財源として増税するための憲法修正に対して否定的であった。だが，95年白書では一転して，付加価値税の導入に肯定的な立場をとっている。ここから，部分的には白書編纂グループの態度の軟化があったことがみてとれる。

その一方で，付加価値税の導入を除けば，これまでの財政政策においては，将来を見据えた軌道修正は生じなかった，と白書編纂グループは否定的に評価している。そのうえで，低い実質金利と税率という，スイスの2つの最も重要な優位性が，国家の過度に大きな歳入によって脅かされているとして，歳入全体を増加させる方向性自体には強く反対した。とりわけ，競争力の観点からして，総収入額における直接税の割合は高すぎるとして，直接税の減税を主張した[27]。とりわけ，法人所得税において負担を軽減することで，投資促進的な税制をつくるべきだと主張している。このように，91年白書ではそもそも連邦政府の課税権の拡大を憲法レベルで制限することが重要であるとしていたのに

対し，95年白書では，付加価値税の税収増を容認し，その代わりに直接税，とりわけ法人直接税の税目レベルでの修正を通じた負担低下を主張するというスタンスに変容している[28]。

これらの歳入面での主張に加えて，歳出面では，変わらず削減を主張している。具体的には，対GDP政府財政支出比率（「国家シェア」）の縮小による赤字削減，民営化を通じた負債の削減，最低20億スイスフランの連邦補助金の削減に向けたアクションプランの提示，連邦国家の財政調整の改革，効率性指向の行政改革を方針として掲げている。

では，その後の実際の改革の動向はどうなのか。まずは歳出面について整理する。社会保障領域に関する削減は，1994年は議会内での反発によって合意に至らなかった。続く95年も，失業保険給付金の減額を含む財政再建策が連邦政府により提唱される。しかし，この法案も，97年に国民投票で否決され，廃案となった。社会保障関連費などの支出抑制策は不可能となり手詰まりとなる中，支出の総額抑制の目標化へと踏み切る（黒澤［2001］）。翌98年には，Budget objective 2001が国民投票で採択された。これは構造的財政赤字について，10億スイスフラン（90年代前半と比較すると小規模な額ではある）を，2001年までに削減することを目標に設定するものだった。この目標に届かない場合は超過支出分を強制的に削減することが連邦憲法に盛り込まれた。この強制的な執行を避けるために，政党間で次年度の財政支出を19億スイスフラン削減することに同意した。その内訳は国防5.6億，州への補助金5億，年金繰入金3億，鉄道予算2億である。結果として，目標を前倒しにして，2000年にはBudget objective 2001を達成することとなった。このように社会保障においての支出削減は国民投票によりブレーキがかけられた一方で，中期的な財政赤字への危機感は国民にとって説得的であったといえるだろう。

他方の歳入面ではどうなったか。95年白書では，財政規律の重視のため付加価値税による増収を提案すると同時に，その増収分で直接税減税を行う提案がなされていた[29]。これらの提案は，部分的には有価証券取引に関する税の免除の拡大など種々の制度変化につながる。さらに，連邦法人所得税は，それまで最低税率3.63％〜最高税率9.8％の弱い累進税率にあったが，1998年以降，8.5％の比例税となる[30]。これらは95年白書が第2の優先順位として提唱して

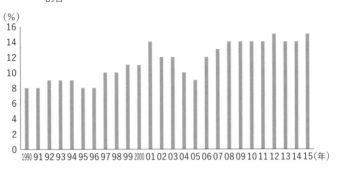

図3-5 連邦税収に占める法人への所得・利潤・キャピタルゲイン課税の割合

出所:スイス統計局資料に基づき,筆者作成。

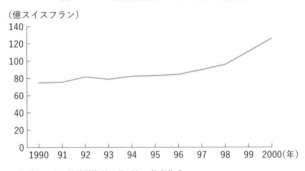

図3-6 一般政府部門における法人直接税

出所:スイス統計局資料に基づき,筆者作成。

いたように,「付加価値税の増税によって連邦直接税(とりわけ法人直接税)の減税を行う」という大枠としての租税構造の変化をもたらしたのだろうか[31]。

所得・利潤・キャピタルゲインにおける課税額は,法人においてはむしろ1990年代後半は上昇傾向にあり,連邦税収における割合でみても,法人においてはむしろ90年代後半には上昇トレンドにある(図3-5)。

加えて,一般政府部門(連邦,州,基礎自治体を含めた公的部門)全体に目を向けると,法人直接税金額は1993年を除き90年代を一貫して上昇トレンドにあり,とりわけ90年代後半に増加をみせている(図3-6)。また,一般政府部門の税収における割合をとっても同様であり,90年代後半にはその比重を増加

図3-7 一般政府部門における総税収の中で法人直接税が占める割合

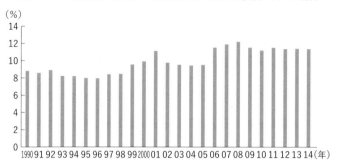

出所：スイス統計局資料に基づき，筆者作成。

図3-8 付加価値税が連邦政府税収に占める割合

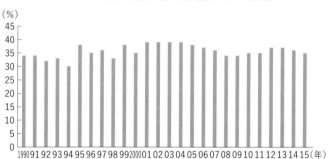

注：1994年までは売上税。
出所：スイス統計局資料に基づき，筆者作成。

させている（図3-7）。

　その一方，付加価値税は実額，連邦政府に税収に占める割合の両者において，売上税からの切り替え時の1995年に一時的に増大をみせるも，90年代後半は下降傾向にある（図3-8）。

　これらの構造的な趨勢をふまえると，95年白書の第2の優先順位での提言の方向で，大きな租税構造の転換があったとみなすのは難しいだろう。

3.3 「新自由主義的」改革路線からの乖離

　結論をまとめると以下のようになる。91年白書は執筆者らの産業部門の立

場を反映する形である種の楽観的な開放経済観に立ち，商業・市場における自由に関する国家の干渉を否定した。そして，3分の2を要件とする「制限付き多数決」での支出ブレーキ，地方政府間の租税競争の肯定，付加価値税の否定など，歳出のみならず歳入面での国家の拡大にも否定的だった。それとは裏腹に1992，93年は歳入面でも改革が進行し，とりわけ91年白書で否定されていた付加価値税の導入をはじめとして，構造的財政赤字の削減が進んだ。94年には歳入面での改革が停滞し，歳出抑制が前景化するも，社会保障関連費の削減に関しては議会や国民の反発が強く実施されなかった。さらに支出ブレーキも，要件が過半数に緩和され実質的な効力を大きく弱めた。

　さらに，その後の95年白書では，91年白書の立場との間に変化がみられた。とくに，1990年代前半の改革を追認する形で，付加価値税の導入を肯定的に評価するようになる。そして，歳入全体の増加への警戒というよりも，直接税，とりわけ法人直接税に関する種々の制度修正による負担軽減に焦点をあて，直間比率の変化を主張した。この立場は国外投資を重視する産業部門という白書編纂グループのバックグラウンドのあらわれと解釈できる。これにより有価証券・連邦法人所得税に関して制度修正はあったものの，全体の租税構造として95年白書で企図された方向に大きく変化したとはいいがたい[32]。

　このように，1990年代前半での動向は91年白書の方針からは乖離しており，さらに白書編纂グループの中でも95年白書においては立場の修正がみられる。また，実際の財政構造は95年白書で示された租税構造の方向には大きく変化しているわけではない。これらをふまえると，先行研究の白書編纂グループの提言が事実上の政府路線となった，とする見解は修正が迫られるだろう。すなわち，政府は白書編纂グループの新自由主義的な財政構造への転換策をストレートに受容したわけでないということである。実際には，スイスの重層的な政策形成過程は，多くの拒否点（veto points）を含むがゆえに，議会における左派政党や国民投票の合意を得られないようなラディカルな提案はブロックされた。1つの提案が，合意と妥協を要する政治構造の中で漸進的に修正を迫られる，というのは極めてスイス的な意思決定である。91年時点から95年時点への白書編纂グループの立場の修正もこの「妥協」をよく示すものだと考えられる。

こうした過程で，左派政党含む多政党間での議会での合意形成の必要や，国民投票における拒否権は，新自由主義のもとでの極端な歳出削減路線に一定程度の歯止めをかけると同時に，付加価値税の導入など歳入面を拡大する方向での改革をもたらした。一般的には，こうした拒否権プレイヤーの多さは財政支出の拡大に向かうとされる。しかし，本事例からは歳入の拡大，規律への合意にも，こうした財政民主主義の要素が機能していることがいえるだろう。

おわりに——政策パッケージとして「新自由主義的」でないとすれば？

とはいえ，ここで示されたのは，あくまで大枠としての財政構造が，スイスの新自由主義を主導した白書編纂グループの改革案どおりに修正されたわけではない，ということでしかない。では，その動きを実際に拒否権プレイヤーとして止めたのは何だったのだろうか。あるいは，個別の政策の中で，こうした動きはどのように拒絶されたのだろうか。また，単に新自由主義的でない「小さな政府」だとするならば，いかなるメカニズムのもとで異なる形態の正統性が成り立っていたのか。それらの詳細なメカニズムは，歴史実証としての分析なくして成り立たない。したがって次章以降では，個別の政策においての政策決定過程の歴史実証を行っていくこととする。

さらに，ここで示されたのは，あくまで政策的なパッケージとしての新自由主義の拒絶である。しかし，W. ブラウン流の定義に従えば，新自由主義とは評価の体系や，政治や人間理解の置き換えも進むことなのであった。これらの評価の体系や人間理解の問題にも注意しながら，次章では検討を進める。

〈注〉
1) 小国であるがゆえに比較としては不適切なのでは，あるいは，小国ゆえに可能な民主主義の形態なのでは，という点は，しばしば提起される疑問である。しかし，いずれもスイスより人口では同規模か少ない北欧諸国の事例が，国際比較としても，政策論としても一定の影響力と意義をもっていることを考えれば，人口のみを理由に参照事例として外すのは不適切である。また，欧州の中でみれば，スイスは中位の人口規模である。
2) 2014年の数値で，スイスドイツ語 62.6％，フランス語 22.9％，イタリア語 8.2％，ロマンシュ語 0.5％（Federal Department of Foreign Affairs〔FDFA〕，「言語－統計データ」）。
3) 2つの言語を公用語として位置づける州もある（4州）。

4) ドイツ語での正式名称である Freisinnig-Demokratische Partei（FDP）から本書では「自由民主党」で統一するが，フランス語での呼称 Parti radical-démocratique（PRD）から「急進民主党」と表記されることもある。さらに，2009 年から同党は，小政党である自由党（Liberale Partei〔LP〕，リベラル党の表記もある）と合流する形で，"FDP. Die Liberalen" となった。合流後の同政党について，「自由民主党・リベラル」「急進民主党・リベラル」と表記されることもあれば，単に合流前の「自由民主党」「急進民主党」と書かれることもある。
5) ただし，キリスト教民主党は 2021 年に，連立政権外の他党と合流する形で，中央党（Die Mitte）と改称した。
6) ただし，詳細は後述するが，2000 年代には移民問題を背景にした右派ポピュリズムの台頭により，右派の国民党が影響力を強め，こうした 50 年以上続く慣行にもひびが入り出している。
7) Kanton Zürich, Referendumsdatenbank.
8) ただし，これは投票にまで至った数であり，立ちあげられたものの，投票の実施に至っていないものも含めるとさらに多い（Kanton Zürich, Initiativdatenbank）。
9) Kanton Zürich, «Abstimmungsvorlagen vom 27. November 2022».
10) 井手＝パーク編［2016］も，『危機と再建の比較財政史』ほど明示的ではないにせよ，スウェーデンにおける普遍主義的な財政のあり方が社会的な支持をえるうえで重要だとし，肯定的な評価を与えている箇所がある（323〜325 頁）。
11) 同書では北欧諸国以外にも，多くの先進国を事例として取り上げているものの，結局は北欧諸国をモデルとした普遍主義モデルという尺度で各国を切り取っている箇所もあり（376〜379 頁），基本的にはやはり北欧諸国の普遍主義や合意形成を肯定的に捉える立場がベースとなっているといえるだろう。
12) 財政学者の神野直彦は自伝の中で，スウェーデン・モデルからの影響をこう述べる（神野［2018］）。「学んできた東京大学の財政学が理想として追い求めてきた社会が，スウェーデンで実現しているといってもよいのではないかと考えるようになった」（210 頁）とし，「スウェーデンの地方自治体の提供する充実した現物給付を参照基準に（……）地方自治体の自主財源を強化し，地方分権を推進しなければならないと主張した」（218 頁）とある。日本の地方分権改革における政策当事者としても積極的に関与した神野が，地方分権に関してスウェーデンを模範としていることは，日本の地方財政を考えるうえでも特筆すべきであろう。
13) 井手は，とりわけ日本の左派・リベラルにとって，スウェーデンが一種の成功例として論じられてきた旨を言及している（井手［2018］33 頁）。また，「日本の左派・リベラル系の紙上でスウェーデンの良し悪しがいまだにテーマとなり，（……）『やりとり』が交わされたことじたい，スウェーデンという国が日本の思想状況において特別な存在であることを物語っている」（36 頁）といった記述もある。
14) 例えば，池上岳彦も，財政調整の制度の構想について，どれだけ地域のニーズを客観的に，科学的に測定しようとしたとしてもなお，価値判断が入り込むことは排除できず，むしろその価値判断を所与としたうえで，その価値判断をいかに民主主義的に行うかが重要であるとしている（池上［2006］）。
15) とりわけ，移民をめぐる社会的な動揺と，社会福祉への合意の揺らぎを，スイスがどう乗り越えたかについては第 7 章で分析する。地域による利害対立とその超克可能性については，第 5 章，第 6 章において焦点をあてる。
16) 財政学をめぐるこの問題は，終章で後述する。

17) 雑誌『レヴァイアサン』の創刊に関わった大嶽秀夫, 村松岐夫, 猪口孝らをさす.
18) 失業をめぐる経済的状況に関しては, 第4章における議論も参照されたい.
19) 「収入」は大部分を占める連邦税収に, 投資収益等の税外収入を加えたものをさす. 詳細は連邦政府データポータル参照.
20) さらに, 1980年代後半以降, 連邦政府・議会では合意が成立しても, 国民投票で否決されて通過せずという事態が続き, 強すぎる国民の権利を縮小すべきではないか, という議論があったこともこうした動きを後押ししているだろう. 中でもインパクトが大きかったのが, 92年のヨーロッパ経済地域 (EEA, EWR) 加盟に関して, 全集議会 (上院) と国民議会 (下院) で可決されていたにもかかわらず, その後の国民投票で否決され, 実現に至らなかったことである. これによって経済界・経済学者を中心に, 強すぎる国民の権利の縮小が論じられるようになった (仲 [2001]).
21) A. マッハは, 専門委員会の重要性に対して「議会はこれらの政策において重要な役割を果たさない」とすら述べている (Mach [2002]).
22) こうした単純過半数よりも厳しい条件を合意の与件として課すことはスイスにおいて多くの決定方式にみられるものである.
23) この補助金の簡素化という話は, 本書の第6章の議論ともつながる.
24) 具体的には, 連邦補助金, 貸付の一律削減が8億スイスフラン, 加えて石油税の20%アップ, たばこ増税という手段をとることにより, 中期的な構造的財政赤字を3〜40億スイスフラン削減したとされている (OECD [1995]).
25) そもそも連邦が直接税を課す権利は憲法で明示的に示されない限り存在せず, 同規定も2006年までの時限立法の憲法条文であった (Kriesi and Trechsel [2008]).
26) 当初2.0% (食料品, 飲料, 家畜, 魚, 種, 花, 穀物, 飼料, 雑誌, テレビ・ラジオ番組) → 2.5%, 当初3.0% (ホテル宿泊) → 3.8%→3.7% (2018年以降) で推移している.
27) とくに, 法人直接税の負担軽減を主張し, 有価証券発行税, スタンプ税 (有価証券の移転に関して売り手と買い手の双方が負担する税) は, 法人の所得における二重課税であるとして批判している.
28) 白書編纂グループの財界人は, 輸出志向型の産業という経済界の中でも一部の部門のみによって構成されていたことをふまえると, 基調としては歳入拡大に懐疑的でありながら, 国際的な投資という観点から彼らの利益にも利する付加価値税への転換には譲歩することは合理的である.
29) なお, 一般政府部門において州・市町村の比重が高いことや, 直接税は州を中心とすることも, スイスの租税構造の特色である.
30) 1994年には最高税率の9.8%での比例税化, つまり実質的な連邦法人所得税の増税が提案されるも, 議会で否決されている.
31) こうしたパッケージの主張自体は, 日本やイギリスとも共通するが, 一方でスイスにおいて現実には1998年以降, 連邦法人所得税率は一定のまま, 付加価値税の税率上昇を重ねている点は違いとして特記されるべきである.
32) しかし連邦法人所得税は1998年以来8.5%の比例税という低い水準にあり, 国際的にみて低い負担率を示していることは否定できない.

〈引用・参考文献〉

池上岳彦 [2006]「財政調整の理論と制度をめぐって」『立教経済学研究』60(1), 249〜265頁

井手英策［2018］『富山は日本のスウェーデン──変革する保守王国の謎を解く』集英社（集英社新書）
井手英策編著［2013］『危機と再建の比較財政史』ミネルヴァ書房
井手英策＝G. パーク編［2016］『財政赤字の国際比較──民主主義国家に財政健全化は可能か』岩波書店
大嶽秀夫［2005］「『レヴァイアサン』世代による比較政治学」『日本比較政治学会年報』7, 3～25頁
岡本三彦［2010］「スイスの都市自治体における政治参加──5大都市を中心に」『東海大学紀要 政治経済学部』42, 1～20頁
岡本三彦［2018］「住民総会の可能性と課題──スイスの住民総会を中心に」『経済学論纂』58(3-4), 59～78頁
掛貝祐太［2019］「スイスの第10・11次年金改革における政治的コンセンサス」『社会政策』11(1), 74～84頁
掛貝祐太［2020］「申請主義と財政教育──税と申請を権利として捉えるために（特集 危機の中で財政を考える）」『生活経済政策』(282), 18～22頁
金兌希［2016］「政治意識の変容と発展──政治的有効性感覚の比較研究」慶應義塾大学大学院法学研究科博士論文
黒澤隆文［2001］「スイス」『「経済の発展・衰退・再生に関する研究会」報告書』財務省財務総合政策研究所
小島昭［1984］「予算過程論と財政民主主義の再検討──予算政治論の視角から」『予算過程の諸問題』財政法叢書(1)、日本財政法学会
神野直彦［2007］『財政学（改訂版）』有斐閣
神野直彦［2015］『「人間国家」への改革──参加保障型の福祉社会をつくる』NHK出版（NHKブックス）
神野直彦［2018］『経済学は悲しみを分かち合うために──私の原点』岩波書店
世利洋介［2001］『現代スイス財政連邦主義』九州大学出版会
高田昌孝［2013］「スイスの税務行政及び税制の概要──基本的概要と情報交換を巡る最近の動向」『税大ジャーナル』(21), 191～212頁
チェニ，H.（小林武訳）［1999］『現代民主政の統治者──スイス統治制度とロビイストたち』信山社
鶴田廣巳［2001］「有害な租税競争と国際租税協調」『会計検査研究』23, 85～99頁
ドイヨル，L.＝I. ゴフ（馬嶋裕・山森亮監訳）［2014］『必要の理論』勁草書房
仲哲生［2001］「スイスにおけるレファレンダムとイニシアテイヴ」『社会科学論集』81, 95～124頁
森田安一［2021］『スイスの歴史百話』刀水書房
山岡規雄［2019］「日本及びスイスにおける国民投票公報」『レファレンス』69(11), 79～106頁
山田真裕［2007］「村松岐夫・久米郁男編著『日本政治変動の30年 政治家・官僚・団体調査に見る構造変容』」『公共選択の研究』2007(48), 72～74頁
山元俊一［2000］「海外税制探訪記4 スイスの付加価値税・スタンプ税」『税務弘報』48(3), 176～185頁
Borner, S., A. Brunetti und T. Straubharr [1990] *Schweiz AG: Vom Sonderfall zum Sanierungsfall?*, Verlag Neue Zürcher Zeitung.

Borner, S., A. Brunetti und T. Straubharr [1994] *Die Schweiz im Alleingang*, Verlag Neue Zürcher Zeitung.
Bundesamt für Statistik [2022] Die Schweiz in 23 Infografiken: Gesellschaft, Wirtschaft, Raum und Umwelt, Ausgabe März 2022.
de Pury, D., H. Hauser und B. Schmid(Hrsg.)[1995] *Mut zum Aufbruch: Eine wirtschaftspolitische Agenda für die Schweiz*, Orell Füssli.
Eggert, N. and M. Giugni [2007] "The Global Justice Movement in Switzerland," D. Della Porta ed., *The Global Justice Movement: Cross-national and Transnational Perspectives*, Routledge.
Katzenstein, P. J. [1984] *Coporatism and Change: Austria , Switzerland and the Politics of Industry*, Cornell University Press.
Katzenstein, P. J. [1985] *Small States in World Markets: Industrial Policy in Europe*, Cornell University Press.
Kriesi, H. [2006] "3 Institutional Filters and Path Dependency," W. Streeck ed., *Governing Interests: Business Associations Facing Internationalism*, Routledge.
Kriesi H. and A. H. Trechsel [2008] *The Politics of Switzerland Continuity and Changes in a Consensus Democracy*, Cambridge University Press.
Leutwiler, F.(Hg.)[1991] *Schweizerische Wirtschaftspolitik im internationalen Wettbewerb: Ein ordnungspolitisches Programm*, Orell Füssli.
Mach, A. [2002] "Economists as Policy Entrepreneurs and the Rise of Neoliberal Ideas in Switzerland During the 1990s," *Economic Sociology: European Electronic Newsletter*, 4(1), pp.3-16.
OECD [1992] "OECD ECONOMIC SURVEYS: Switzerland 1992," OECD.
OECD [1993] "OECD ECONOMIC SURVEYS: Switzerland 1993," OECD.
OECD [1994] "OECD ECONOMIC SURVEYS: Switzerland 1994," OECD.
OECD [1995] "OECD ECONOMIC SURVEYS: Switzerland 1995," OECD.
OECD [1999] "OECD ECONOMIC SURVEYS: Switzerland 1999," OECD.
──ウェブサイト──
スイス政府ウェブサイト「国民投票の結果」(https://www.admin.ch/ch/d/pore/rf/ref_2_2_3_1.html) 2017年10月20日最終アクセス
スイス統計局資料(https://www.efv.admin.ch/dam/efv/en/dokumente/finanzstatistik/berichterstattung/Alle%20Dateien%20(GFS%20%20FS).zip.download.zip/zip_e.zip) 2017年10月20日最終アクセス
Federal Finance Administration (FFA), Ausgaben nach Aufgabengebieten 1990–2014, Statistik und Kennzahlen des Bundeshaushalts. (http://www.efv.admin.ch/d/dokumentation/finanzberichterstattung/kennzahlen_bundeshaushalt.php) 2016年1月4日最終アクセス
International Monetary Fund, World Economic and Financial Surveys, World Economic Outlook Database (https://www.imf.org/external/pubs/ft/weo/2014/02/weodata/index.aspx) 2016年1月4日最終アクセス
Federal Department of Foreign Affairs FDFA「言語-統計データ」(https://www.bfs.admin.ch/bfs/en/home/statistics/population/languages-religions/languages.html) 2025年1月31日最終アクセス
Kanton Zürich, Referendumsdatenbank (https://www.zh.ch/de/politik-staat/wahlen-abstimmungen/initiativen-referenden-anfragerecht/referendumsdatenbank.html) 2022年

11 月 13 日最終アクセス

Kanton Zürich, Initiativdatenbank（https://www.zh.ch/de/politik-staat/wahlen-abstimmungen/initiativen-referenden-anfragerecht/initiativdatenbank.html）2022 年 11 月 13 日最終アクセス

Kanton Zürich, Revision Hundeverordnung – Hundeausbildung wird neu geregelt Medienmitteilung 06.01.2022（https://www.zh.ch/de/news-uebersicht/medienmitteilungen/2022/01/revision-hundeverordnung-hundeausbildung-wird-neu-geregelt.html）2022 年 11 月 13 日最終アクセス

SWI SwissInfo.ch（https://www.swissinfo.ch）2017 年 10 月 20 日最終アクセス

第4章

「客観的」評価と政治的評価
スイスの労働政策の自治

はじめに

 スイスが，あまり国際比較の焦点とならないことは，すでに述べた。しかし，日本とスイスは，1990年代初頭まで多くの共通点があった。例えば，一般政府支出でみて小さな政府であることや，公共事業による雇用創出，低い失業率といった特徴である。両国とも，G. エスピン－アンデルセンの福祉レジーム類型には，収まりが悪いとされてきた。そして，日本とスイスを新たなレジームとして分類すべきだという議論もある（三浦 [2003]）[1]。その分類では，高い雇用保障と低い所得保障が特徴であるとされる。しかし，両国ともに，バブル経済の破綻により，90年代初頭から失業率が大幅に増加することとなる。

 こうした状況を受け，日本では，1990年代の不況期以降，緊縮財政と新自由主義的改革へと進む傾向がある。具体的には公共セクターの市場化，地方自治体への補助金の削減などである。これらの傾向はある程度，先進諸国に共通する現象だろう。学術レベルにおいても，ニュー・パブリック・マネジメント（New Public Management: NPM）の興隆は，こうした動きを実質的に後押ししたものといえよう[2][3]。むろん，これらの定義や評価がいまだ分かれていることは第1章ですでに検討したとおりだが，NPMの要素として，明確な基準による業績測定や，アウトプットによる統制，競争市場への移動などが指摘されている（兼村 [2019]）。

同時期のスイスにおいても，類似する政治的な動向があった。その意味で，前章で検討した1991年と95年の「白書」は重要な文書である。前章で述べたとおり，スイス国民は白書の新自由主義的方向を基調路線として追随したとする先行研究もあった（Kriesi and Trechsel［2008］p.14）。

　では，失業対策の本丸の労働政策に議論を限定するとどうか。F. エールラー，F. ザーガーは，この間のスイスの労働市場政策は市場支配的なレジームへと変化した，と結論づけている（Ehrler and Sager［2011］p.169）。具体的には，この間の改革の特徴として3つの点を指摘する。まず，①失業者向け社会保障制度が，自治体から州レベルへの集権化の傾向をみせたこと，加えて，②連邦政府による失業保険給付期間終了後の社会扶助（Social assistance）も，受給者の待遇の平等さのため州レベルへ集権化したこと，最後に，③積極的労働市場政策[4]により部分的な市場化（準市場化）がもたらされたことである。

　しかし，同時期のスイスの政策決定過程を，個別に仔細に分析すれば，これらはスイス財政への一面的な評価でもあるというのが本章の主張である。また，中央集権化という方向にもストレートには進んでおらず，緊縮財政と新自由主義的措置はある程度緩衝されている。本章はそうした観点から，1990年代の失業政策の改革について検討する[5]。とくに95～96年の連邦レベルでの労働政策における変革は，現在に至るまでのフレームワークを形作ったものであり，スイスの労働政策自体についても大きな重要性をもつ。これらがいかになされたかについて，日本との比較を視野に入れつつ，エールラーらの評価を批判的に検討することが本章の目的である（Ehrler and Sager［2011］）。

　エールラーらのような一面的な評価が難しいことは，連邦政府の失業保険改革の報告書（Botschaft und Beschlussesentwurf vom 29. November 1993 zur zweiten Teilrevision des Arbeitslosenversicherungsgesetzes〔AVIG〕）からもわかる。この報告書は，改革が，州の予算を増加させる効果と減退させる効果の両面をもっていたとしており（368～369頁），いわく，「新しい労働市場の手段（訓練補助金，自営業の促進）により，州の雇用事務所は新たな課題に取り組まなければならない。一方，短時間勤務や天候に関連した失業の場合のスタンプ・チェックの廃止は，州法執行を大幅に軽減する」という。つまり，州の新設される事務負担がある一方，廃止されたものも存在すると指摘している。

よって，本章は以下の点を検討する。州政府の拒否権や，アクター間の妥協のようなスイスの政治文化が，労働政策部門においても，緊縮・新自由主義改革路線をある程度抑制した，といえるのか。また，抑制されたとすればどのようになされたのか。結論を先取すると，たしかに一見，政策パッケージの次元では，民営化など日本と共通する方向へ向かっているようにみえる部分もある。しかし，スイスでは，政治的決定に関する質的な評価が堅持され，緊縮路線方向とも異なる方向へと進んだ。こうした分析を通じ，日本と同じ「小さな政府」のスイスが，必然的に新自由主義的であったり，NPMの言説を無批判に摂取したりしたわけではないことを示す。その意味で，スイスではいかにNPMに基づく改革が阻止されたかを焦点化し，日本との差異についても焦点をあてることとする。第1章で論じたように，新自由主義やNPMを民営化のような単なる政策パッケージとして理解すると，この異同は捉えにくいため，より根源的に新自由主義を捉え直す必要がある。第1章でW. ブラウンの議論を引用して示したとおり，新自由主義は評価の仕組みを変化させることで，主体概念そのものを変化させるのであった。新自由主義的な主体とは，市場の評価基準によって，自己投資する人的資本，として描かれる人間である。

　スイスと日本は，社会・経済的な課題や福祉レジームをめぐる特徴については多くの共通点を抱えていたのだが，政治制度や民主主義のあり方においては大きく異なる。すでに指摘したとおり，スイスは，多くの民主主義の指標・文脈において先進国といえる（掛貝［2020］）。また，NPMを批判する主要な立場として，民主主義論をベースとする，新公共ガバナンス（New Public Governance: NPG）[6]が重要だという議論もある（兼村［2019］）。これらを合わせて考えると，民主主義先進国であるスイスがいかにNPMを抑制したかについて考察することは，財政民主主義がいかに過度のNPMの追求を抑制することができるのか，という課題にも示唆をもたらすだろう。

1　バブル崩壊後のスイス労働政策
——1995年失業保険改革で何が変わったか

1.1　1995年失業保険改革に至るまでの経緯

　失業率が1%前後という極めて低い水準で推移してきたスイスにおいても，1990年代初頭からのバブル経済の崩壊とは無縁ではいられず，90年代には対応が迫られることとなった。まず，90年代前半の失業保険法改正案起草期の時系列で記述し，それぞれの制度の中身について概説する。最初に失業保険に対して対策が提示されたのは，93年から議論された失業保険改革草案（通称「OFIAMT」プラン）である[7]。同案は，失業の長期化が予測され，財政悪化を抑えつつも長期にわたる失業保障が必要とされたことを受けての改革案である。具体的には，最長給付期間を延長する（300日から400日に）代わりに，給付水準を下げること（所得代替率を80%から70%へ抑制）を提示した。この案に対し，使用者団体や労働組合は，国民の意見を問うべきとして国民投票（レファレンダム）を要求した。

　また，これらの対策はあくまで緊急措置としての位置づけだった。そのため，制度全体の根本的な見直しも並行して進められることとなる。その草案の作成にあたっては，2つの委員会が主導権を握った。最高意思決定機関として機能した監督委員会は，雇用主および従業員，州政府，連邦政府関係者および学者によって構成され，8回にわたる会議を重ねた。また，「事前聴取制」も実施された（1993年7月8日〜10月初旬）。この制度は，前章で説明したとおり，国会での議論の前に利害関係者にヒアリングを行う制度である。この中で，草案は州・党・業界団体・そのほか多くの関係者に提出されることとなった。結果，26の州，10の当事者，15のビジネス団体，62の他の利害関係者が，この草案に意見を表明した。その後の93〜95年の期間は，議会を中心に検討がなされる。93〜94年に両院における数点の修正を経て，失業保険法（Arbeitslosenversicherungsgeset: AVIG）の改正は，95年6月23日に受理されることとなった。

1.2　1995年失業保険改革による変更点

　1995年改正の主な変更点としては，①保険料を所得の2%から3%へ引き上げ（従業員と雇用主の両方から1.5%ずつ拠出），②地域雇用センター（Regionalen Arbeitsvermittlungszentren: RAV〔独略記〕，REC〔英略記〕）を設立し，積極的労働市場政策を推進し，③失業保険の給付水準の一定の引き下げた（具体的には，給付金額と被保険期間の間のリンクがなくなり，年齢に依存するようになった）ことがあげられる。

　この間の修正をめぐる具体的な政治過程を，どのように評価するべきなのだろうか。例えば，S. ホイザーマンらは，1993年の給付の制度変更により，削減と拡大方向の対立が鮮明化し，95年改正では，議会前の事前聴取の段階で妥協的な解決策を見出すことが難しくなったとしている（Häusermann, Mach and Papadopoulos [2004]）。前章でも述べたとおり，そもそも，利害が異なるアクター間の妥協的な合意は，スイスの政治的伝統ともいわれてきた。しかし，90年代には失業保険，老齢・遺族年金の両制度で，そうした文化が後退している，と彼らは結論付けている。この点について，次節以降で批判的に検討する。

2　政治過程における3つの特徴①
　　　──政治的アクター間の妥協的合意形成

2.1　失業保険料増加をめぐって

　以降は時系列による記述ではなく，制度改正の前後の時期に，どのような政治的特徴がみられるかに基づいて記述していきたい。結論を先取りすると，以下の3つの特徴が存在する。①アクター間の妥協的な合意形成（2.1, 2.2），②連邦の施策に先行する州レベルの取り組み（3.1, 3.2），③州の強い拒否権（4.1）である。

　第1のアクター間の妥協的な合意形成という特徴は，まず，失業保険金の給付水準についても確認できる。1995年改正後，97年に連邦内閣は，補塡的な措置を講ずることなく失業保険の給付水準を引き下げる提案をした。しかし，これにはラ・ショー・ド・フォン（ヌーシャテル州にある基礎自治体）の左派グ

ループが国民投票を要求した。この点は，アクターの間で妥協を機能させない一方的な提案が難しいということを示している（Kriesi and Trechsel [2008]）。

　また，こうした失業保険の給付面に分析の重点を置き，ホイザーマンらの先行研究では妥協的合意の文化が後退したとしている（Häusermann, Mach and Papadopoulos [2004]）。しかし，1995年失業保険改革のほかの側面にも目を向ければ，妥協的合意が依然として重要である，という傾向は顕著である。これは，例えば財源面，とりわけ保険料の拠出の増加に関して指摘できる。事前聴取制の結果と並行して行われた，国会での討議をまとめている93年段階の連邦政府によるレポートでは，妥協的合意という特質を阻むような財政拡大・緊縮をめぐる鋭い対立があったようには見受けられない[8]。

　具体的には，報告書の事前聴取制の結果の記述によると，保険料の拠出を定めた条文[9]について，州レベルでは26州のうち21州が賛成を示している。党レベルでも，「魔法の公式」を構成する主要政党4党のうち3党（社会民主党・中道右派のキリスト教民主党・中道右派の自由民主党）から，左右問わず合意を集めている[10]。なお，一般的に，スイスでは中央の党の立場と，州や基礎自治体の党の立場が食い違うこともままあり，左と右，連邦と州・基礎自治体という二重の分断を抱えているといえる。しかし，保険料の拠出の増大に関しては，2つの次元でコンセンサスがとれていたのである。ほかにも，地域レベルでの社会扶助[11]に関し，連邦全体を通じた基準を提示するなど社会保障の水準に関する委員会であるSKÖF[12]など，12団体が賛成の意見を示している。ただし，無制限の保険料の増大が許容されていたわけではない。社会民主党が代替的な財源を考える必要性についても強調しているほか，労働者団体のSGBも同様の立場をとった。また，保険料の増大に賛成したアクターの多く（アッペンツェル・アウサーローデン，バーゼル・ラント，バーゼル・シュタット，ヌーシャテル，オプヴァルデン，ヴォーなどの州を含む）は，先ほどの3党を含め，3%以上の上昇水準は超えてはならないとの見解を共有していた。

　逆に，保険料財源の増加に反対の姿勢をとったのは，中心的なところでは，チューリヒ州，および国民党（主要4大政党のうちの残り1党である右派ポピュリズム政党）である。他にも，いずれも連立政権外の政党だが，スイス民主党（SD: Schweizer Demokraten），スイス自由党（LPS: Liberale Partei der Schweiz）や，

1つの労働者団体（VSA: Vereinigung Schweiz. Angestellten verbände）および5つの使用者団体もあがっている。その批判の中心は，保険料の上昇に伴い人件コストが増大することであった。ホイザーマンらは緊縮財政派として使用者団体をあげるが，むしろ保険料増加をめぐる事前聴取制の中では，反対派は少数派であったのである（Häusermann, Mach and Papadopoulos［2004］）。

2.2　積極的労働市場政策をめぐって

　さらに，この時期の国会での議論をみれば，RAV（REC）の創設に連なる積極的労働市場政策や，公共職業案内に対する合意があったことも確認できる。社会民主党は，党全体のスタンスとして職業訓練に関する財政支出拡大を主張した。これは，同党のフランシス・マッセイ（Francis Matthey）議員の発議を受けたものである。具体的な提案として，1992年12月にはジルフィオ・ビルヒャー（Silvio Bircher）議員が職業安定所のスタッフのための支出拡大を主張し[13]，結果的に74条として法制化された。後に詳述するが，この主張による方向性は95年の改革に，日本との決定的な違いをもたらしている。他にも，少数政党のフーゴ・ファーゼル（Hugo Fasel）議員もまた，そうした施策のためにより多くの財源を使うのに肯定的な意見を出しており，超党的合意形成が窺われる。つまり，ここにも妥協的意思決定がなお観察できることがわかる。

　ホイザーマンらの先行研究では，議会以前の事前聴取制の段階での合意形成が不可能となり，議会以前でのコンセンサス重視の傾向は後退し，積極的労働市場政策はその後の落とし所として雇用主や労働組合に合意をもたらしたとしている（Häusermann, Mach and Papadopoulos［2004］）。だが，1993年の事前聴取制よりも前の段階（92年）で，すでに積極的労働市場政策への提言がなされていたわけである。したがって，議会以前での合意困難性が積極的労働市場政策という方向を決定づけたとは解釈しがたい。また，彼らは事前聴取制以降の94年の国会で積極的労働市場政策へと進むような，完全に新しい方向付け（complete reorientation）が起きたとしているが，それ以前の段階から積極的労働市場へと進む契機が存在していたわけである。

　なお，このような積極的労働市場政策は，同時期の欧州諸国でもみられる現象である。積極的労働市場政策を行いながら，職業訓練のような現物給付を維

持するというパターンは，しばしば散見されるといえるだろう。しかし，労働政策が普遍主義的な方向に変化するにしても，どのように地域のニーズを把握するかに関し，中央行政には限界があるのではないかという点がしばしば課題となってきた。対照的にスイスでは，州の行政が強くニーズを認識し，すでに州レベルで現物給付を行っており，中央部の前に改革を進めていていたのである。このように，連邦に先行して州が改革を進めるというのがこの時期の第2の政治的特徴である。以降，次節で詳述する。

3 政治過程における3つの特徴②
―― 連邦レベルの改革に先行する「下からの改革」

3.1 RAVの「量的」インパクト

エールラー，ザーガーは，1995年の連邦政府の失業保険法の改革は，単純な所得保障からアクティベーション[14]へと移行するキーとなった契機であり，1990年代の行政部門のNPMへの傾向を反映していると評価している（Ehrler and Sager [2011]）。さらに，同改革は行政職員の専門化に中心的な役割を果たしたと指摘する。つまり，彼らは同改革を，歴史的制度論でいうところの「決定的な分岐点（critical juncture）」であるように評価しているとも読めるだろう。

実際に，こと財源・人材に関しては，1995年失業保険改革による積極的労働市場政策の一環として地域雇用センター（RAV）が95年に設立され，たしかに大きな量的な変化を迎えている。RAVは，アクティベーションの中心的なアクターとなり，求職者へのアドバイス，資格の確認，仕事のポストの割り振り，雇用される見込みの審査，アクティベーションの配分と割り当て，民間部門との協力などを総合的に行った[15]。RAV創設以前は，主に基礎自治体を運営の中心に連邦全体で約3000の職業案内・職業訓練所があったという。だが，改革以前の地元の雇用事務所には十分な資源がなく，スタッフの専門性も低かった[16]。また，彼らのほとんどはパートタイムの雇用だった（Ehrler and Sager [2011]）。RAV導入で，従来の施設は120から150程度の数のRAVへと合併された[17]。こうして年間2500人が新しく雇用された（Ehrler and Sager [2011]）。

職業斡旋，および職業訓練はRAVに一元化されたわけだが，失業保険を財

源として提供される積極的労働市場政策はさまざまである。教育的手段（語学をはじめとするコース，研修会社によるもの，資格とスキルの向上に資するインターン）や，実践的な労働プログラム（一時的な雇用を提供するプログラム，モチベーションに関するセミナー[18]，職場でのインターンシップ〔vocational internship〕[19]）に加えて，特別措置（トレーニングのための補助金，慣熟手当，遠隔地での雇用された場合の交通費補助，自営への補助と促進）などの幅広い施策があげられる[20]。日本における職業訓練と比較すると，より実地研修に重点が置かれているという傾向が指摘できよう。そして，NPMとの関連で重要なのが，連邦省庁の管轄部門であるSECO (Staatssekretariat für Wirtschaft, State Secretariat for Economic Affairs) が，各州のRAVにおける成果を，複数の指標に基づき評価・監督する役目を担うようになったことである。

このように，連邦政府は，一連の雇用保障と失業保険改革の中で，求人情報局を設置し，積極的な労働市場政策を推進し，人材・財源の両面で拡大をみせた。しかし，後述するが，実はこれは州レベルでの先行事例をもとにしたものである。すなわち，そもそもの改革の始まりが下からであった。これに加えて，連邦政府が標準化・統制する前に，地方政府の間の政策のネットワークによって，地方政府が自発的に改革を行っていた。これらはスイスの積極的労働市場政策の特徴といえよう。こうした点をふまえると，1995年改正に伴って，96年に設置が義務づけられたRAVを「決定的な分岐点（critical juncture）」として捉えるのみでは不十分であり，むしろ経路依存性にも目が向けられるべきである。では，具体的には，州レベルでどのような動向が観察できるのだろうか。

3.2 州レベルでの先行施策と動向
―― ザンクトガレン州における職業訓練民間委託に対する政治的コントロール

こうした連邦政府での施策に先行する事例の1つとしてゾロトゥルン州があがる（中野 [1997]）。ゾロトゥルン州の事例の新しい点は，職員の専門的助言により失業期間の短縮が意図されたことや，地域のビジネス界と緊密に接触し，求職者のニーズを理解することなどがあったという（中野 [1998]）。

そのほかの先行事例としては，ザンクトガレン州での事例もあげられる。当

時の政策担当者ヨハネス・ルッツ－メッツガー（Johannes Rutz-Metzger）氏への取材[21]によれば，同州でも連邦政府のRAV設立義務化以前からすでに州内で対策が打たれてきていたという．具体的には，1970年代の不況に対応する形で，77年よりKIGA（kantonales Amt für Gewerbe und Arbeit）と呼ばれる部署が州政府内に設立され，ジョブ・プレイスメントを含む，州内の雇用対策を担ってきた．ついで，84年には，同州で3つの地域雇用機関が立ち上がった．さらに，KIGAは90年代初めの景気後退の初期に，アクティベーションの中身に関してIBISやAdeccoという10の民間企業などに委託し，これらの企業のもとで1年の間に5000人以上の人々が対処されることとなった．すなわち，これまで95年の失業保険法改正とそれに伴う96年のRAV設立による成果としてエールラー，ザーガーらの先行研究で強調されていたような，「積極的労働市場政策の部分的な民営化・市場化」という質的な変化は，それ以前の段階からすでに進んでいたわけである（Ehrler and Sager［2011］）．

ただその一方で，人材・財源といった，量的な側面に限っては，やはり1996年を境に大きく変化したという．当時の政策担当者（ルッツ－メッツガー氏）によれば，RAVの導入に伴い，100〜120人の失業者ごとにコンサルタントが1名必要となることが判明したという．同氏は，それに基づく相談員の雇用の爆発的な増加を「人員爆発（"Personalexplosion"）」だと表現していた．これにより，より個別化されたケアを提供することが目指された．財源面においても，失業保険から職業訓練プログラムへの支出が可能になったことにより，関連基金[22]に約2000万スイスフランが費やされ，職業訓練プログラムの種類の拡大[23]につながったという．

前述のような職業訓練の民間委託は，一般的に，より実践的なスキルや経験をもたらすとも考えられよう．例えば，デンマークと日本における積極的労働市場政策の国際比較についての研究では，デンマークではプログラム作成において，より労使や企業が関与しており実践的な内容であることが指摘されている（小林［2013］）．だが，当然ながら職業訓練というものの公益性から，それらに対する政治的なコントロールという課題も同様に重要である．同研究でも，デンマークにおいては民間の関与が大きい一方，政治部門からのモニタリングも強いことが指摘されている（小林［2013］）．

ザンクトガレン州でもこうした政治的な監視の存在が確認できる。しかもそれが単純な費用対効果のように量的に把握できる問題だけではなく，民間による職業訓練の中身の「質的評価」もふまえた議論がなされている。例えば，1996年5月の州議会議事録[24]では，以前よりKIGAのもとで委託を受けてきたIBISという企業が行う職業訓練プログラムに関して批判的な質疑が行われている。先述のとおり，RAVのもとでのサービスには求職者のモチベーションに対するセミナーが存在した。州議会では，シュタインマン－メルシュヴィル（Steinemann-Mörschwil）氏が，このIBISによって行われるプログラムは「求職者にこれまでの失敗を顧みさせる」というコンセプトに基づいて行われているようにみられることを批判した。こうしたやり方は求職者にとって精神的にストレスを与えるのではないか，と主張したのである。選別主義的な給付要件の審査が「恥ずべき暴露」を伴うという点はしばしば指摘される点である。しかし，こうした「求職者の尊厳」という観点はそもそも量的な評価が困難である。そのため，費用対効果という観点のみでは度外視されてしまう論点だろう。

　ここで，第1章で検討したブラウンの議論に再度注目を促したい。ブラウンによれば，新自由主義は必ずしも民営化のような政策パッケージとして定義されるのではなく，より根本的に，人間（≒主体）のあり方を根本的に転換するものと描かれていた。その意味で，「新自由主義とは理性および主体の生産の独特の様式であるとともに，『行いの指導』なのであり，評価の仕組みである」（ブラウン［2017］14頁）のだった。そこでは，主体が，市場の評価基準によって，自己投資する人的資本として構成されるようになるのである（202頁）。当然ながら，そもそも個人が，自身のそれまでの来歴をどのように評価するのか，についてはさまざまな軸がありうるのだが，失業者にこれまでの失敗を顧みる形で人生を再構成させるというのは，そうした新自由主義的理解と通底する主体概念の再構成（と，それに対する批判）を見出すことが可能だろう。

　話を戻すと，州議会では，シュタインマン－メルシュヴィル氏はIBISがドイツ系の外資企業である点も問題視し，職業訓練プログラムはスイス系の企業・職員によって行われるべきではないのかと提起している[25]。こうした疑問は，地域に密着した視点からのニーズの把握，という観点からは自然な発想で

あると考えられよう。ただ，この質疑に関して州政府は，IBIS 自体は外資系であるが，23 人の担当者のうち外国人は 4 人にすぎないことや，コースの受講者の中には正規ドイツ語[26]を学びたいと考えている者もいるため，むしろ一定数ドイツ人を雇うことが好ましいとの見解を示している。サービスの質に関しても，1996 年のはじめに審査を行ったという事実をもとに問題ないという見解を示している[27]。

つまり，この段階では州政府は IBIS による職業訓練を擁護する姿勢をとっていたのである[28]。しかし，当時の政策担当者であるルッツ－メッツガー氏への取材によれば，その後，興味深い経過をたどる。後に IBIS はサイエントロジーと呼ばれる自己啓発・新興宗教団体に接近し，提供するプログラムには科学的根拠がないことがわかったため，最終的に業務の委託関係が放棄されたという。何にせよ重要なのは，ザンクトガレン州では民間企業に職業訓練を委託したのちにも，費用対効果の観点だけなく，提供するプログラムが求職者の精神的な側面に与える影響や，提携企業が内資か外資か，あるいはより具体的な提携企業のバックグラウンドなどの点をふまえた「質的な評価」が，州議会を中心に行われているということである。

3.3　スイスで観察された特徴は日本で観察できるか

これまでスイスの労働政策改革の特徴について論じてきた。では，同時期に一見類似する社会・経済状況の課題を抱えていた日本では，このような特徴は観察できるだろうか。本章の主題はあくまでスイスの事例研究・歴史研究であるため，詳細に立ち入った検討は本章の課題設定を超えるが，簡単に文献のサーベイをベースに検討してみたい。日本でも，職業訓練の市場志向の改革はおよそ同時期にみられる現象であり，1990 年代末から顕著となった（木村 [2010]）。具体的には，離転職者訓練の民間委託化は拡大を続け，98 年度の緊急雇用開発プログラムや 2000 年度予算には，学卒未就職者を対象にした民間教育機関への委託訓練費が計上され，01 年から 05 年までの「第 7 次職業能力開発基本計画」では「民間教育訓練機関への委託の活用」がめざされることとなったとされている（木村 [2010]）。そして，03 年に指定委託管理者制度，06 年に市場化テスト（官民競争入札）なども導入された。むろん，指定管理者の

選定には総合評価に基づく議会の承認が必要であるため，スイスのような議会による質的な評価・統制も論理的には可能ではある。しかし，導入の背景・文脈としてNPMの思想が強固であったこともあり，価格競争をより重んじる傾向が日本では強いといわれている[29]。

では，結局のところ，いかなる理由・基準において指定管理者を自治体が選定しているのだろうか。これについては，総務省が調査を行っている[30]。同調査では，99.3％が，都道府県の指定管理団体の選定基準の内容として「施設の管理経費の節減に関すること」をあげている。しかし，同調査では複数回答が可能[31]であるために，複数の選定基準のどこに重きを置いているかは把握できない。ザンクトガレン州では，議会において詳細な質的評価がなされた結果，委託が取り下げられていたのだった。日本でのサービスの質的な評価に関連して，先述の総務省調査では「費用対効果・サービス水準の検証の結果」という項目のみが，指定管理者が取りやめられた理由として該当するが，この選択肢では経済的な指標と質的な指標を切り離すことができない。そして，この項目すら7.1％という小さな値にとどまる。費用対効果だけでない質的評価の重要性を考えた場合，そもそも同調査の手法自体に欠陥があるといえるかもしれないが，この数値からでも委託を取りやめる理由としての質的評価への関心が薄いことはみてとれる。

さらに，指定管理者への民間委託全体でなく，職業訓練に絞るとどうだろうか。先述のとおり，ザンクトガレン州を含むスイス全体で，職業訓練指導に関する人員の雇用が「爆発的に増加」していた。それに対し，日本では対照的に，むしろ職業訓練指導員の非正規化・リストラが進んでいるとの指摘もある[32]。つまり，日本の職業訓練指導員自体が，皮肉にも，ある種の「医者の不養生」のような状態に陥ってしまっているともいえるだろう。スイスと日本は，1990年代初頭より，極めて低い失業率からの失業問題の浮上，それに伴う職業訓練プログラムの民営化，と似たような課題と解決策をもっているようにみえる。しかし，このように中央政府からの財源・人材に対する保障，州議会の質的見地からの評価などの点では大きく異なっているといえよう。

4 政治過程における3つの特徴③——州政府の強い拒否権

4.1 SECOのNPM的評価設定をめぐって

3.2において，スイスでは，職業訓練プログラムの民営化ののちも，提供されるサービスの中身や企業のバックグラウンドを含めた質的な評価が，州議会によってなされたことを強調した。ただし，各州政府からの労働政策への監視だけでなく，連邦政府からの監視も働いている。前述したように，とりわけ連邦省庁の中でも，SECOがその中心的な役割を果たしているとされていた[33]。連邦政府・州政府間の関係において，エールラー，ザーガーは，連邦と州間の関係は同じ権力関係になく，改革の目的の1つは州の力を制限することだったとしている（Ehrler and Sager［2011］）[34]。

ただし，1996年のRAV設置義務化以降の流れをふまえると，実際にはむしろ州政府の拒否権が前景化している部分も観察できる。SECOは目標として，できるだけ早いパーマネントの仕事での失業者の市場への再統合，長期失業の回避，失業保険金の支払い期間の制限を設定していた。そのため，これらの目標に向けたRAV間の競争を促進するために，成果に応じた州へのボーナス，もしくは補助の減額を行うことを，97年以降議論しだした。これらの背景には日本同様，NPM的な思想があったと指摘されている（Ehrler and Sager［2011］）。具体的には，州が4つの指標（長期失業者の割合など）によって，全州の平均を上回った場合，関連政策の費用はカバーされ，さらに一定のボーナスを得ることとなる。その一方で，逆に，3年間にわたって全州平均を5%下回ると，関連政策全体の3%の負担分が，その州の負担として増加することになった。つまりは，典型的なNPM的制度設計となっていたわけである。このシステムは，2000年に州と連邦政府との間で合意された。しかしながら，2002年，つまり評価対象となる最初の3年が過ぎるよりも早く，この「罰金とボーナスの制度」は廃止されることになる。

廃止の背景として，指標としての効果測定の不適切さが指摘されていたほか（Ehrler and Sager［2011］），SECOの当時の担当者トニー・エルプ（Tony Erb）氏へのヒアリング調査によれば，政治的な理由も大きかったという。そもそも，

なぜ失業に関して業績が悪い州が，財政的に冷遇されなければならないのか，という反論が強く，その点に関してこの制度は説得的でなかったためであるという[35]。すなわち，NPM 的な発想に立ち，地方自治体が自身の利益を最大化するエージェントとしてみなすモラル・ハザード論的な制度設計が拒否されたわけである。同氏によれば，こうした結果をふまえ，現在の SECO の RAV に関する評価・監査基準は，単純に成果を評価するのみで，成果をどのように上げるかの方法は問われず，また成果の悪い州には助言を行うというスタンスに変化しているという[36]。ザンクトガレン州のルッツ－メッツガー氏によれば，RAV 設立義務化の後，「どれくらいの頻度で RAV に求職者が訪れているか」などの指標は後から削除されたそうだが，こうした変化もその姿勢のあらわれであると評価できよう[37]。予算計画にも同様の動きがあり，州政府（Logistics Offices）は従来 SECO に財政計画を出す必要があったが，2003 年より 380 万スイスフランまでは SECO の承認が必要なくなった[38]。こうした傾向は中央省庁による積極的労働市場政策による量的な評価による統制よりも，より州レベルでの評価・ニーズの把握に重点があることを示しているだろう。

　こうした，モラル・ハザード論的な制度設計が，「政治的」理由によって拒否されたことは，財政学的にいかなる意味をもちうるであろうか。第 1 章で，近代経済学の第 2 世代（SGT）が理論・計量分析を重視し，NPM 理論やモラル・ハザード論を輸入していった一方で，近代経済学的な財政学の内部からも，地方間競争理論における分析の前提の過度の簡素化についての警句が示されていることについてはすでに述べたとおりである。具体的には，モラル・ハザード論のように，地方自治体を単に自己利益の最大化をめざす「個人」，あるいはプリンシパル・エージェント理論の中での「エージェント」と見立てることは妥当なのか，といったような論点である。このケースではそうした価値前提に基づく制度設計が，下位の政府による拒否権によって拒否されたことが示されている。

　政治的立場の左右を問わず，「客観的」で定量的な指標に基づく，自治体間の競争を促す政策というものが，漠然と肯定的に論じられることはいまだに多い。しかしながら，測定すべき指標の削減や予算計画の提出義務の縮小が「政治的」になされることは，第 1 章における「測りすぎ」や「リベラリズムの鉄

則」の議論などもふまえると，むしろ肯定的に評価しうる余地があるといえるだろう。この点については，「おわりに」においても再度詳述する。

4.2 積極的労働市場政策の財源をめぐる動向

こうした州による連邦政府への拒否という傾向は，最終的なパッケージに盛り込まれた積極的労働市場政策の財源面に関しても共通する。1994年7月の下院の委員会の議論の主導によって，94年10月に3日間のセッションが行われた。そして，失業給付を最大520日にする代わりに，無条件の給付は150日のみでそれ以上の給付継続には職業訓練を義務付けるとの案をまとめ，州が連邦からの補助のもとプログラムを担当することとなった（Ehrler and Sager [2011]）。これに対し，労組と使用者団体は両者合意に至る。しかし州が議会で拒否権を発揮し，州によって作られ，州の財源拠出が必要な職業プログラムの数の削減を要求した。このように，積極的労働市場政策を導入するにしても，州が独自財源として行うことを拒否することが，連邦レベルでの失業保険によって積極的労働市場政策の財源が大きくカバーされる方針につながった。ホイザーマンらが強調するような，労組と使用者団体の分断という点に注目するだけでは不十分であり，州からの拒否権についても着目する必要があるといえよう（Häusermann, Mach and Papadopoulos [2004]）。

おわりに――一見類似する日本とスイスの労働政策と，なお残る評価軸の違い

本章では，クリージ，トレクセルやエールラー，ザーガーらの議論を批判的に検討し，スイスにおける労働政策が，緊縮財政・新自由主義・市場化へと直接的に進んだのではなく，3つの政治的特徴によって一定の度合いまで緩衝されていると考えられることを示した（Kriesi and Trechsel [2008]；Ehrler and Sager [2011]）。ホイザーマンらが後退したと主張する妥協的な合意形成が残存すること，州政府の強い主導（「下からの改革」）・強い拒否権のもとに，中央からのNPM的改革が拒否されたことを示した（Häusermann, Mach and Papadopoulos [2004]）。

そしてエールラー，ザーガーらによるとRAVによって大きく変わったとさ

表4-1　1990年代の日本とスイスの失業政策の比較

		スイス	日　本
類似	課題の類似	低失業率から1990年代初頭に失業率の上昇	低失業率から1990年代初頭に失業率の上昇
	対処の類似	積極的労働市場政策で民間活用	職業訓練で民間活用
相違	職業訓練の委託企業選択・廃止の軸	州議会による質的な検討	NPM的な費用対効果が優位　議会による質的評価はあまりなされない
	NPM	州の反発によりNPMに基づく中央のコントロール弱体化	選定・廃止の基準として優位
	職業訓練相談員	「人員爆発」とされる量的増加	非正規化・リストラが進展

出所：筆者作成。

れる積極的労働市場政策も，ザンクトガレン州などではすでに先行する改革が存在していた（Ehrler and Sager [2011]）。むしろRAVは質的な変化というよりは，財源・人材の量的な変化としての側面が強かったといえる。しかし，量的評価による上からの統制は拒否された。そして，RAV創設義務化後の1996年以降も，積極的労働市場政策の委託先の民間企業に対して，州議会による質的な評価軸からの検討が行われていた。表4-1の類似点で示されるように，日本とスイスは一見類似する課題を抱え，対処においても，職業訓練プログラムの民営化という政策パッケージは新自由主義的な方向への類似する傾向があるようにみえる。しかしながら，その内実は異なる点も多い（表4-1）。

福祉レジームや社会経済状況において，日本と共通性をもつスイスでは，新自由主義やNPMに基づく量的な評価への変化も，当初は模索された。しかし，本章で紹介した3つの政治的特徴（①〜③）などの影響により，スイスではそれが抑制されたわけである。例えば，スイスでは，職業訓練の民間訓練が行われても，州議会での質的な検討が行われた。また，SECOによるNPM的なコントロールは州の拒否権（政治的特徴③）により拒否されていく。そして，職業訓練相談員も，日本とは対照的に人員の増加がなされ，専門性も向上した。さらに，このような，そもそもNPMという量的かつ競争主義的な指標に基づく方針が優位か／そうではないか，民間企業委託における評価軸が質的なものか／費用対効果か，という違いは，近年政治学や歴史学の中で提起されてきた問題とも接続可能である。

第1章でも言及したとおり，J. スコットは，質的評価を量的評価に置き換えることは，民主的討議の対象となるべき重大な問題を，中立を称する専門家の手へと委ねることを意味し，ある種の「反政治マシーン」として機能すると指摘していた（スコット［2017］）。そして，そうした評価はいかに厳格に適用されようとも，公共的な意思決定の根本的な非政治化を孕んでいるという。結果として，これまで質的に評価されていたものを正確に測ることができなかったり，行動自体を歪めたりすると指摘していた。そして，逆説的に，何を測るのか，どの尺度を使うのか，いかに数的な価値へ翻訳するのか，数的価値をどう意思決定に利用するのか，という計算技術の中に強い政治性を隠蔽したとされる。結果的に，偏りや依怙贔屓という批判を払いのける非政治性の見かけの裏で，計算方法の中に深く隠蔽された政治性をもつと述べていたのだった[39)40)]。

　質的評価を量的評価へと変換しようという欲求は，NPMに限らずこうした費用便益分析，KPI，EBPM，PDCAサイクルなどのさまざまな標語を携え，再登場してきたように思われる。しかし，公共政策について政治的・質的に評価・決定されてきた領域を，「客観的」で中立に思われる量的な評価に置き換える際には注意が必要であるし，量的評価は唯一解でないことが意識されるべきである。そこには，本章で委託企業選定の評価軸として示されたような，人間や社会についての量的に表現困難な側面が捨象される可能性を常に内包する。

　この点に関して，ブラウンの警句を再度参照してもよいだろう。「新自由主義化は一般的には，ライオンよりもシロアリに似ている」（ブラウン［2017］32頁）のだった。そして「その理性の様式は，毛細管のようなやり方で，職場，学校，官公署，社会的かつ政治的言説，そしてとりわけ主体の幹や枝のなかに入り込んでくる」（32～33頁）と述べていたのである。定量化がすなわち新自由主義化を意味するのではないにせよ，指標の価値前提に自覚的であるべきである，ということはいえるだろう。

　また，本事例を振り返れば，質的な評価を排して量的な評価の導入を促進するのではなく，むしろ質的な評価に価値判断が入ることを前提とし，その価値判断をいかに民主主義的に行うか，という方向も存在するのである。本事例では，福祉レジームや社会経済状況の課題において日本と類似していたスイスが，いかにそうした質的評価を維持したかについて示した。

さらに，表4-1で示した，日本とスイスの見かけ上の「新自由主義」的対処法と，一方で異なる内実の評価軸，という整理はブラウンの議論とも整合的である。たしかに，両国は，政策パッケージとして「職業訓練の民間委託」というやり方をとっている点は一見類似する。しかし，ブラウンによれば，新自由主義とは，「民営化」のような単に政策パッケージとしての問題ではない。むしろ「行いの指導」や，評価の仕組みであり，それにより主体や国家の統治の合理性が根本的に変化することなのであった。よって，評価軸の運用の内実が両国において異なっているのであれば，それは新自由主義の受容と拒否のあり方の差異を示唆しているだろう。

　最後に，こうした結論が，財政学や財政社会学において，どのような含意をもちうるのかについても簡単に言及しておく。実際には，財政社会学の文脈においても，財政民主主義を強化する目的のもとでの「アカウンタビリティ」（大島［2013］）や「観察可能性」（井手［2015］）の強化の試みはたびたび焦点化されてきた。しかし，その「アカウンタビリティ」が，上（中央）に向けたものなのか／下（地方）に向けたものなのか，量的なのか／質的なのか，などを区別して考える必要がある可能性をこれらは示唆している。それらの「アカウンタビリティ」や「観察」の評価軸の性質によっては，それがもたらす財政民主主義への実質的な影響は大きく異なるためである。しかしながら，実際の政治過程の中では，これらの差異が分けて考えられることはほとんどない，といってよいだろう[41]。そうであるからこそ，「アカウンタビリティの向上」の名目のもとに，公共的な意思決定の非政治化が進む可能性すらあるわけである。本章が示しているのは，そうした状況への潜在的なオルタナティブである。つまりは，上方（中央）に対する量的なアカウンタビリティに基づき，非政治化の見かけの中で政治性を隠蔽するのではなく，下方（地方）に対する質的なアカウンタビリティに基づき政治性を顕示化させる，という方向にほかならない。こうした分析をふまえると，第1章でみたように，近代経済学的財政学の立場から，財政学の3流派の合流地点として「アカウンタビリティ」を位置づける議論もあったわけだが，その内実の差異こそむしろ重要であるといえる。

〈注〉

1) J. ボノーリらも同じく，両国の福祉レジーム上の共通性を指摘する。だが，これらの指摘はあくまで例外的な趨勢であり，スイスの財政・社会福祉が日本国内の議論の中で焦点化されることは少ない（Bonoli and Kato [2004]）。
2) NPM は，とりわけアングロ・サクソン諸国において影響力が強いが，OECD 諸国の中ではある程度共通して観察できるメガ・トレンドである。北欧諸国にあってなお，NPM の影響から全く自由ではないことも指摘されている（大住 [2002]；児山 [2005]；兼村 [2019]）。
3) こうした政策評価をより競争的・客観的・量的な評価に組み替えようという動き自体は，NPM という標語のもとだけでなく，現代に至るまで EBPM（Evidence Based Policy Making），KPI（重要業績評価指標），PDCA サイクル（Plan-Do-Check-Act cycle）などさまざまな標語のもとに，繰り返しあらわれてきたといえよう。
4) 積極的労働市場政策とは，一般的に教育訓練，職業訓練や職業紹介等を通じ，失業者を労働市場に再復帰させる政策のことをさす。
5) なぜ労働政策についての分析なのか。大きな理由として，失業保険は，第 7 章で検討する年金制度と並び，連邦政府レベルでの均一性が比較的強く，連邦レベルで分析しうる数少ない社会保障制度であるためである。スイスでは，医療，介護，育児などに関して，州・運営団体間における激しい制度的分立，複雑さがあるため，そもそも社会福祉全体を包括的に論じることが難しい。
6) ただし，第 1 章で述べたとおり，「ガバナンス」の定義や評価も多様であり，NPM への批判的な立場として NPG が成立しうるのか，という点は，ブラウンらの批判もふまえるとやや疑問が残る。そのため，本章では「ガバナンス」の語は用いず，NPG がベースとする民主主義理論との接合を意図している。
7) OFIAMT（l'Office fédéral de l'industrie, des arts et métiers et du travail se présente）とは失業保険を管轄する連邦省庁 Staatssekretariat für Wirtschaft（SECO）の内部組織の名称である。
8) "Botschaft zur zweiten Teilrevision des Arbeitslosenversicherungsgesetzes（AVIG）vom 29. November 1993."
9) AVIG4 条をさす。その後の法改正により 4 条は削除され，現在は保険料の拠出は 3 条にて規定される。
10) 「魔法の公式」については第 1 章参照のこと。
11) 社会扶助（social assistance〔英〕, Sozialhilfe〔独〕）は，日本でいう生活保護に相当する公的扶助（public assistance）とほぼ同義で扱われることも多いが，スイスでは州ごとに制度設計・運用が異なるという点で，公的扶助とはやや異なる。
12) Schweizerische Konferenz für öffentliche Fürsorge の略称。のちに Die Schweizerische Konferenz für Sozialhilfe（SKOS）と改称。
13) 92.3583 - Motion., Arbeitslosenversicherung. Bildungspolitische Ausrichtung（https://www.parlament.ch/afs/data/d/gesch/1992/d_gesch_19923583_002.htm）2018 年 9 月 28 日最終アクセス。
14) 詳細な定義にはここでは立ち入らないが，アクティベーションは積極的労働市場政策を重要な構成要素として含み，ほとんど同義として用いられることも多い。より正確かつ包括的な解説としては，中村 [2019] などを参照されたい。
15) 州の行政側には LAM（Logistikstellen für arbeitsmarktliche Massnahmen，英語では Logistical centers for Labour Market Measures もしくは Logistics Offices とも訳される）と

呼ばれる部署を設け，RAV と協調して業務にあたる。
16) 連邦政府における担当省庁の責任者であるトニー・エルプ（Tony Erb）氏（Chief, Products and Programmes for Active Labour Market Policy, State Secretariat for Economic Affairs〔SECO〕, Federal Department of Economic Affairs〔FDEA〕）への 2018 年 7 月 9 日に SECO オフィスでのヒアリング，および取材時の配布資料による。
17) 同上のエルプ氏へのヒアリングおよび，取材時配布資料による。
18) 若年の学校中退者を対象に，平均 6 カ月間の自己啓発的なワークショップを行う。
19) 若年層高卒者・学位保持者に平均 6 カ月間の民間企業・公的部門で就業体験を行う。
20) 前出のエルプ氏へのヒアリングおよび，配布資料による。
21) 2018 年 5～6 月にかけて複数回（5 月 30 日，6 月 2 日，6 月 21 日）メールにて取材を行った。
22) kantonalen Arbeitslosenversicherung と Hilfsfonds と呼ばれる制度である。
23) 前出のルッツ－メッツガー氏への取材によれば，新たな取り組みとして，ヨーロッパ・コンピュータ・ドライビング・ライセンス（ECDL）と呼ばれる欧州の IT スキル検定の推進や，アルコール依存症患者の社会的統合に向けたプログラムなどが行われた。
24) State Archives St. Gallen, Steinemann-Mörschwil: IBIS Reintegrationsseminar für Arbeitssuchende（vom KIGA unterstützt），Ref code: AGR B 1-1996.2000-61.96.17.
25) この点は，ルッツ－メッツガー氏に対する取材の中でも，IBIS のような民間企業による職業訓練が批判された主な点の 1 つとしてあげられていた。
26) スイスはおよそ 6 割がドイツ語話者とされているが，スイス・ドイツ語の話し言葉は，ドイツにおけるドイツ語（正規ドイツ語）と発音・語彙において大きく異なっている。一方，スイス・ドイツ語の書き言葉は正規ドイツ語に依拠している。
27) 前出のルッツ－メッツガー氏への取材によれば，それまでのドイツにおける失業者への訓練における経験の蓄積が，IBIS に委託を行うきっかけとなったとされている。
28) State Archives St. Gallen, "Steinemann-Mörschwil: KIGA durchleuchten (Titel der Antwort: Öffentliche Arbeitsvermittlung)," Ref. code AP：AGR B 1-1996.2000-51.96.26.
29) 例として「自治体の間で多様な成果を追求する公共調達の考え方がようやく始まった一方で，入札の競争性を重んじる姿勢，競争性の高さがコスト削減に繋がるという考え方は大変強固であるように思われる」（北大路［2010］36 頁）とある。
30) 詳細は，総務省［2016］『「公の施設の指定管理者制度の導入状況等に関する調査結果』の概要」（http://www.soumu.go.jp/main_content/000405023.pdf, 2020 年 7 月 10 日最終アクセス）を参照。
31) 選定理由に関して，1 施設の平等な利用の確保に関すること，2 施設のサービス向上に関すること，3 施設の管理経費の節減に関すること，4 団体の業務遂行能力に関すること，5 その他，の選択肢があり，どれも 90％以上の地方自治体が選定基準に含むと回答している。しかし，1 の平等な利用，という質的な評価軸は 1～4 の中では同意の割合が最も低い。
32) 例えば，「職業能力開発校の統廃合や訓練科目の廃止，民間委託にともなって，職業訓練指導員のリストラが展開している。職業能力開発校の統廃合や訓練科目の市場化テスト（民間委託）によって『指導員の過剰化』（当局の見解）が進み，指導員の職種転換，退職後の不補充が全国で一般化している。また，それとは別に正規の職業訓練指導員を非常勤講師で代替するリストラも展開している。具体的には 11 県で『任期付指導員の採用』（3 年）を実施している」（木村［2010］56 頁）のような指摘がある。
33) 前出のルッツ－メッツガー氏への取材においても，同様の旨を伝えられた。

34) 州には get out clause（免責条項）がないこと，財政的に依存関係にあることを理由としてあげている（Bonvin and Moachon［2007］；Ehrler and Sager［2011］）。
35) 前出のエルプ氏への取材による。
36) 前出のエルプ氏への取材による。
37) 前出のルッツ－メッツガー氏へのメール取材による。
38) こうした傾向も日本における計画重視・媒体的で中規模なさまざまな指標を通じた評価重視とは対照的であると考えられる。
39) NPMについても同様に，一見客観的で価値中立的な評価を標榜しつつ，そこに価値尺度を隠蔽している，と解釈することも可能であろう。
40) 類似する問題意識のもと，第1章で指摘したとおり，J. ミュラーもまた，量的評価への執着が起きる背景，その危険性を指摘していたのであった（ミュラー［2019］）。測定に基づく集権的な計画は，重要だが分散している情報を考慮できない可能性があることや，イノベーションを妨げる可能性すらあることを指摘している。実際の地域での問題の対処に必要な測定の精度を超えて，もっとモニタリングを，もっとアンケートを，といった形で，測定自体のコストが度外視され「測りすぎ」となることは，無駄な作業を生み，時間と創造力を犠牲にする可能性があると指摘している。
41) ただし大島・井手もアカウンタビリティをめぐり「検査が適正であったか否かを誰が検査するのだろうか。またここで『適正』というのは何を意味するのか。昨今この類の問題が金融面にかぎらず政府行政の様々な分野で投げかけられていることは，周知のところである」（iv頁）として，概念の曖昧さへの警戒を述べている（大島・井手［2006］）。また，大島は M. フリンダースのアカウンタビリティ論に依拠しながら，NPM改革の志向が前景化し，権限移譲が進む状況下では「上方に向けてのアカウンタビリティ」が機能しにくいとし，「下方に向けてのアカウンタビリティ」が重要である，と指摘している（大島［2013］）。しかしながら，これらの先駆的な指摘がその後の事例研究や，実際の政治過程の中の言説で十分に咀嚼されているとはいえず，また，管見の限り，財政民主主義への影響とも結びつけて十分に議論されているとはいえない。

〈引用・参考文献〉

井手英策［2015］『経済の時代の終焉』岩波書店
大島通義［2013］『予算国家の〈危機〉——財政社会学から日本を考える』岩波書店
大島通義・井手英策［2006］『中央銀行の財政社会学——現代国家の財政赤字と中央銀行』知泉書館
大住莊四郎［2002］「北欧型NPMモデル——分権型から集権的システム改革へ」『国土交通政策研究』(8)，国土交通省国土交通政策研究所
掛貝祐太［2018］「現代スイス財政における新自由主義改革とその抵抗——『白書』の影響と限界を中心に」『財政研究（第14巻）』228〜246頁
掛貝祐太［2019］「スイスの第10・11次年金改革における政治的コンセンサス」『社会政策』11(1)，74〜84頁
掛貝祐太［2020］「財政民主主義についてのサーベイと概念的多面化への試論——利害の多様性を前提とした財政民主主義へ」『生活経済政策』(287)，28〜38頁
兼村高文［2019］「公共経営（NPM）による地方行革の四半世紀を振り返る——日英比較をとおして」『地方財政レポート2018』127(1)，75〜86頁

北大路信郷［2010］「自治体における公共調達改革の課題──指定管理者制度活用のために」『ガバナンス研究』(7), 21～54頁
木村保茂［2010］「公共職業訓練の今日的特徴と課題──北海道を中心に（分権型社会における地域自立のための政策に関する総合研究〔II〕）」『開発論集』85, 47～82頁
児山正史［2005］「NPM（新公共管理）の類型化」『人文社会論叢（社会科学篇）』(13), 219～236頁
小林一幸［2013］「積極的な労働市場政策による経済成長──デンマークの施策とわが国への示唆（特集 成熟国家日本の統治システムを考える）」『知的資産創造』21(2), 42～49頁
スコット，J. C.（清水展・日下渉・中溝和弥訳）［2017］『実践 日々のアナキズム──世界に抗う土着の秩序の作り方』岩波書店
中野育男［1997］「海外研究──スイス社会保障法制の動向」『週刊社会保障』51 (1930), 52～55頁
中野育男［1998］「スイスにおける雇用保障と就労インセンティブ（特集：就労インセンティブと社会保障）」『海外社会保障研究』(125), 39～43頁
中村健吾［2019］「アクティベーション政策とは何か」『日本労働研究雑誌』(713), 4～16頁
ブラウン，W.［2017］『いかにして民主主義は失われていくのか──新自由主義の見えざる攻撃』みすず書房
三浦まり［2003］「労働市場規制と福祉国家──国際比較と日本の位置づけ」埋橋孝文編著『比較のなかの福祉国家』ミネルヴァ書房
ミュラー，J. Z.（松本裕訳）［2019］『測りすぎ──なぜパフォーマンス評価は失敗するのか？』みすず書房
Afonso, A. and Y. Papadopoulos [2015] "How the Populist Radical Right Transformed Swiss Welfare Politics: From Compromises to Polarization," *Swiss Political Science Review*, 21(4), pp.617–635.
Bonoli, G. and J. Kato [2004] "Social Policies in Switzerland and Japan: Managing Change in Liberal-Conservative Welfare States," *Swiss Political Science Review*, 10 (3), pp.211–232.
Bonvin, J.-M. and E. Moachon [2007] "The Impact of Contractualism in Social Policies: The Case of Active Labour Market Policies in Switzerland," *International Journal of Sociology and Social Policy*, 27/9–10, pp.401–12.
Ehrler F. and F. Sager [2011] "Marketization in a Federal System: New Modes of Governance in Unemployment Insurance and Social Assistance in Switzerland," R. van Berkel, W. de Graaf and T. Sirovátka eds., *The Governance of Active Welfare States in Europe (Work and Welfare in Europe)*, Palgrave Macmillan.
Häusermann, S., A. Mach and Y. Papadopoulos [2000] "Changing Interactions Between Corporatist and Parliamentary Arenas in Social Policy: Reform Processes in the Field of Swiss Pension Policy and Unemployment Insurance in the 90s," in Annual Congress of the Swiss Political Science Association, Fribourg, November, pp.8–9.
Häusermann, S., A. Mach and Y. Papadopoulos [2004] "From Corporatism to Partisan Politics: Social Policy Making under Strain in Switzerland," *Swiss Political Science Review*, 10(2), pp.33–59.
Kriesi, H. and A. H. Trechsel [2008] *The Politics of Switzerland: Continuity and Change in a Consensus Democracy*, Cambridge University Press.
Sciarini, P. [2015] "From Corporatism to Bureaucratic and Partisan Politics: Changes in

Decision-Making Processes over Time," P. Sciarini, M. Fischer and D. Traber eds., *Political Decision-Making in Switzerland：The Consensus Model under Pressure*, Palgrave Macmillan.

────未公刊資料────

State Archives St. Gallen, "Steinemann-Mörschwil: KIGA durchleuchten（Titel der Antwort: Öffentliche Arbeitsvermittlung）," Ref. code AP: AGR Bf 1-1996. 2000-51.96.26.

State Archives St. Gallen, Steinemann-Mörschwil: IBIS Reintegrationsseminar für Arbeitssuchende（vom KIGA unterstützt），Ref code: AGR B 1-1996.2000-61.96.17.

State Archives St. Gallen, "Amtsblatt 1993 seiten1449-2848" Grossratsbeschluss ueber die Arbeitslosenhilfe 23.92.02, pp.1449–1511.

────ウェブサイト────

総務省「『公の施設の指定管理者制度の導入状況等に関する調査結果』の概要」（http://www.soumu.go.jp/main_content/000405023.pdf）2019 年 11 月 18 日最終アクセス

Botschaft und Beschlussesentwurf vom 29. November 1993 zur zweiten Teilrevision des Arbeitslosenversicherungsgesetzes（AVIG），BBl 1994 I 340 Die Bundesversammlung ─ Das SchweizerParliament（https://www.parlament.ch/de/ratsbetrieb/suche-curia-vista/geschaeft?AffairId=19930095）2018 年 9 月 28 日最終アクセス

Botschaft zur zweiten Teilrevision des Arbeitslosenversicherungsgesetzes（AVIG）vom 29. November 1993（https://www.fedlex.admin.ch/eli/fga/1994/1_340_340_/de）2018 年 9 月 28 日最終アクセス

92.3583 - Motion., Arbeitslosenversicherung. Bildungspolitische Ausrichtung（https://www.parlament.ch/afs/data/d/gesch/1992/d_gesch_19923583_002.htm）2018 年 9 月 28 日最終アクセス

第5章

直接民主主義の暴走と抑制
スイスの「逆進」所得税の分析を通じて

はじめに

　前章では，州の自治や拒否権の強さが，連邦レベルでのニュー・パブリック・マネジメント（NPM）的な統制，あるいは広い意味での新自由主義的な改革を退けたことを示し，ある種の「好例」として提示した。そこでは，上からの定量的なアカウンタビリティではなく，むしろ下からの定性的なアカウンタビリティを機能させることや，自治や地方レベルでの拒否権の強さを機能させることが，財政民主主義の実質化における1つの処方箋となっていた。むろん，課税自主権や自治は，財政民主主義を構成する重要な要素でもある。しかしながら，下位のレベルのアクターの意思決定における政治的な力の強さや自治は，無限に拡大していけばよいというわけではない。課税自主権は無限に拡大することが是認されるというわけではなく，公平や中立といった他の租税原則とのバランスの中で考えることが重要である。また，直接民主主義や強い自治も，財政民主主義を実質化させるための1つの手段ではあるだろうが，常に問題のない決定が行われるわけではない。

　その意味で，スイスのオプヴァルデン州において採択された，富裕層ほど所得税率を下げる「逆進」所得税は1つの好例である。通常，財政学では所得税は垂直的公平性（経済力に応じた負担を課す公平性）を加味する必要があるとされ，実際，先進国においては累進的に課税されることが多い。しかし，本事例

では，異例ともいえる，全く逆のことが州レベルで行われたのである。本章では，同州における逆進的個人所得税の導入と，その後の廃止に向けた動き，そして後続の比例個人所得税の導入をめぐる政治的意思決定過程を検討する。この検討を通じ，「極端な課税自主権をどのように抑制するか」，また「抑制されるときにはどのような政治的な要素，財政民主主義の要素が働きうるのか」について考察する。

1　租税競争をめぐる議論

1.1　租税競争の理論と国際社会における議論

所得課税は，課税自主権だけでなく，公平や中立といった租税原則とのバランスの中で考えることが重要である。この点は，国際的な論点となっており，例えばOECDは2010年にスイスで開催された「政府間財政関係ネットワーク専門家会合」で，課税自主権の拡大が租税外部効果[1]の拡大につながりうることを指摘している。

課税自主権が過熱した先に起こる租税競争（税率引き下げ競争）には，デメリットもあればメリットもある。だが，このOECDの会合に限らず，比較的，OECDやEUは全体として負の面を強調する傾向にあるといえる（野口[2016]）。この点は，租税競争を抑制する手段としては，ある種の「協調」が王道であることを考慮すれば，そうした任務が期待されている国際機関の立場としては自然ともいえるだろう[2]。

例えば，1997年にEUは「有害な租税競争（harmful tax competition）」の問題への取り組みについて議論し，その後に行動規範（要綱）を発表している[3]。さらに，この行動要綱を通じた取り組みは，アップル（アイルランド），スターバックス（オランダ），アマゾン（ルクセンブルク）などに適用された優遇税制を問題視する，現在の積極的な欧州委員会の姿勢のもとにもなったものだとされている。一方で，同時期のOECDでも，96年に「有害な租税競争」の排除に関する議論が開始され，98年4月には報告書としてとりまとめられている。

しかしながら，前者のEUの要綱は全会一致で採択されているものの，当然ながら，EU非加盟国であるスイスには適用されない。後者のOECDの報告

書に関しては，報告書の採択に対し，スイスとルクセンブルクは棄権をしている。一般的にいっても，スイスは国際的な租税回避地として悪名高い国であるとすらいえよう。このように国際的な動向としては，欧州全体では協調による租税競争の抑制が意図されながらも，スイスは必ずしもそれに同調していない。この状況をふまえると，なおさら，スイスは租税競争の問題を分析する素材としては重要であることがわかる。

　一方で，理論的なレベルでの議論を考えると，J. ブキャナン，G. ブレナンに代表される公共選択論では，むしろ競争が欠如した状態では政府は納税者を「搾取」すると考えられてきた。公共選択論の論者は，政府の（ともすれば過剰に行使される）課税力を抑制するための手段としての租税競争，すなわち健全 (healthy) な租税競争，公正 (fair) な租税競争というものを想定してきた。結果として，租税競争による税負担の低下は，納税者（企業を含む）の厚生を改善するとされる。こうした発想の一部は公共経済学（あるいは新古典派経済学系の財政学）の議論に，色濃く引き継がれているともいえるだろう。そして，ヤード・スティック競争や，C. ティブーによる「足による投票」仮説のような形で，概念化されてきた。

　しかし，W. オーツなどの財政学者は，伝統的にこうした立場について批判を浴びせてきた（オーツ [1997]）とされている（野口 [2016]）。重要な点としては，対称的な多くの地域が存在すると，地方政府間の資本課税競争が最適水準よりも低い税率で均衡となること，その結果，公共財の過小供給を生み出しその地域の住民の厚生が低下する，というものである（野口 [2016]）。すなわち，「底辺への競争 (race to the bottom)」を起こすような「有害な租税競争」も存在するということである。そして，これは一国の中でも国家間でも起こりうる現象である。

　こうした評価の違いは，根本的には両者の前提とする価値観の違いに求めることもできるだろう。自己利益を追求し，税収最大化をめざす「リバイアサン」としての政府なのか，政府は自国の国民・地域の住民の厚生の向上のために尽くすという価値観，「慈悲深い (benevolent) 政府」という前提をとるのか，ということである。すなわち，租税競争をどう評価するかは，根本的な国家観にも関わる重要な問題なのである。そして，この価値観の差異は，第1章で述

べたとおり，公共経済学的≒新古典派経済学的財政学と，制度派の財政学の価値前提の違いとも大きく関わるのである。

1.2　スイスにおける租税競争をめぐる議論

　実際に，租税競争を批判する立場が指摘するような問題，すなわち「底辺への競争」が起きているのかという点に関しては，スイスについても実証研究が行われてきた。例えば，税の徴収と公共サービスの提供において，スイスで「底辺への競争」が生じていたという認識に対して実証的批判を加える先行研究も存在する (Gilardi, Kübler and Wasserfallen [2010])。同様に，モラル・ハザードが起きていたという認識への実証的批判を加える先行研究も存在する (Gilardi and Wasserfallen [2010])。この分析によれば，1990年から2007年までのデータにおいて，たしかに近接する州（カントン）ごとに税率の相互影響は確認できるが，複数の地域州間協議会の内側では，統計的に有意な水準で租税競争が弱められていることが示されている。よって，租税競争は全体としての機能不全をもたらす水準には至っていないと結論づけている。

　つまり，後者の実証研究でも，州間協議会を通じたある種の「協調」が租税競争，極端な課税自主権・自治を抑制する可能性が示唆されているわけである。そもそも，スイスでは政治文化として，妥協やコンセンサスを重視する傾向が強いという理解は，一般的であるといえるかもしれない。例えば，A. レイプハルトが多極共存型（コンセンサス型）デモクラシーの代表事例としてスイスをあげていることは有名である。そのため，本章でも，この「協調」，ないしコンセンサス・デモクラシーというロジックが実際に働いていたのかどうかという点を意識しながら分析を加えるものとする。しかしながら，結論を先取すると，本事例に関してはこうした「協調」やコンセンサスといったロジックが果たした役割は限定的であり，それとは異なる財政民主主義のコンテクストが働いていたことを示す。財政民主主義という概念には，さまざまな側面・文脈・要素が存在し，それらは互いに対立することもあり，どの側面が優位か，というのは状況によって異なる。本章は，この点を意識し，財政民主主義という概念の多面化を図ることを念頭に置いている。

2 「逆進」所得税の導入をめぐって

2.1 州民投票に先立ち配布された冊子が示す「公平」

それでは，具体的な分析に移っていきたい。まず，オプヴァルデン州において，2005 年に住民投票で採択され，06 年 1 月 1 日から施行されることとなった税制改革の目標はどのようなものであったのだろうか。その周知の方法自体，注目に値するのだが，オプヴァルデン州では住民投票に先立って，投票事案について説明する 35 ページ前後のパンフレット[4]を，州内の全戸に毎回配布している。そのパンフレットによれば税制改革の目的は，以下のように説明されている[5]。

> 新税法の施行により，オプヴァルデン州は税務競争において有利な立場に置かれることになります。オプヴァルデン州は，財政的に弱い州であり，財政的に強い競争相手のさまざまな地域に囲まれています。現在，ニトヴァルデン，シュヴィーツ，ツークは，スイスで最も税制面で魅力的な州の 1 つとなっています。オプヴァルデン州は，この競争に立ち向かわなければなりません。現在の税法改正が正しい答えです。

具体的な制度としては，法人の利益に対しては，一律 6.6％の課税を行うこととなった。個人に対しては，それぞれ平均して 0〜3 万 5000 スイスフランの所得者に関しては 10％，3 万 5000〜7 万スイスフランの所得者については 8％，7 万スイスフラン以上の所得者については 6％の減税をもたらすこととなった[6]。

パンフレットが繰り返し強調するのは，新しい税制改革が，中・低所得者の利益にもなるということである（表 5-1）。全納税者の 91％が 7 万スイスフランまでの所得者であり，この減税率 10％，8％にあたることが示されている。さらに控除も加味すると，ザルネン（Sarnen）という地域ではそれぞれの所得に応じてどのような税額になるのかがパンフレット内で例示されている。

この表においては，具体的な所得と税額を例示し，さらに旧法化での税負担

表5-1 パンフレット内で示される租税負担の変化

(単位:スイスフラン)

課税所得	現在の税金	2006年の新しい税金	差	軽減割合(%)
5,000	102	0	102	100.00
20,000	1,446	1,265	182	12.56
35,000	3,744	3,420	324	8.65
50,000	6,304	5,784	520	8.25
70,000	9,716	8,962	754	7.76
100,000	14,944	13,834	1,110	7.43
150,000	23,497	21,953	1,544	6.57
200,000	32,029	30,072	1,957	6.11
300,000	49,093	46,311	2,782	5.67

出所:Kantonal Volksabstimmung von 11. Dezenmbar 2005, S. 5 の表をもとに,筆者作成。

と新法のもとでの税負担についての比較も示されている。低所得から中間所得層まで含め,新法によって税負担が軽減されることを強調したのである。一見してみるからに不公平に思われる逆進所得税という試みは,こうした説得の仕方をもって,ある種の「公平性」を主張していくこととなる。

こうした目論見は,州議会の議事録によっても裏付けられる。先立つ2005年9月22日の州議会で,最大会派のキリスト教民主党(Christlichdemokratische Volkspartei: CVP)に属する議員であり,本税制改革のコミッションのトップであったルシア・オムリン(Lucia Omlin)議員[7]は同税法改正の趣旨を説明するにあたって,「税制戦略の目的は,低・中所得者や家族の税負担を軽減することにあります。議論や投票キャンペーンの間,この目標を念頭に置いていただきたいと思います」[8]と述べている。結果,この目論見は成功する。住民投票では8623票対1368票という圧倒的な差をもって可決されたのである。なお,州民はおよそ3万3000人で,投票率は44.4%である。課税自主権,自主性の原則,自治の限界を考えるうえでは,公平性などの他の租税原則との関係もふまえて議論しなくてはならない。しかし,この時点では全所得層――あくまでオプヴァルデン州民に限った話なのだが――に軽減が行きわたることによって,ある種の「公平性」が達成されると主張されたわけである。

州議会では,キリスト教民主党に次ぐ第2党であり,中道右派の自由民主党(Freisinnig-Demokratischen Partei: FDP)[9]もまた全面支持の姿勢をとることを,同党の議員が示している[10]。キリスト教民主党と自由民主党の議員数を合わせる

表 5-2　パンフレット内で示される他地域との税負担との比較の表
(単位：スイスフラン)

課税所得	旧法での ザルネン	新法での ザルネン	シュタンス	ツーク	シュヴィーツ	ヘルギスヴィール
500,000	83,221	65,824	74,750	60,000	65,700	64,550
実効税率（％）	16.64	13.16	14.95	12.00	13.14	12.91
1,000,000	168,541	117,650	149,450	120,000	131,400	129,050
実効税率（％）	16.85	11.77	14.95	12.00	13.14	12.91

出所：Kantonal Volksabstimmung von 11. Dezembar 2005, S. 6　(T.04.01 Kantonale Volksabstimmung: Erläuterungen und Abstimmungsvorlage 1907-(Dossier) 内所蔵未公刊資料) の表をもとに，筆者作成。

と 32 人であり，両党で議員全体の 55 人のうちの過半数を占めていることとなる。一方で，州議会の中にも当然異論はあった。しかし，反対意見の多くは低所得者をめぐる措置の緩和について焦点化し，部分的な修正を提案した。

　左派政党からは根本的な批判も生じていた。社会民主党（Sozialdemokratische Partei: SP）を代表してチャーリー・ピヒラー（Charly Pichler）議員は，投資は短期的にはたしかに行われるかもしれないが，節税という経済的動機に基づいた住民の招致は，持続可能な投資にはつながらないのではないかと指摘した[11]。加えて，低い税金のためだけにオプヴァルデン州に来る裕福な人々は，ほとんどの場合，オプヴァルデンの文化や伝統を維持することに興味がなく，彼らはほとんど地域社会に関与しないのではないか，という危惧を示している。そして，結局のところ，この税制は不公平で反社会的であると評価し，州内の善と連帯を危険にさらしてはならないと警告し，代替案を提示した。一方で，自由民主党は，社会民主党は基本的に州間の競争を軽減することを目的としているが，では「今日のロケーション競争において，オプヴァルデン州はどのように位置づけられるのか」がむしろ彼らにとっての課題であるとして，反論した。最終的には，反対 8 票で当初案のまま議会を通過することとなる[12]。

　さらに，州議会の議論の中では世界的な租税回避地となっている他州との対抗が明確に意識されている。具体的には，ツーク[13]やシュヴィーツのような州があげられる。これについて，先述の住民に全戸配布されたパンフレットでも，具体的に税負担の比較を示している（表 5-2）。

　この例示では，50 万スイスフラン，100 万スイスフランといった高い年間所得の人々が，それぞれの州において実際の税負担額（基礎自治体の税負担から教

図5-1 パンフレットの裏表紙

出所：Kantonal Volksabstimmung von 11. Dezenmbar 2005 より。

会税を除いたもの）がいくらとなるかに加え，その実効税率がいくらとなるかについて算出，比較している。具体的には，オプヴァルデン州の中のザルネンという地域に居住した場合の試算を提示している。他にも，パンフレットでは，家族構成などの条件を変更した5つの税負担の例も提示している。さらに，パンフレットには州法の具体的な条文の変更点なども明記されている。そして，最後に，パンフレットの背表紙には，州議会と州行政府側は，「住民投票で賛成票を投じることをお勧め」する旨を伝えるメッセージを載せて締めくくっている（図5-1）。

このように，この全戸配布されるパンフレットには，議会の姿勢としてはどういう方向に投票してほしい，という「お勧め」が記されており，中立とはいいがたい。とはいえ，オプヴァルデン州の住民は，提案内容，他の地域との比較，具体的な課税額の例示，変更される条文の内容など，極めて具体的な情報を周知されているわけであり，アカウンタビリティの強化につながっていると

みなせるだろう。しかも，それが地方政府のウェブサイト上にアップロードされるというようなやり方でなく，全戸配布という目につきやすい形で行われるわけである。いわば，プル型ではなく，プッシュ型の情報開示である。正しい情報の理解は熟議民主主義 (deliberative democracy)，直接民主主義にとっても重要である。因果関係の立証は困難かもしれないが，こうした情報開示のやり方がスイスの熟議民主主義や直接民主主義を下支えしていると解釈することは可能だろう[14]。

2.2 スイスにおける参加民主主義

実際に，第2章でも言及した，Varieties of Democracy (V-Dem) という民主主義に関するさまざまな指標における国際比較研究に関するビッグ・プロジェクトは，示唆的なデータを提供している。彼らは，5つの民主主義の高次の原則を分類しており，選挙民主主義 (Electoral)，自由民主主義 (Liberal)，参加民主主義 (Participatory)，熟議民主主義 (Deliberative)，平等主義的民主主義 (Egalitarian) をあげている。

そのうちの，参加民主主義において，実際にスイスは突出した位置にある。1991年と2020年のデータにおいて，調査対象となった国の中で最も高い数字を示している。また，熟議民主主義においても，北欧諸国と並び，たしかに世界的に顕著なアドバンテージをもっていることが示されている（第2章図2-2）。

第2章ですでに論じたとおり，単純な選挙と議会を通じた，形式的な財政民主主義の発揮だけでなく，より財政民主主義の実質化を考えるうえでは，さまざまなチャンネル・手段を考慮することが重要である[15]。予算の決定過程は立法過程にとどまらず，議会外での政治過程を含む問題であるとされていた。であるからこそ，「現代財政民主主義は〈参加の論理〉を基軸としつつ，財政議会主義の枠を超えて財政過程全体に及ぶトータルな論理として再構築される必要がある」（小島 [1984] 74頁）とされてきたのであった。その意味で，スイス財政をめぐる直接民主主義は，財政民主主義の実質化に向けたオルタナティブを示せる可能性を秘めている。

しかしながら，参加を重視する民主主義や熟議民主主義とて万能ではない。参加民主主義と熟議民主主義において高い指標を示すスイスにあってなお，本

事例が示すように，直接民主主義や熟議民主主義が，常に理性と科学に基づく判断を下すとは限らないのである。民主主義に関する理論レベルの議論では，実際のところ市民がどれほど政治的な判断を正しく行うことが可能なのか，という点について激しく議論が交わされてきた。とりわけエピストクラシー（知者の統治）と認識的デモクラシーという2つの立場がこの点について議論を重ねてきており，近年は熟議民主主義論の中で「認識的転回」が進んだとも評価されている（Landemore [2017]）。

　大胆に整理するのであれば，素人と専門家のどちらの決定に政治を委ねるか，という問いに対して，専門家の決定を重視するのがエピストクラシーであり，素人の参加を重視するのが認識的デモクラシーといえる（坂井 [2022]）。例えば，前者のエピストクラシー擁護派のブレナンは，いかに一般的な市民が限定的な政治的・社会的知識しか有しないかについての経験的な証拠をあげ，主張の論拠としている。一方で，認識的デモクラシーの立場からすると，政治が扱う課題はそもそも不確実性が高いがゆえに，必要な観点，知識，情報をあらかじめ特定することができず，だからこそ集合的に決定するべきだ，とエピストクラシーを否定する。背景にあるのは，集合知による認識的多様性が，正しい選択を高めるという論理である。

　いずれの立場に立つにしろ，本事例でもパンフレットでの詳細な情報提供によるアカウンタビリティの向上や，それを受けた住民参加によって，たしかに州内でのある種の利害の統一化は図られたとはいえるのかもしれない。しかし，当然のことながら，それはスイス全体での利害の統一につながっているわけではない。州内では，一応の「公正」さは，全所得層への減税をはかるという形で意図されたわけだが，当然ながらスイス全体での「公正」を意味しない。参加型の民主主義によって，むしろ州間での利害が鮮明化したとすらいえるだろう。したがって，このような欠陥をどのように対処するかという点が次の課題となるわけである。

3　協調・合意による抑制の不機能

　先行研究では，こうした租税競争に対して，ある種の協調，もしくは協調の

強制により競争が抑制しうる可能性が示されていた（Gilardi and Wasserfallen [2010]）。こうした協調に基づく租税競争の抑制は，国家間というレベルでも，地方政府間というレベルでもありえる。すなわち，協調は，極端な課税自主権・自治・直接民主主義を抑える1つの方法である。だが，本事例に関しては，いずれのレベルでも有効な抑制手段とはならなかったようである。

そもそも，連邦レベルでの税制調和をめざすための法律として，連邦政府の税制調和法（Das Steuerharmonisierungsgesetz des Bundes）というものがある。この法により，特定の地域で税法をどのように設計するかが州に義務付けられており，たとえば，納税義務，課税対象，および税務手続きと刑法などが対象となっている。一方で，この法律は税率，および免税についてはカヴァーしていない。

先述のオムリン議員も2005年9月22日の州議会にて，この点の抜け穴を指摘している。さらに，オブヴァルデン州に対する，連邦側の対応も後手となっていた。それまでの連邦の課税当局は，州法の適法性を裁判所で判断する権利がそもそもなかった。2005年になってようやく，税制調和法（Das Steuerharmonisierungsgesetz des Bundes）と州法の関係を検討する委員会（die Kommission für die Harmonisierung der direkten Steuern des Bundes, der Kantone und Gemeinden: KHSt）が立ち上げられた[16]。また，次章にて再び言及することとなる，FDK（Finanzdirektorenkonferenz）と呼ばれる各州の財務大臣によって構成される委員会も，この動きを後押ししていた。オムリン議員もこうした動きを認識し，議会で言及しているが，そうした動向とは無関係にオブヴァルデン州の租税競争政策はとられるべきであると主張した。いわば，「逃げ切り」が意図されていたというようにもとれる。

この動向は，国内レベルでの「協調」の遅れととれるわけだが，国際的なレベルでも「協調」，あるいは「協調」の強制に向けた動きが存在した。EUからの外圧である。州議会での反対派であった社会民主党にとっても，こうした国際レベルでの外圧を駆使して「協調」を達成することは，選択肢の1つと考えられていた[17]。他の選択肢として，違憲性をめぐり裁判所に控訴することも当初は検討していたが，成立直後の2006年1月中にはそうした方針を取り下げている[18]。

実際，オプヴァルデン州のこの政策は，EU からの国際的な反発を招いていた。ここで，EU がスイスの税負担の軽さを批判するために用いたのは，1972 年の EU – スイス間の FTA の 23 条（Article 23.iii of the 1972 Free Trade Agreement）と呼ばれるものである。それによると，特定の事業や特定の商品の生産を有利にすることで競争を歪めたり，歪める恐れのある公的援助は，協定の本来の機能とは相容れないとされている[19]。しかしながら，EU 側は，最終的に「この問題は，2005 年 12 月 15 日の会合で協定のもとに設置された合同委員会に付託され，2006 年 5 月 4 日の専門家会合，2006 年 5 月 5 日と 12 月 14 日の合同委員会のその後の会合で，スイスとの間でさらに議論されました。この枠組みでは解決策を見出すことはできませんでした」と，2007 年に一連の流れを整理している[20]。このように，05 年末から 07 年ごろの議論の中で，オプヴァルデンという小国の一州が EU 側から名指しで批判を受けるに至っていること自体，本事例の重要性を物語るものであろう[21]。

　一方で，スイス側はこうした EU からの批判を拒絶し，1972 年の FTA の規定には抵触しないという立場を繰り返していた。スイス側で交渉にあたった者の 1 人が当時の連邦財務大臣のハンス – ルドルフ・メルツ（Hans–Rudolf Merz）である。彼は，州間の税競争に賛成する立場を示し，そもそも租税競争はスイスの税制の基本的な要素なのであるという立場をとった[22]。メルツが EU 側の要求に拒否の姿勢を貫いたことの背景には[23]，EU のこうした要求は内政干渉である，という世論があったという点も指摘できる。ある世論調査では 4 分の 3 が課税問題に関する EU からの干渉に反発していた[24]。また，主要なドイツ系の新聞紙である *Neue Zürcher Zeitung*（ノイエ・チュルヒャー・ツァイトゥング）や *Tages-Anzeiger*（ターゲス・アンツァイガー）も同様の論調をとったほか，*24heures* というフランス語系の新聞も同じ立場をとった[25]。このことは，各紙がもっている政治的なカラーをふまえると，なおさら重要である。というのも，一般的にいって，スイスのドイツ語圏に比べ，フランス語圏では欧州との歩み寄りが重視される傾向がある。しかしこの件に関しては，そうした一般的な傾向とは異なり，フランス語系の新聞の *24heures* も EU の外圧を拒絶する立場をとったというわけである。中央の政党レベルでも，社会民主党のスポークスマンのジャン – イヴ・ジャンティ（Jean–Yves Gentil）は EU との対話の用

意があるとしていたものの[26]，連立政権を構成する他の主要政党は EU との対決姿勢を示していた[27]。

さらに，EU 側の要求が通らなかったのは，こうした国内の後押しに加え，EU 側も一枚岩ではなく，とりわけルクセンブルクはスイスに接近する立場をとった，という背景も指摘できる[28]。先述のとおり，OECD の「有害な租税競争」の排除に関する 1998 年 4 月に報告書の採択に関して，スイスと並んでルクセンブルクも棄権していた点を再度確認しておきたい。こうしたルクセンブルクの基本的な姿勢を考えるならば，スイスへ同調する立場を示すことは不思議ではない。

まとめると，連邦レベルでも税制調和法による規制は存在するが，その抜け穴を探る形でオプヴァルデン州の減税は行われ，連邦レベルでの KHSt の整備などの遅れなどにより，ある種「逃げ切る」形で州法は成立した。一方で，FTA を理由とした，強制的な「協調」を求める EU からの外圧も存在した。しかし，一般的には欧州への融和を掲げる傾向にあるフランス語圏の新聞も，EU への対決姿勢をみせるような世論もあり，そうした背景のもと連邦財務大臣は EU 側への対決姿勢，オプヴァルデン州擁護の姿勢を示すこととなった。これに加え，同じく租税回避地であるルクセンブルクも，EU からの攻撃を緩和し，スイスを擁護する立場になっていた。こうした事情のもとで，結果として国内での「協調」，あるいは国際的な「協調」を強制する外圧による，極端な直接民主主義，課税自主権，自治への抑制という方策は，州間・国際レベルの両方で有効策であったとは見なしがたい。では，こうした方策が機能しない中で，実際の廃止に至るまでには，どのような流れがあったのであろうか。

4 「逆進」所得税廃止をめぐる動向

4.1 ジシャディス氏による「異議申し立て」と闘技的な財政民主主義

実際に極端な直接民主主義を抑制したのは，異なる文脈の直接民主主義とも呼びうるものだった。先述のとおり，当初，社会民主党は稼得能力に応じて課税することを定めた条文を根拠とする違憲訴訟を検討していたが，1 月には撤

回した。そして，そのバトンはジョセフ・ジシャディス（Josef Zisyadis）という政治家にわたったとされている。ジシャディスはギリシャ人の両親のもとに生まれ，幼少時にスイス国籍を取得した，労働党（kommunistischen Partei der Arbeit: PdA）の議員である。なお，PdA は，「魔法の公式」を構成する主要4党の連立政権には入っておらず，マイノリティ左派政党である[29]。驚くべきことに，彼はオプヴァルデン州で違憲訴訟する権利を得るため，2006年1月，フランス語圏の別の州から，オプヴァルデンに引っ越したのである。

圧倒的多数で可決した州法を否決するための引っ越しであるので，実際，州の住民の態度は歓迎的ではない部分もあったと報道されている。オプヴァルデン州の主要な町であるザルネンには，実物大のジシャディスを模した彫像が，首がもがれた状態で建てられていたと報道されている。ザルネンでは，ジシャディスは賃貸契約を結べる家をみつけることすら困難が生じたという。彼は，そののちに，オプヴァルデン州の別の街，ザクセルン（Sachseln）で正式に住民として登録されることとなった。一方で，彼に対する反応が，反感と非難のみだったというわけでもないようである。2006年のスイス・インフォのインタビューにおいて，ジシャディス自身は手紙や電話で多くの励ましと同情を受けたと述べている[30]。しかし同時に，彼に対する賛同者たちは自分のそのような立場を公表することは難しい，と捉えていたようだとジシャディスは述べている。結局，オプヴァルデン州の住民のうち3名が原告として加わることになった。翌年，裁判所はオプヴァルデン州の逆進所得税が違憲であると判断し，同法は廃止されることとなった。

再度指摘しておきたいのは，そもそもジシャディス自身も政治的なマイノリティであるということである。そもそも，スイスは「魔法の公式」と呼ばれる慣行を長らく示しており，これは右から左まで存在する4つの主要政党間で，閣僚ポストを議席数とは無関係に配分するやり方である[31]。繰り返すと，「魔法の公式」は，左右にわたる政党間で妥協的な解決策を模索する傾向をもたらしているとされてきた。そうであるがゆえに，スイスはレイプハルトが理念化したようなコンセンサス・デモクラシーのモデルとなってきたのである[32]。ただし，「魔法の公式」は4つの政党以外の政党の影響力を限定的なものとすることにもつながってきた。PdA は「魔法の公式」には加わっていない政党で

ある。つまり,「コンセンサス」の外側にある政治的な立場が,事態を左右するに至ったのである。

ジシャディス氏に対して筆者が行ったヒアリングからは,非常に興味深い経緯が明らかになった[33]。ジシャディス氏の思い立ってからの行動は早く,決めてから行動を起こすまで24時間も経たなかったという。あまりに唐突な彼の行動に,まず家族や所属政党に話した際には,「ちょっと落ち着け,やめておけ」と制止する声もあったという。ただし,彼自身の行動からは,個人主義的な「強い個人」というよりは,さまざまなネットワークを駆使し,他人を頼っている側面も浮かび上がる。例えば,法律的な問題について,同じく左派政党に所属するチューリヒの弁護士に連絡をとり,違憲訴訟の可能性について事前に相談していた[34]。そして,州法可決後の土曜日には,さまざまなネットワークで事の顛末についてメーリングリストや,チェイン・メールのような形態で,ほうぼうに連絡を行った。このネットワークには,環境問題に関するグループや,プロテスタントの信徒のネットワークなどもあったという[35]。そして,月曜日の朝にはすでに多くの支援の連絡がきていて,月曜日の朝8時にオプヴァルデン州(ザルネン)の部屋への引っ越しを行ったという。

ジシャディス氏は,新居に引っ越して役場で手続きを済ませてから,同日朝9時ごろに部屋に戻る。しかし,そこで家主(40代の女性)から「ジシャディス氏に部屋を貸してしまうと,自分は仕事をクビになるかもしれない」という旨を伝えられた。その家主は,一斉メールに反応した人のうちの1人であった。そして,それまでジシャディス氏は,彼女の職業や素性について詳しく聞いていなかったのだが,何と彼女はオプヴァルデン州政府の課税当局のトップであった,ということがその時に明らかになったのだという。こうしてジシャディス氏は,1日のうちに再度引っ越しを迫られることになった。

新しい引っ越し先(オプヴァルデン州のザクセルン)の家主も,同じくジシャディス氏のメールでの一斉連絡に反応したうちの1人であった。彼女は,すでに仕事をリタイアしており,自分の持ち家で生活していた。ジシャディス氏は,ヒアリングの中で,次に部屋を借りるなら家主の経済的基盤が大事だとわかったから,ということを冗談めかせながら語っていた。この2軒目の部屋の家主は,違憲訴訟に加わる住民のうちの1人ともなる。

ジシャディス氏曰く，州内の社会民主党の議員や連邦財務大臣も同法に反対をしていたが，彼らは意見をいうだけで，直接，法的な行動をとったか，とらなかったかが自身との違いだったという。ある意味で，行き当たりばったりで，突飛で，単純に政治的信条に従った彼の行動は，アナキストがいうところの「直接行動」にも近いメンタリティがあるかもしれない。

　ただし，重要なのは実はジシャディス氏はそれまで続けていたヴォー州の政治家を，オプヴァルデン州に引っ越してからも議席を失うことなく継続できていたということである。そのため，一連の行動は，経済的には安定した基盤のもとで行われたのである。日本であれば，そもそも居住実態がない地方議員は失職するが，スイス（少なくともヴォー州）ではそうではないそうである。ジシャディス氏は，そもそも誰も別の州に引っ越しで違憲訴訟をする，というようなことを試みたことがないからこそ，そうした規定もないのでは，と語っていた。

　過去の取材記事で，ジシャディス氏は「オプヴァルデン州の住民から強い反応があったことに驚いたか」（おそらくは前述の，同氏の首なしの彫刻などをさしている）という質問に対して，「全然。政治とはそういうものだ。時には難しいこともある。民主主義的な基盤を捨て去るのではない限り，それが普通だ。私が唯一嫌悪するのは暴力だ。暴力はどこにもつながらない」と述べている[36]。こうした政治の捉え方は，闘技民主主義が強調する，対立的な要素を「政治的なもの」とする考えにも近い。

　ただし，筆者が行ったヒアリングでは，また少し違うニュアンスで答えた。そもそも例の首なしの像は，ファスナハト（カーニバル）と呼ばれるスイスの2〜3月に行われる時に使われたものだったそうだ。そして，ジシャディス氏に反発するオプヴァルデンの住民がファスナハトの最中に，彼の顔を模した部分を燃やす，という過激な行動をとっていたそうである。ジシャディス氏は，こうした行動が起きることに恐怖心や不安感はあったそうで，とはいえファスナハトには参加したかったので，事前に友人（とりわけ政治的なネットワークによる）を大勢集めてから，ファスナハトに臨んだという。

　社会運動論の中では，「守られた飛び地（protected enclaves）」という概念がある（安藤［2019］）。これは，とりわけマイノリティが社会運動の中で，心理的

安全性を保障されたコミュニティ，コレクティブを構築することをさす。そして，こうした運動の小集団では「友情」も政治的資源の1つとなる。「『守られた飛び地』の事例は，友情がとりわけマイノリティにとって，自らを公的な場所に連れ出す貴重な政治的資源であることを示している」(39頁) という。そして，「政治参加には，自分がどう見られ，その主張がどう解釈されるか分からない不安が絶えずつきまとうもので(……) その不安を和らげるのは，友情である」とされる (39頁)。通常近代の啓蒙思想の伝統においては，友情は政治と無関係とされ，政治的コミュニケーションの基礎となるのは，友情のような感情というよりは，理性である (安藤［2019］)。しかし，ジシャディス氏が，街の中でのイベントという公共空間へ身をさらすうえで，自身の心理的安全性を確保するやり方も，友情を媒体とした「守られた飛び地」の確保という構造が指摘できるだろう[37]。

　ジシャディス氏は，他の人が自身の行動の真似をするのは難しいだろう，と語る。しかし，この一連の行動は，弁護士や，さまざまな社会運動・政治団体のネットワーク，2人の家主，違憲訴訟の共同訴訟人，彼の友人によって支えられたものでもある。そのネットワークは多様で，友情を媒体にするものもあれば，メールをきっかけにした散発的な連帯もある[38]。その意味で，闘技民主主義論者のように，政治を対立的なものとして捉えたとしても，リベラル・デモクラシーや熟議民主主義が前提とする「強い個人」に必ずしも依拠しないような形での発現もありうるわけである。加えて，これらはジシャディス氏を，時には陰ながら，支援した人々にとっての財政民主主義の実践でもある。そうした営みが必ずしも，報道記事や一次史料には反映されないことを思えば，同時代の財政民主主義を考えるうえでは，社会学的なアプローチでの社会運動の分析が有効に機能する可能性がこの事例からは示唆されている[39]。行動につながらない反発心や，言葉として残らない違和感も，財政民主主義の種なのである。しかし，これらは行政側の一次史料を中心とした歴史実証の手法では取り逃がす可能性がある。そして，こうしたさまざまな実践をふまえると，直接民主主義は必ずしも多数決を意味するわけでもない。

4.2 異なる文脈の直接民主主義
──立憲民主主義・闘技民主主義との結託

　結果として，極端な直接民主主義を抑制したのは，異なる文脈の直接民主主義であったと解釈できる。第1に，違憲訴訟を個人が起こしたことによって廃案となった，という側面に注目するのであれば，立憲民主主義的な直接民主主義が機能したといえよう。あるいは，政治的マイノリティや住民が，州内での広範な合意に対して「異議申し立て」を行うことが廃案につながったという側面を重視するのであれば，闘技民主主義[40]の要素をもった直接民主主義が機能した，とも解釈できる。直接民主主義はポピュリズムのツールとして捉えられることも多いが，多数決のみが直接民主主義ではない。むしろ，直接民主主義が顕著なスイスでは，より多様な財政民主主義の文脈が重なり合っていることが示された。直接民主主義に基づく財政民主主義はたしかにポピュリズムを招く可能性もあるが，闘技民主主義的，あるいは立憲民主主義的な要素をもつ直接民主主義に基づく財政民主主義は異なる結果をももたらしうる。

　すでに指摘してきたとおり，財政学における財政民主主義の概念の検討においては，「強い個人」を念頭にした熟議民主主義や参加民主主義に議論が集中してきていた。そのためそれらの民主主義論が理論レベルで抱える課題をどのように乗り越えるかが，十分に議論されてきたとはいいがたい。

　もちろん，本事例をもって，何か租税競争を抑制する万能薬が示されたというわけではない。むしろ重要なのは財政民主主義のさまざまなコンテクスト・手段のバリエーションの豊富化をはかることであると思われる。社会運動論の中でも，直接民主主義的手法は，「戦術 (tactics)」を論じるべきである，とされることがある（安藤［2019］）。というのも，社会運動の中の直接民主主義は，「戦術」の効果を吟味したうえで採用するというより，これまで行った「戦術」がルーティンとして採用されることも多いためである。

　残念ながら，オプヴァルデン州の事例でも租税競争の問題が完全解決したというわけではない。2007年には，法人所得税が6.6％から一律6.0％へと引き下げられた。個人所得に関しては，比例所得税が導入され，1万スイスフランの非課税枠と，1.8％の一律の税率での課税（フラット・タックス）が設定されたのである。

図5-2　オプヴァルデン州における税収の動向

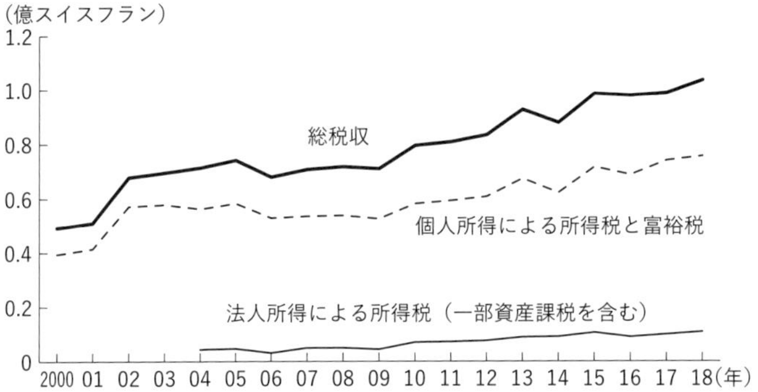

(億スイスフラン)

総税収

個人所得による所得税と富裕税

法人所得による所得税（一部資産課税を含む）

出所：Staatsrechnung 2000-2018 より，筆者作成。

　ここで，2007年10月25日の州議会においてオムリン議員は，このフラット・タックスの導入は，基本的には05年の税制改革における戦略を引き継ぐものであることに言及している[41]。33.2％の投票率でもって迎えた州民投票では，90.7％がこのフラット・タックスに賛成し，08年以降施行されることとなった。

　つまり，オプヴァルデン州における所得税の逆進性の問題や極端な直接民主主義が，こうした経緯をもって完全に抑制されたとはいいがたい。とはいえ，図5-2にみられるように，オプヴァルデン州の税収の動きは比較的穏やかではある。

おわりに——直接民主主義的な財政民主主義は，ポピュリズムだけを意味しない

　本章では，逆進的所得税という一般的な課税原則からは乖離した税制が，いかに議論，導入，廃止されたかについて分析した。ある種の「公平性」を低・中所得者にも減税を行うという形で担保することが意図されていたことが，州議会議事録やパンフレットからみてとれた。そこでは，州間にまたがる公平性はもはや意図されておらず，ある種の極端な直接民主主義，自治のありようをみつけることができる。極端な直接民主主義の抑制のための，協調や合意，あるいは協調の強制といった手段は，国際レベルでも州間のレベルにおいても，

本事例においては，あまり機能していなかった。むしろ，実際に機能したのは，闘技民主主義や立憲民主主義の文脈を携えた，異なる形の直接民主主義に基づく財政民主主義である。これは，全面的な租税競争の抑制をもたらす万能薬とはなっていないが，財政民主主義のありようの多面化の模索において示唆を与えるものである。このことは，合意や協調を模索することを放棄すべきということではない。しかし，それが達成されなかった場合，より広範な原理に立ち返り，多様な手段が模索されるべきだということである。

〈注〉
1)　「租税外部効果とは，ある地域の地方政府による税率の変更が，市場取引を経ないで別の地域の住民に対して影響を及ぼす現象」であり，「市場を通じた効率的な資源配分を妨げる要因」となる（深澤［2011］3頁）。①租税競争（税率引き下げ競争）や②租税輸出（他地域への税負担の転嫁），③地方政府と中央政府の間で課税ベースが重複することに伴う垂直的租税外部効果に細分化される（深澤［2011］3頁）。
2)　他にも一国内であれば，「歳入分与」や「定式配分」といった解決策もとられうる。「歳入分与」とは，中央政府が全国一律の課税ベース税率を設定し，税の徴収も担い，それを人口のシェア，住民1人当たりの所得といった指標での客観的な算式に基づき，それぞれの地方政府へと配分することである（深澤［2011］）。「定式配分」とは，税率については，地方政府の裁量を認め，課税ベースについてのみ中央政府が全国統一の基準に基づく設定を行い，国全体の課税ベースを，客観的な算式に基づき地域ごとに分割し，それに各地域ごとの税率を乗じた金額が地方税となるというものである（深澤［2011］）。しかし「『歳入分与』と『定式配分』という2つの方法についても，それぞれが一長一短であると言わざるを得ない。租税外部効果の発生を封じ込めるための万能薬は，残念ながら見当たらないというのが実情である」（深澤［2011］71頁）といわれている。
3)　この要綱は，1995年に欧州委員会の域内市場・税制担当委員がM. モンティ（2011～13年，イタリア首相）となったのちに公刊されたもので，モンティ・グループの影響下にあるといわれている（野口［2016］）。
4)　Kantonal Volksabstimmung von 11. Dezenmbar 2005（T.04.01 Kantonale Volksabstimmung：Erläuterungen und Abstimmungsvorlage 1907-（Dossier）内所蔵未公刊資料）。
5)　Ebd., S.3.
6)　Ebd., S.5. なお，スイスでは地方税は所得税などの直接税を中心とし，連邦レベルでの課税は間接税を中心とする傾向にある。
7)　同議員は，1975年生まれの法学修士をもつ弁護士であり，2002年にザクセルン（Sachseln）地域より当選した（Staatskalender）。当時は55人の議員のうち21人をキリスト教民主党（CVP）が占めている。
8)　2005年9月22日の州議会議事録より（KRP.0045 Sitzungsdatum 22. September 2005, Seiten 43-90, 2005.09.22〔Verweis〕内所蔵の未公刊資料）。
9)　日本語では，フランス語圏での名称の訳出として急進自由党と訳されることもある。

10) 2005年9月22日の州議会議事録より。
11) 2005年9月22日の州議会議事録より。一方で，オムリン議員はマルティン・ヤウ（Martin Jau）氏（弁護士および税務コンサルタント）にヒアリングを行い，この税制改革の戦略が成功する可能性は高いと判断していることを州議会の中で述べている。
12) 投票の内訳は示されていないが，社会民主党の構成人数は8人であり，彼らが反対票を投じたと考えられる。
13) 人口12万人程度の小さな州であるが，近年では，チューリヒ州を上回る400社程度の仮想通貨関連企業を誘致し，「シリコン・ヴァレー」ならぬ「クリプト・ヴァレー」と呼ばれている。代表的な企業としてイーサリウム（Ethereum）などもツークに所在する。また，これらの州は地理的にも近接している。
14) ただしこうしたパンフレットの中立性は難しい問題である。一応は中立性が模索されるものの，完全な中立はありえないともいえる。
15) V-Demプロジェクトはそのウェブサイトで以下のように説明している。"We provide a multidimensional and disaggregated dataset that reflects the complexity of the concept of democracy as a system of rule that goes beyond the simple presence of elections."
16) 同委員会の設立により，2つのフェーズに応じた対策が可能となった。連邦政府のウェブサイト（https://www.efd.admin.ch/efd/de/home/dokumentation/nsb-news_list.msg-id-39.html）によれば，以下のように説明している。第1のフェーズでは，連邦政府，州，またはFDKによる報告に基づき，同委員会が，州税について意見を提出することができるとされている。なお，この段階では委員会の意見を拒絶する権利も，州に残されているとされている。第2のフェーズは，司法手続きの段階であり，第1のフェーズでの温和な解決がなされなかった場合には，裁判所に問題の解決を付託することができるとされている。すなわち，協調の勧告による非強制的な手段と，立憲的統制を通じた強制的な手段の2つを手に入れたわけである。
17) SWI swissinfo.ch（以下，SWIと表記）2005年11月15日付記事（https://www.swissinfo.ch/eng/obwalden-faces-brave-new-world/4903752）。
18) SWI 2006年1月20日付記事（https://www.swissinfo.ch/eng/cantons-oppose-unhealthy-tax-competition/4968340）およびSWI swissinfo.ch2006年1月7日付記事（https://www.swissinfo.ch/eng/obwalden-s-new-tax-system-creates-interest/4942522）。
19) SWI 2006年3月9日付記事（https://www.swissinfo.ch/eng/switzerland-rejects-eu-tax-criticism/5059996）。
20) European Commission 2007年2月13日付プレスリリース（https://europa.eu/rapid/press-release_IP-07-176_en.htm?locale=en）。
21) SWI 2006年12月14日付記事（https://www.swissinfo.ch/eng/eu-renews-tax-offensive-against-switzerland/5621794）およびSWI 2007年2月13日付記事（https://www.swissinfo.ch/eng/eu-declares-tax-war-on-swiss-cantons/5723404）。
22) SWI 2007年2月13日付記事（https://www.swissinfo.ch/eng/cantons-oppose-unhealthy-tax-competition/4968340）。
23) メルツはEU側の要求はスイスの主権に対する攻撃であると非難した（SWI 2007年2月18日付記事，https://www.swissinfo.ch/eng/swiss-say-no-to-tax-breaks-and-eu-pressure/5731964）。
24) SWI 2007年3月26日付記事（https://www.swissinfo.ch/eng/eu-turns-down-heat-in-tax-dispute-with-swiss/5803576）。

25) SWI 2007年2月14日付記事（https://www.swissinfo.ch/eng/swiss-media-toe-government-line-in-tax-debate/5723648）。
26) その一方で，2007年段階で連邦大統領のミシュリン・カルミ－レイ（Micheline Calmy-Rey）（社会民主党）は，EUとの対決姿勢を示していた。
27) SWI 2007年2月13日付記事（https://www.swissinfo.ch/eng/swiss-refuse-to-budge-on-corporate-taxes/5724130）。
28) SWI 2007年2月14日付記事（https://www.swissinfo.ch/eng/luxembourg-lends-support-to-swiss-in-tax-row/5726618）。
29) ジシャディスはギリシャ国籍をもつ二重国籍保有者であり，政党としてだけでなくエスニシティとしてもマイノリティである。
30) SWI 2006年3月26日付記事（https://www.swissinfo.ch/eng/a-communist-takes-on-the-tax-cutters/5018980）。
31) これは不文律であり，言語間の分散もなされるようになっている。
32) スイスは，唯一違憲審査権がない点がコンセンサス・デモクラシーの事例に当てはまらないとレイプハルトは分析しているが，上述したように州法については違憲審査が行われる。
33) 2024年3月7日，ローザンヌのCafé du Simplonにおいて，ヒアリングを行った。
34) ジシャディス自身がこれまで同じようなことをしたことがあったわけではなく，その意味で実験的な手探りの行動だったという。
35) ジシャディスの最初の専攻は宗教学で，自身も日曜日には教会に通っているという。
36) SWI 2006年3月27日記事 "A communist takes on the tax cutters"（https://www.swissinfo.ch/eng/swiss-politics/a-communist-takes-on-the-tax-cutters/5018980）。
37) 社会運動論の中では，友情の負の側面も指摘されている。第2章で言及した「構造なき専制」の問題や，「古株」が支配するようになってしまうことや，グループ内の見解の多様性を切り詰めることにつながる懸念などである（安藤［2019］）。安藤は運動内部の意思決定の改善に最も熱心であったのは「アナルコ・フェミニズム」であったと言及している（安藤［2019］）。実際に，アナーカ・フェミニストとしてこれを実践する高島鈴もコミュニティ／ネットワークの問題や，「友情」の問題について両義的な評価を下していることは興味深い（高島［2024］）。
38) ジシャディス氏は，2024年3月の筆者によるヒアリングでは，最初の家主の名前はもう忘れてしまったと語っていた。
39) この点については，終章でも再論する。
40) 例えば，闘技的民主主義の代表的論者であるC. ムフは，熟議民主主義や自由民主主義の，合意を模索する，という目標自体を否定する。「あらゆる合意はある暫定的なヘゲモニーの一時的な帰結として，権力のあるひとつの安定化としてのみ存在するということ，そしてそれはなんらかの排除が伴うことを認めなくてはならない」（ムフ［2006］161頁）として，「社会が『よく秩序づけられている』ことを理由に異議申し立てがなくなる時代が必然的に来るという考えは，放棄しなければならない」（161頁）と主張している。しかし，「異議申し立て」を行う際の「闘技的敬意」がどのような制度によって裏付けられるのか，という点に関する説明は薄く，本事例はそうした制度的な裏付けを示唆するものである。「コンセンサス」の外側にある人，サイレント・マイノリティの異議申し立てが機能したということは，そうした文脈で重要なのである。
41) KRP.0047 Nachtrag zum Steuergesetz ("Flat Rate Tax" ab 2008) 6/29/2007 -5/29/2008所蔵未公刊資料。

〈引用・参考文献〉

安藤丈将［2019］「社会運動における日常の政治」田村哲樹編『日常生活と政治——国家中心的政治像の再検討』岩波書店

大内兵衛［1930］『財政学大綱（上巻）』岩波書店

オーツ，W. E.（米原淳七郎・岸昌三・長峯純一訳）［1997］『地方分権の財政理論』第一法規出版

小島昭［1984］「予算過程論と財政民主主義の再検討——予算政治論の視角から」『予算過程の諸問題（財政法叢書〔1〕）』日本財政法学会

坂井亮太［2022］『民主主義を数理で擁護する——認識的デモクラシー論のモデル分析の方法』勁草書房

シャピロ, I.（中道寿一訳）［2010］『民主主義理論の現在』慶應義塾大学出版会

神野直彦［2007］『財政学（改訂版）』有斐閣

関口浩［2005］「予算と財政民主主義」金澤史男編『財政学』有斐閣

髙島鈴［2024］「アナキズムの渦へようこそ」『世界』(982), 238～243頁

野口剛［2016］「有害な租税競争への対抗——EU行動要綱の到達点と課題」『季刊北海学園大学経済論集』63(4), 93～111頁

深澤映司［2011］「地方における課税自主権の拡大に伴う経済的効果」『レファレンス』61(8), 55～72頁

ムフ, C.（葛西弘隆訳）［2006］『民主主義の逆説』以文社

Gilardi, F. and F. Wasserfallen [2010] "Tax Policy Diffusion: How Much Competition?" Paper for Presentation at the Annual Meeting of the Swiss Political Science Association.

Gilardi, F., D. Kübler and F. Wasserfallen [2010] "Cantonal Tax Autonomy in Switzerland: Trends, Challenges, and Experiences," Tax Autonomy of Subnational Entities Seminar, Madrid: 25 February.

Landemore, H. [2017] "Beyond the Fact of Disagreement? The Epistemic Turn in Deliberative Democracy," *Social Epistemology*, 31(3), pp.277-295.

——オプヴァルデン州立アーカイブ所蔵未公刊資料——

E.0219 Titel Staatskasse und Finanzverwaltung: Diözesan-Fonds des Bistums Chur, Amtskautionen, Dönni-Hoffmann Stiftung, degressiver Steuersatz.

KRP.0044 Motion für eine rasche Revision der Steuergesetzgebung (Tarif) zur Reduktion der Steuerbelastung im Kanton Obwalden auf den 1. Januar 2005 6/25/2004 -6/2/2005.

KRP.0045 Nachtrag zum Steuergesetz 7/1/2005 - 6/1/2006 Verweis.

KRP.0045 Nachtrag zur Vollziehungsverordnung zum Steuergesetz 7/1/2005 - 6/1/2006.

KRP.0045 Sitzungsdatum 22. September 2005, Seiten 43 - 90, 2005.09.22 (Verweis).

KRP.0047 Nachtrag zum Steuergesetz (Einkommens- und Vermögenssteuertarif) 6/29/2007 -5/29/2008.

KRP.0047 Nachtrag zum Steuergesetz (Einkommens- und Vermögenssteuertarif), zweite Lesung 6/29/2007 -5/29/2008.

KRP.0047 Nachtrag zum Steuergesetz ("Flat Rate Tax" ab 2008) 6/29/2007 -5/29/2008.

KRA.0045.02 Akten zur Kantonsratssitzung vom 22. September 2005, 2005.09.22 (Dossier).

Staatsrechnung 2000-2018 (official reports on cantonal financial statements) from each year, 2000-2018).

T.04.01 Kantonale Volksabstimmung : Erläuterungen und Abstimmungsvorlage°, 1907- (Dossier).

──ウェブサイト──
SWI swissinfo.ch 各記事（https://www.swissinfo.ch/）2020 年 2 月 1 日最終アクセス
V-Dem Project（https://www.v-dem.net/en/analysis/thematic/）2020 年 2 月 1 日最終アクセス

第6章

多様な地域はいかに合意可能か
スイスの政府間財政調整制度改革（NFA）をめぐる意思決定過程

はじめに

　前章では，直接民主主義は必ずしも租税競争やモラル・ハザードをもたらすわけではなく，闘技民主主義の要素をも備えた異議申し立てによって，むしろ租税競争を抑制しうる可能性を示してきた。このような従来顧みられてこなかったユニークな方法について検討することは，財政民主主義を発揮する新たなチャンネルを構想することにつながるだろう。

　しかしながら，そのようなやり方は，やはりあくまで「特殊解」にすぎない。地域間の利害対立を調和するための「王道」は，中央政府や州政府間の資金のやりとり，すなわち政府間財政調整であるといえよう。日本でいえば，地方交付税制度が主にそれにあたる。

　日本の地方交付税の算定においては，その制度や算定式をめぐる複雑さから，財政学者や実務に携わる官僚すらも全体像を把握するのが容易でないとされてきた。しかしながら，だからといって財政調整が単にテクノクラートの手によって客観的，価値中立的に定められるものだと理解するべきではない。いかに財政調整の計算式が高度に精緻化されようとも，最終的にどの数字を計算に入れるのかを選ぶのは，結局のところ人間なのである。第1章で検討した問題とも重なるが，いかに数値が客観的な装いをまとって提示されようとも，そこから「価値判断」を完全に排することはできない。だからこそ，せめてその

「価値判断」が民主主義的になされているのかどうかが,財政調整における財政民主主義のために重要なのである(池上［2006］)。

むろん,どんなに民主主義が徹底されようとも,利害対立が生じることは当然ある。むしろ熟議を行う中で,利害の対立や分断がはっきりしてしまうことすらあるだろう。だからこそ,利害が地域間によって違う時に,どうやって政府間でお金をやりくりするか(政府間財政調整)は重要であり,財政調整について考察することは,多様な社会の中での互いの「権利の主張」をどう調整するかについて考えることにほかならない。

スイスにおいて,財政調整制度は1990年代から2000年代にかけて大きな変革の時期を迎えていた。実際,スイスの同改革は,同時期の他国での財政調整改革と比較しても,類をみない大規模な制度変更であるとされている(持田編［2006］)。本章の課題は,この時期の改革の意思決定の政治的特質について分析し,どのような制度構想の変質が存在したかを明らかにすることである。手法としては,連邦政府アーカイブ所蔵の非公刊一次史料の分析や,政策関係者へのヒアリング調査を行っている。この分析を通じ,スイスのように極めて多元的な社会の中で,利害対立の調和がいかに可能なのかを考察する。

1 制度の概略と時代的文脈

スイスにおける直接民主主義や自治の伝統は,第3章ですでに述べてきた。例えば,国民投票(イニシアチブ,レファレンダム)の仕組みや,広範な課税権を含む州政府の権限の強さ,人口の少ない州の拒否権の強い全州議会(上院)などが存在した。こうした少数者の強い拒否権の中で合意形成を図るためにも,連邦政府は「事前聴取制」と呼ばれる制度の中で,利害関係者の意見をあらかじめ聴取していたのだった。また,州間でもさまざまな委員会や政府間組織が組成され,意見のすり合わせをはかっている。それらは概して政治的合意・協調主義を重んじる政治的な土壌を形成しているといえよう[1]。

この特質は改革以前の財政調整に関しても同様であった。改革以前の制度の「連邦補助金」は(狭義の)財政調整の全体のおよそ4分の3を占める,特定補助金である。この「連邦補助金」の,連邦から州への最終的な移転総額の決定

が，州からの申請に基づく「事前聴取制」での連邦と州の交渉に委ねられていた（世利［2001］）。なお，残りの4分の1は，連邦直接税（個人所得，法人所得，法人資産）の一定割合を州へ配分する「カントン（州）分与税」である。これら2つの従来の財政調整は，強い垂直的財政調整によって特徴づけられていた点も特徴である[2]。

だが，1990年前後から経済・政治の両面で状況は緩やかに変化する。他の章でも述べたとおり，経済的側面において，土地・住宅バブルの崩壊，失業手当の増加により，政府債務残高が拡大したためである。この対処として，多くの先進諸国同様，民営化や競争原理の導入など新自由主義路線が事実上の連邦政府の基調路線になったといわれてきたのだった（黒澤［2001］）。さらに，政治的には，国民や州の強すぎる政治的権利を縮小すべきではないかということも論じられるようになっていた（仲［2001］）。すなわち，従来の協調を重んじる政治的文化にも翳りが生じてきていたのである。これは，80年代後半以降，欧州との連携に関して，議会では合意が成立しても，国民投票で否決されて議案が通過しないという事態が繰り返されたためであった。

財政調整についても同様で，従来の「事前聴取制」の個々の交渉に依存する複雑な財政調整は20世紀末には国内で不透明，非効率との批判が強まっていた[3]。これにより，簡素化と効率化を目標に「連邦と州間の財政調整と役割分担に関する新たな構築（Neugestaltung des Finanzausgleichs und der Aufgabenteilung zwischen Bund und Kantonen）」，通称NFAと呼ばれる政府間財政調整改革が始まる。NFAは1990年代に議論が本格化し，2004年に可決，08年以降実施され，補助金の決定方法や政府間の業務の分担などについて大きなルール変更をもたらした[4]。

このNFAによって改編された狭義の財政調整制度は，3つに細分化され，資金のフローをまとめると図6-1のようになる[5]。

第1に，最も規模の大きい制度が財源調整である。これは平均以上の財源指数[6]の州（「財源力の強い州」）と連邦政府から，平均以下の財源指数の州（「財源力の弱い州」）への財政移転である。これにより水平的財政調整機能が大幅に強化された。次に規模の大きい，第2の制度が負担調整である。教育などの基礎的需要は基本的に州が担当し負担するのが原則だが，地勢的，人口構造的に特

図 6-1 NFA をめぐる資金の流れ

(単位:100万スイスフラン)

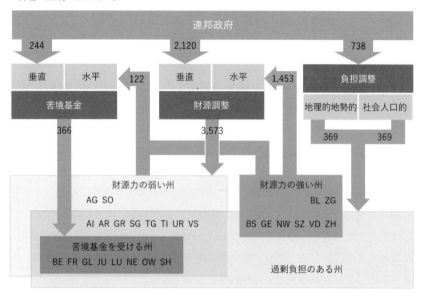

注:金額は2012年のもの。
出所:Federal Finance Administration [2012] をもとに,筆者作成。

殊な事情(例えば州内に高地の占める割合が高く,インフラ運用のコストが高い等)で,その負担が増すと考えられる分(excessive cost)のみ連邦が補助するというものである。したがって,基礎的需要の特別負担分,過剰負担分への補助として定義される。なお,この負担調整は,地理的・地勢的負担調整[7]と社会人口的負担調整[8]にさらに細分されている。そして第3の制度が苦境基金[9]であり,制度変更のスイッチング・コストに対する調整である。

では，このNFAはどのように評価されてきたのか。従来の評価として，まず分権をめぐる肯定的評価があげられる (Frey and Wettstein [2008])。こうした議論では，NFAの政府の説明において，業務区分の改編に「補完性原理」が適用されるという記述を重要視し評価している。しかしながら，そもそも補完性原理という概念は両義的である。この補完性原理は「上位の政府は，下位政府による任務遂行が不可能な場合に補完する」という考えで，EUによる欧州統合の中で再注目された概念である。これは「中央政府による下位の政府への補助・介入の強化」として機能する（積極的補完性原理という）一方で，「中央政府による下位の政府への補助・介入の削減」としても機能しうる（消極的補完性原理という）ためである（宮崎［2007］）。つまり，補完性原理が地方分権化をもたらすかは社会的・政治的文脈によるのである（福田［1997］）。このことは同時期の日本での三位一体改革を例に考えるとわかりやすいだろう。三位一体改革は，税源の移譲という積極的補完性原理としての側面ももつが，国庫支出金と交付税の削減という消極的補完性原理としての側面ももっていた。三位一体改革では「地方分権」の標語が掲げられながらも，結果的には補助削減の側面が目立ち，地方自治体の実質負担が増加したことは，この補完性原理の両義性によるところも大きい。

　第2に，NFAに関する従来の評価として，制度の簡素化・効率化に関しての肯定的な評価が存在する (Braun [2009]; Blöchliger and Vammalle [2012])。同様に，NFAは税と支出の意図的な操作を招いた不明確な責任性，不透明性，レントシーキングを除去するという指摘もある (Braun [2009])。しかし，もし補完性原理の消極的側面が強調され，効率性と結合する概念として用いられるならば，上位の政府による下位の政府への不十分な補償，公的サービスの供給水準低下を伴う可能性もある（宮崎［2007］）。また，第5章でも言及したが，そもそも改革以前に地方政府間で「底辺への競争」やモラル・ハザードが起きていたという認識への実証的批判もある (Gilardi, Kübler and Wasserfallen [2010]; Gilardi and Wasserfallen [2010])。よって，先行研究が前提とする，改革以前の税と支出の意図的な操作を招く不透明性や，レントシーキングが起きていたとの状況認識には疑問の余地がある。

　結局のところ，上記の簡素性や効率性，分権を肯定的に評価する先行研究は，

NFA案の目標や方針自体を分析する，いわば制度に内在的な分析からの評価であった。しかしNFAの具体化は10年以上の年月をかけさまざまなアクターが関与する中で形成されたものである。そのため，制度の評価は政治過程の分析なくしては成しえないだろう[10]。

本章の問いは以下のとおりである。1990年代のスイス財政の全体的な新自由主義的・財政緊縮志向の改革への流れからは，政府間財政調整の改革は財源力の低い州への不十分な財政調整へ帰結する可能性がある。にもかかわらず，実際にはNFAは，国民投票で「財源力の強い州」よりも「財源力の弱い州」から高い支持率を集めて可決した。さらに，「財源力の弱い州」への移転額の総計もNFA実施前年の2007年の約26億5223万フランから，NFA初年度の2008年に37億3481万フランへ増大している。よって以降では，最終的にNFAが貧しい州に有利な制度配置になったとすれば，この帰結はどのような政治的意思決定過程によるものなのかを明らかにする。

このような政治過程の分析から，本章では，先行研究が示唆するようなNFAの当初からの目標であった効率化・簡素化・補完性原理の適用が難なくそのまま結実した，というような単線的解釈を批判的に検討し，むしろさまざまなアクターの政治的な闘争と妥協を重ねる中でNFAの制度は決定，ないし修正をしたことを明らかにする。

2 「上からの改革」の機運
―― FDKが主導する1996年までの政治過程

実際には，1996年までのNFAの討議過程は，当初期から必ずしも分権化の推進が前提となっていたわけではなく，むしろ「上からの改革」的性格を伴っていた。96年までのNFAをめぐる政治的意思決定過程では，Die Finanzdirektorenkonferenz（州財務大臣委員会，以下FDK）と連邦政府財務省が主導的な役割を果たした。FDKとは，各州の財務大臣によって構成される組織であり，右派の政治家がその多くを構成するといわれる[11]。NFA始動の直接的なきっかけは，91年の連邦政府財務省のレポートをもとに，92年にFDKがレポート（Orientierungsrahmen）を出したことに遡る。このレポートには，

①財政の流れの簡素化,②効率化という目標設定や,③財政力の強い州が過度に負担を負うことなく,さらなる財政調整を進めることなどが盛り込まれた (Freiburghaus [2012])。その後,94年に結成された執行委員会の調査の成果を受け,96年2月1日に連邦財務省とFDKが協同でガイドライン (Grundzüge) を公表した。この報告の時点で初めて議論の具体化,数値化,個別政策化が進んだといわれている。

この1996年までの期間の討議には,利益団体や,憲法の専門家などは議論から切り離されていた (Freiburghaus [2012])。すなわち,財務省とFDKのある種の密室的な意思決定の中で,効率化・簡素化がNFAの目標として既定路線化した。また,連邦政府財務省は連邦政府の負担を抑えるために,州間での水平的移転の強化に意欲を示していた。そして,ガイドラインでは,連邦と州の協同事業における既存の補助金を部分的に廃止することによる垂直的移転の削減や,州の自主財源調達能力の向上が提案された。

この1996年までの過程で,FDKは,連邦に対する各州の利益を代表する役割が期待されていた。しかし,実際にFDKが26州全体の代表性を十分に発揮していたか,という点には疑問が残る。第1に,94年に組成された執行委員会 (executive committee)[12] のFDKからの代表者は4人のみであり,4人のみで26州すべての利害を反映していたとはいいがたい。第2に,各州の財務大臣は一般補助金を志向したのに対し,むしろ各州内の他の領域の担当大臣は,特定補助金を志向していた。つまり,1つの州内にすら,管轄する部門によって立場の相異があったのである[13]。

簡素化・効率化の名のもとに,既存の補助削減や,州の自主財源調達能力の向上が目的化されたという動きからは,財政力の弱い州への不十分な補助,という方向への展開することも考えられうる。だが,もし,結果的にそのような補助の削減による財源力の弱い州の極度の弱体化という帰着を生んでいないのであれば,その後に議論の変質があったということである。では,1996年ガイドライン公表までの流れに対し,それ以降いかなる抵抗が生じたのであろうか。

3 自己利益を追求する各州とKdKの登場
——「ガイドライン」公表後の意思決定の変質

3.1 事前聴取制の中でのさまざまなアクターの意見の表明

ガイドライン公表以降の大きな変化は，2つある。第1に，「事前聴取制」が2つの期間において行われ，さまざまなアクターが意見を表明する機会を得た。第2に，政治的な意思決定の枠組みが変化した。州の利益を代表する組織がFDKから，KdK (Konferenz der Kantonsregierunge, 州政府会議) へと移ったのである。これに伴い，各プロジェクト・グループを監督する各種組織を構成するメンバーは1996年以前のものから増員がはかられた。FDKとKdKの性質の違いは後に詳述するが，FDKでは各州の代表者が財務部門の担当者に限られ，必ずしもその州の全体の意見を代表しなかったのと異なり，KdKではその他部門の代表者も含み，より各州内部における各部局の広範な合意が必要とされていた。

事前聴取制の結果をふまえて公刊された報告書を分析すると，政治的議論の具体的な状況について，2つの特徴が浮かび上がる。第1に，多方面からの各アクターが自己利益を追求する中で，そもそもの簡素化というNFAの目標から乖離していったことである。第2に，FDKによる目標設定の段階ではまだ消極的補完性原理のみの焦点化によって財政移転が不十分なものとなる可能性が残っていたにもかかわらず，結果的にはそのような経緯を辿らなかったということである。

この2つの点に関係して，個別政策分野での州間協議会・基礎自治体の利益団体も，「事前聴取制」の中で多く主張を表明している。多くの社会保障団体は，公的サービス供給の最低水準の低下への懸念を表明していた[14]。さらに基礎自治体，および基礎自治体により組織される団体も，事前聴取制の中で意見を表明した。このように，さまざまな政治的チャンネルがあること自体，消極的補完性原理への偏重の回避に寄与するものと考えられよう[15]。

しかし，より重要なのは州政府からの意見の表明である。まず3つの制度のうちの1つの，財源調整に関して，例えばツーク州は，実際の税負担も財源ポ

テンシャルの指数に入れるべきだという意見を出した。最も財源力の強いツークは，第5章でもオプヴァルデン州との税負担の比較対象としてパンフレットの中であがっていた州である。ツーク州は，企業への低い課税負担で，租税回避を意図する多くの企業を国内外から誘致している。もし税の水準を上げていけば，すぐさま企業はツークから退去すると予測され，容易に税負担を上げにくい状況があると主張した。そして，所得のみに基づく財源ポテンシャルの計算は修正されるべきであると述べている。つまり，ツーク州の言い分としては，自分たちは所得から想定される財源ポテンシャルよりも低い税率を課せるよう努力しているのだから，所得が高いという点において財政調整で冷遇されるべきではないということである。しかし，そもそも本来NFAの目標として，州の裁量の排除も意図されていたのであり，ツークが主張するような，税負担という操作可能なものを財源指数へ勘定するというのは，当初の目標とは離れたものである。結果的に，これが財源指数の計算に算入されることはなかった。だが，こうした当初の目的から乖離した意見も噴出するような議論の方向性を辿っていった，ということが観察できる。

　負担調整に関しては，各州の自己利益の追求という傾向がなおさら顕著である。事前聴取制レポートの連邦政府による議論の総括によると，負担調整の2つの基準である社会人口的負担と地理的・地勢的負担をどのように計算，把握すべきで，どのように誰が総額を決めるかが問題になった。おおむね都市部の州は社会人口的負担の指標の修正を通じた自己利益を追求し，地方部の州は地理的・地勢的負担の修正を通じ自己利益を追求し，利害は真っ向から対立することとなる。例えば，森林面積の多い州であれば，それを地理的・地勢的負担の中で重視することを要求し，都市部の外国人の多い州は，外国人人口の割合を社会・人口的負担の中でもっと重視するように要求するなど，議論は混迷していた[16]。これらの州の主張は，1つの類型の負担に対して他の類型の負担よりも相対的に優先させるべき，といったような類の俯瞰的な主張ではなく，個々の類型の負担の重さの比較がされたわけでもなかった。そもそも，外国人人口の多さと森林面積の多さのような，それぞれの州の特殊な事情が，それぞれどれだけ負担として考慮されるべきか，というのは，「客観的」計算が困難ではある。

それにより結果として,基礎的財政需要は基本的に州が担当するものとされながらも,結果的には26州中22州という大多数の州が何らかの「特殊な状況に基づく過剰負担分」がある,と認められるに至り,負担調整の対象となる。さらに,地理的・地勢的負担調整と社会人口的負担調整の額は,それぞれの総額を50：50とする形に最終的に決定した。この比率は,当初の目標であったそれぞれのコストの指標間の客観的比較というよりも,地方部の州と都心部の州の政治的合意が優先された結果とみられる。逆にいえばこのことは,客観的な指標を用いて,政治的な意図を排除し「簡素化」する,という当初の目的からは部分的に乖離した,ともいえる。では,このように利害対立と自己利益の追求が前景化する中で,どのように政治的決着が下されていったのだろうか。次項では,調整を行った組織の構造について説明する。

3.2　ガイドライン公表以降の意思決定をめぐる組織体制

1997年以降の組織構成について,連邦政府財務省は図6-2のように整理している。まず,最も具体的な各論を担うのが8つのプロジェクト・グループである。プロジェクト・グループ1～3は狭義の財政調整を担当し,プロジェクト・グループ4～8は社会福祉など個別政策を担当した。加えて,97年以降は執行委員会に代わり「指導組織」と,さらにその上部の「政治的調整組織」という二重の委員会がこれらのプロジェクト・グループを上部組織として監視することとなった。

これら委員会には分権・憲法などの専門家や財政領域以外の大臣も召集され,より多くのアクターによって組織されるようになった。この二重の委員会と各プロジェクト・グループは,州側と連邦政府側から同数の代表者で組織されている[17]。しかし,やはり26州すべてから参加者が出ているわけではない。では,上図の組織構成の中で,一体どのようにプロジェクト・グループとKdKなどの組織が議論・意思決定していて,どうやって26州全体の利益を保証するのだろうか。この点は国会の質疑応答においても問題となっていた[18]。この答弁で連邦政府は,26州全体の利益について「最終的に州の利害はKdKが代表する」と回答している。では,このKdKは,果たして本当に26州の利害調整を十分に行いうる組織だったのだろうか。それを考えるうえで,そもそも

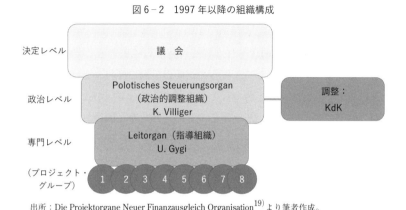

図6-2 1997年以降の組織構成

出所：Die Projektorgane Neuer Finanzausgleich Organisation[19] より筆者作成。

KdKがどのように経緯で成立し，影響力を拡大したかについて，次項で示す。

3.3　KdKの正統性と事前聴取制における政治的立場

そもそも，このKdKの1993年の創設は「欧州経済共同体（EEA）へのスイスの加入の準備の枠の中で生じた」とされる[20]。むろんKdK創設以前も州間の協調組織は存在していた。例えば，先述したFDKなどのような，各分野での州大臣委員会などもすでに存在した。とりわけ，EEA加入との関係では，司法警察省所轄の「連絡審議会（Kontaktgremium Bund-Kantone）」と呼ばれる組織が，70年代末に設立され，89年よりEEAについて議論を重ねていた。しかし，92年にEEAへの加盟案は，議会通過後に国民投票で否決される。つまり，既存の「連絡審議会」の主導のもとでは実現には至らなかったのである。結果，州政府は，既存の連絡審議会やFDKを含む州間の大臣委員会は，連邦に対する州の利益を十分に代表できないのではないか，と認識しはじめる[21]。それゆえに，州の権限を守る，別の枠組みとしてKdKが必要とされたのである。実際に，93年のKdK創立後は，KdKが94年のEU－スイス間の二国間条約締結に主導的な役割を果たすこととなる。さらにその後，KdKは外交から，都市問題（95年），金融領域にも徐々に活躍の幅を広げていった。加えて97年には州間の大臣委員会の座長が，KdKに召集される形で定期的に会議を行うようになった[22]。最終的に，同年，KdK創設以前に州間の協調組織であった司

法警察省所管の「連絡審議会」は凍結された。これらの事実は，97年前後がKdKの正統性の強化において転換点であったことを示しているだろう。

つまるところ，KdKが創設され，諸州の利益の代表者としての正統性を獲得したのはなぜか。背景として，既存の州間の協調の枠組みでは，欧州統合への流れに対応した意思決定を行うことが不可能となっていたことがある。そのことが，欧州統合に関する意思決定の中で，連邦政府と国民および州のずれという形で明らかになった。KdKはそうした正統性の危機から，ある種，反動的に成立した組織だといえよう。

こうした図6-2の新しい執行体制で，1999年には，96年のガイドライン（Grundzuge, guidelines）を肉付けする形で，最終報告書（Final Report）[23]がまとめられた。本報告書では，具体的な連邦と州間の業務配分の見直しや改革による収益に関する評価などのさらなる具体化がはかられた。最終報告書をベースに，150を超える団体との2回目の「事前聴取制」は2000年に事前聴取制レポート[24]として連邦政府財務省とKdKによってまとめられた。その後，01年にはKdKから承認を受け，03年には連邦両議会で可決，04年には国民投票で可決することによって，NFAの実施は08年以降に行われることとなった。

さらに先述のとおり，同時期の特徴として，FDKからKdKへと別の州間協議会に州の利益を代表する中心的なアクターが変化していた（Freiburghaus [2012]）。FDKとKdKはどちらも州の利益を代表する組織であるが，前述のとおり，FDKが必ずしも各州全体の利益を集約しているとはいえなかった可能性があることも鑑みると，FDKとKdKの立場や認識がどのように異なったかは，制度改革の最終的な成果を大きく左右するものである。

実際には，事前聴取制レポートにおけるKdKの意見の記述をみると，極めて財源力の弱い州であるジュラ州と驚くべき程に足並みをそろえている。とりわけ州間の利害対立の激しかった負担調整の3項目（負担調整の基本方針，社会・人口的負担，地理的・地勢的負担）に関して，ジュラ州の意見の記述と，KdKの意見は驚くべきことに一字一句違わず一致し，社会・人口的負担の章では，KdKは明らかに財源力の弱い地方部の州に近い立場での発言をしている[25]。

さらに，KdKとジュラ州の一致する意見の1つとして，財源調整・負担調整の総額を，連邦議会で決定することを提案している。この決定方法は，人口

の少ない地方部の貧しい州にとっては合理的な選択である。というのも，上院の全州議会は，人口の多寡にかかわらず，基本的に州ごとの議席が同数なためである（ただし，準州を除く）。負担調整に関して都市と地方で州間に明確な利害対立が存在する中，全州の調停役である KdK が，このような地方型の財源力の弱い州の利益を擁護する立場をとっていたことの意味は大きいだろう。だが，KdK の内部において，どのように意思決定され，なぜ結果としてこのような立場をとったのだろうか。

4　KdK という協議の場はどう機能したか

4.1　州間の同権性——KdK の意思決定システムと，管理委員会

KdK の意思決定の特徴はまず，最終的な議決において単純な過半数による賛成では不十分とする点である。KdK の最高意思決定機関は本会議 (Plenarversammlung) であるが，議決には各州が 1 票ずつ議決権をもったうえで 26 州中の 18 票が必要である。ちなみに，この「18」とは 2008 年における「財源力の弱い州」，つまり財源調整の枠組みの中では受領側となる州の数と同数でもある[26]。さらに，各州からの代表者に関して「KdK の決定は〔州〕政府全体の先駆的な合意に基づくものである」[27]とされている。第 2 節で述べたように，1996 年までの FDK のもとでは，それぞれ州内の大臣間でも立場の相違がある中で財務大臣の意見集約を図っていたことや，26 州のうち 4 州が中心的な意思決定を担っていたこととは，KdK の意思決定は対照的な仕組みといえよう。

さらに，KdK の中には管理委員会 (Leitender Ausschuss) と呼ばれる組織が存在し，多くの重要な事項に関して，先にこの委員会で議論にかけられ調整を経て，本会議に回される。この委員会には 26 の州の代表者が参加するわけではない。しかし，管理委員会の中で一部の州の偏った利益が優先されないように，議席の構成が規定されている。1993 年 10 月の KdK 合意の規定によれば，管理委員会の構成はフランス語圏 (2 議席)，イタリア語圏，ロマンシュ語圏という少数言語圏の州，また東部，北西部，中央部，ベルン，チューリヒの 9 地域から代表されなくてはならないとされる。つまり，ここには言語および地方の

拡散と政治的公平さを担保する意図がある。

さらに，KdK の議長の選出においても，州間の同権性が強く意識されていた。1993〜95 年の成立当初こそチューリヒの代表者が議長であるものの，95〜97 は準州であり人口も少ないアペンツェル・アウサーローデンの代表者ハンスヴァルター・シュミット（Hanswalter Schmid）が議長を務めている。小さな州の責任者が，創立後すぐに KdK のトップとなったことは，州間のメンバーの平等性を明確に宣言したことにほかならないと彼は述べている[28]。また，続く 97〜99 年は初めてフランス語話者マリオ・アンノーニ（Mario Annoni）が議長を務め，彼は KdK の中での少数言語のフランス語圏の意見の取り込みを重要視している[29]。そして，彼は，ベルン州における「ジュラ問題」に携わってきた人物でもある。そもそもジュラ州（フランス語圏）は，70 年代にベルン州（ドイツ語圏）から独立する形で，時に過激とすらいえる激しい社会運動を経て，州として成立しており，近年でもベルン州内の一部基礎自治体は，ジュラ州への移行を意図する動きが存在している（「ジュラ問題」）。そして，99 年以降は，次の 4.2 におけるキーパーソンとなる，ザンクトガレン州のペーター・シェーネンベルガー（Peter Schönenberger）が議長を務めることになる。

4.2 積極的補完性原理の重視
　　　　──KdK による KAB を介したワーキング・グループの統率

さらに，従来先行研究で焦点が当てられていない KdK の内部組織として KAB（Kantonalen Arbeits-gruppe Bundesverfassung，連邦憲法についての州ワーキング・グループ）なる憲法に関する諮問委員会が存在し，憲法領域で州の利益が反映されているかを監査する機能を担っていた。そもそもスイス連邦憲法は，第 135 条で狭義の財政調整制度の財源調整・負担調整に関し，拠出割合の範囲までが仔細に規定されている。そのため，憲法に関する議論の段階で連邦に対する州の利益が反映されたかという問題も重要である。

KAB の座長は管理委員会により任命され，KAB は連邦主義・補完性原理などのキータームについて議論を深化する役割が期待されていた[30]。先行研究では憲法の専門家が州の利害を主張する手段として機能したかという点は不明だった（Freiburghaus [2012]）。だが，管理委員会議事録によると，プロジェク

ト・グループ1内部の憲法に関する専門家のライナー・J. シュヴァイツァー (Rainer J. Schweizer) は，KAB の指示で派遣されており，「この点において，KdK による作業の調整のための，物事の『コントロール』が上手くもたらされている」[31]とある。つまり KdK および KAB は PG 内部へ人員を送りこむという手段によって，プロジェクト・グループへの「コントロール」を強めているといえよう。

1997 年の KAB の最終会議[32]は，シェーネンベルガーと，KAB の座長のトーマス・プフィステラー (Thomas Pfisterer) の2人が主導した。彼らは「異なる状況の異なる州の平等な取り扱い」と，それに関する連邦の補助を議題にしている。プフィステラーは，州の事情によっては「連邦が，ある州に他の州よりも強く補助できうるべき」と，この点に関する連邦による補助を肯定している。こうした州の特殊な事情を加味した補助は，負担調整におけるさまざまな州の状況の考慮にも通じるだろう。

このシェーネンベルガーは，先述のとおり 1999 年以降 KdK 議長も務めたわけだが，97 年時点でプロジェクト・グループ2の座長であった。彼に率いられ，プロジェクト・グループ2の中では「新しい活性化のための補助の導入をもって——それがいわゆる『スタートの補助』のみとしてデザインされると——州間の協同は効果的には促進されない，というのがプロジェクト・グループ2の意見」となった。そして，彼らにとって連邦の補助を一時的なものへ限定することは「NFA の基本的な問題関心に極めて矛盾するもの」であるとしている。その理由として「積極的な補完性原理にも基づき，連邦は州間の協同を可能たらしめるべきである」からとしている[33]。このプロジェクト・グループ2の積極的補完性原理の理念のもとでの連邦の補助の肯定は，シェーネンベルガーの認識でもあった。そしてこの補完性原理への認識が，連邦憲法の議論における補完性原理の理解の土台となるとしている[34]。つまり，シェーネンベルガーの関与により積極的補完性原理への認識がプロジェクト・グループ2内で共有することができたといえるだろう。

以上のように KdK は本会議において諸州の利益の代表者として最終的な判断を下すのみならず，それ以前の段階でも KAB やシェーネンベルガーを介して，影響力を行使していた。

4.3　政治的な妥協点はどうもたらされたか
　　　　——NFA 全体のデザインに対する KdK の最終決定とその後の修正

　以上の KdK 主導の議論の過程を経て，最終的に NFA の全体のデザインに対する賛否が，2001 年の KdK の本会議（Plenarversammlung）の投票において問われた[35]。同会の進行はシェーネンベルガーが行い，各州の代表者が意見を表明している。投票結果として，NFA 全体のデザインにおいては，財源力の強い上位 2 州（ツーク，ジュネーブ）の反対を押し切る形で可決する[36]。最も財源力の強いツーク州の代表は自らの負担が過大になることへの反対を示した。しかし，これに対してシェーネンベルガーは，ツーク州の増税は避けられず，むしろどれほど増税可能かが問題となるという見解を同会議で示した[37]。

　この制度全体のデザインへの合意の後に，NFA の第 3 の柱である苦境基金が具体化された。苦境基金は，スイッチング・コストにより「財源力の弱い州（の財政が）悪化することを防ぐ」ものと定義されているが，財源力の低い州が順番に選ばれているというわけではなく[38]，また総額についても客観的な指標を用いて計算されているわけでもない。実際には，これはむしろ政治的妥協点の模索の中で決定されたのである（Finanzdirektorenkonferenz [2010]）。たしかに，苦境基金は NFA の全体の規模からみれば 1 割程度と小さい。しかし，苦境基金を受領している各州の，NFA における受領額に苦境基金が占める割合でみると小さくはない[39]。つまり，ある種の「票集め」としては有効であったと考えられよう[40]。

　とはいえむろん，NFA のすべてが財源力の弱い州にとって優位な形で進んだわけではない。例えば，1 つには苦境基金を時限措置としたことがあげられる。前述の苦境基金はあくまで時限措置として，毎年 5％の額の削減を行うことになった。第 2 に，財源調整の「連邦拠出額：財源力の強い州の拠出額」の比率についてである。財源調整における拠出の「連邦負担分：財源の強い州の負担分」の比率は「100 : 66.6」〜「100 : 80」の範囲になるように定められている。しかし 2003 年段階では財源力の弱い諸州は，「財源力の強い州」拠出分の上限を，より高い数字に設定しようと試みていたのである[41]。とはいえ，最終的な上限 80％というこの数字自体，財源力の最も弱いウーリ州の全州議会（上院）国会議員の「妥協提案」と呼ばれる案によるものである。また，苦境

基金の時限措置としての導入も，同氏の「妥協提案」によるものである。すなわち，水平的移転の限界さえも，財源力の弱い州の提案した水準で導入されているということである。

おわりに——協議の場という「中間的財政権力」における財政民主主義

本章の要旨をまとめると以下のようになる。1980年代末の財政状況の悪化により90年代初頭には全体的に新自由主義的改革が推進され，政府間財政調整の簡素化をめざし，NFAが構想されるようになった。96年段階まではFDKや財務省の密室的な意思決定により，簡素化重視，連邦政府の緊縮財政路線としての側面を潜在的に残していた。

しかし，その後，NFAの討議過程は大きく2点で変質する。第1に，事前聴取制の開始により分野ごとの州間協議会，下位の基礎自治体の連合などさまざまなアクターがそれぞれの政治的チャンネルを通じて主張を発信した。また州の自己利益の追求も前景化し，政治的に合意可能な制度設計が妥協点として模索された。結果として2001年のKdKの本会議で，NFAの全体のデザインに合意がなされたあとも，苦境基金が導入されたことや，議会が財源調整・負担調整の総額を決定することとなったことなど，部分的に交渉と修正の余地が残るものとなった。財源調整，負担調整，および苦境基金をめぐる負担の把握は，各アクターが自己利益を主張する中で，個々の負担の相対的な大きさについては不明瞭となり，当初意図されたような，客観的で簡素で，交渉の裁量の排除された指標とは必ずしもいえない。これにより，従来のNFAの簡素性を積極的に評価する研究（Braun［2009］；Blöchlinger and Vammale［2012］）や，NFAが当初から分権的な改革として企図されたという単線的な理解（Frey and Wettstein［2008］）や，事前聴取制で全体の構想に反対するアクターはいなかった点を強調する視点（Freiburghaus［2012］）は疑問に付される。むしろ部分的反対を示す多くのアクターとの政治的交渉，衝突，妥協の中で，NFAは変質しながら現在の形として結実したといえよう。

NFAの政治的決定過程にはKdK，州間協議会，基礎自治体の連合，あるいは財源調整・負担調整の総額を決定する議会など，多面的な交渉の余地があった。一面では簡素性からの乖離ともいえるが，ただ，その交渉の余地や，政治

的なコントロールの温存こそが，消極的補完性原理偏重による経済力の弱い政府への補助の極端な弱体化が，なぜなかったかという点にも影響していると考えられる。

　だが，このように意思決定に多様なアクターが参入したとはいえ，最終的な決定を下す枠組みは必要である。そこで1997年以降に，最終的な州間の利害調整を行ったのがKdKである。このKdK内の意思決定は慎重な合意枠組みと，州政府間の同権性という制度的特徴を有していた。結果として，FDKのとる立場とは極めて異なり，KdKは事前聴取制レポートの中で財源力の弱い州に近い立場をとった。さらにKdKはKABやプロジェクト・グループへの人員の投入を介してプロジェクト・グループを「コントロール」し，その過程ではシェーネンベルガーらの積極的補完性原理の重視と，それに基づくさまざまな州の事情の考慮と連邦の補助の重視がみられた。結果として，NFA全体のデザインは本会議において財源力の強い州の反対を抑えながら成立した。

　では，本事例を他国と比較するとどのような示唆が得られるだろうか。そもそも，財政調整において財政力を測る根本的な困難さは，地方政府の環境が多様であることにある（金井［1999］）。スイスが州によって言語や宗教，地域性が多様であることはいうまでもないが，欧州諸国やアメリカでも，社会的分断は経済的領域から，言語・宗教などのより非経済的な領域へと変化しており，一様なニーズの同定が困難であるほど，どのように国家全体の調和を図るかは，まさに現代的課題だといえる（Afonso and Papadopoulos［2015］）。政府の環境が多様であるからこそ，財政調整のニーズの測定においては政治的な妥協が影響する（金井［1999］）。そのため，財政調整の具体的な計算方法に価値判断が混入することは所与として，むしろその「価値判断」が「民主的なのかどうか」が重要なのだとされる（池上［2006］）。第1章でも，政治的な評価を，「客観的」「量的」で「競争的」な評価に置き換えることは一見好ましくみえるが，そこにも問題があることはすでに述べた。ここでも，むしろ政治的評価，政治的価値判断を前提としたうえでの，その政治的価値判断に対する民主主義的なコントロールが重要となるわけである。第3章第2節では，普遍的ニーズを科学的に，あるいはアプリオリに定義することの困難性を述べた。もしニーズが科学的に定義不可能であり，ニーズの同定に価値観が入るのを免れないとすれ

ば，その価値判断を民主主義的に行うのがむしろ重要なのである。

一方，実勢に目を向けると，1990年代以降には多くの国で，財政の垂直的移転の削減と，より下位の地方政府への任務の移譲，結果としての地方自治体の実質負担増，という現象がしばしば観察される。また欧州では一部の経済的に発展した地域のみが政治的な発言権が強くなる構図が存在するため，水平的財政調整は政治的な影響を受けやすく不安定だともいわれている（井手・高端[2005]）。この政治的構造は日本でも「東京問題」として指摘され，しばしば民主主義の優等生とされるスウェーデンですら「ストックホルム問題」として存在するとされる（井手・高端[2005]）。

しかし，スイスの政治的意思決定は，そうした傾向とは正反対の流れがみられる。むしろ人口と財源力に乏しい地方も，政治的な同権性を担保されることで，議論・交渉の段階で政治的な発言権をもち，また議決段階でも強い拒否権を発揮しうる[42]。こうした政治的構造を背景に，本章のスイスの例は多様で同権的な州間の合議を用いた，国家的紐帯としての水平的財政調整という選択肢を提示しているといえよう。すなわち水平的財政調整が本質的に不安定な制度なのではなく，政治的制度配置によっては，むしろ水平的財政調整の安定性は強まるといえよう。

財政調整の「価値判断」が「民主的かどうか」に関し，先行研究では，簡素さ，公開性，説明責任，地方政府などの協議などがあがってきたが，これだけでは十分条件ではない（池上[2006]）。NFAでの「簡素性」はむしろ効率化の文脈で捉えられ，政治的合意（政治的妥協）とは相反するものだった。事前聴取制での利害の衝突のように，むしろ公開性が強まったとて熟議の中で意見の相違が表面化し，相違が狭められるよりも拡大される可能性もある（Shapiro[2003]）。だからこそ，表面化した利害の相違をどのように代表させるかが重要である。協議が存在すること自体がすなわち民主主義的なルールなのではない。問題は協議と議決の形態がどのような特徴をもつかである。本事例の協議と議決の過程には，①広範なアクターによる豊富な意見表明の機会，②議論を主導する組織の構成における，経済的観点のみならず社会的・文化的観点からの多様性の尊重[43]，③組織内の議決における単純過半数以上に慎重な合意枠組み，などの要素が見出せる。こうした要素は，熟議民主主義的な財政民主主義

の条件を考えるうえでの一助となると同時に，多様で多元的な社会集団がどのように国家的紐帯を保ち調和するのか，という財政調整の基本問題とも関わるだろう。

　最後に，理論的な観点での示唆と，日本への示唆について付言しておく。KdKやFDKは財政社会学の理論的には「中間的財政権力」に含めることが可能だろう。財政社会学の中で中間的財政権力，すなわち国民と議会・政府の間にある組織について，これまでも分析がなかったわけではない。例えば，井手英策と大島通義は「中間的財政権力」を分析の射程に入れるのは，F. K. マンやT. ピルカー以来の財政社会学における分析視角であるとする（大島・井手[2006]）。しかし，こうした中間的財政権力が，いかに財政民主主義的なコントロールを受けるべきかという議論は手薄であったといえるだろう。むしろ，議会という単一的な正統性からの分裂とみなしたり，こうした組織が政治的に中立でないことを指摘するにとどまっていたといえよう（大島・井手[2006] 37頁, 229～230頁）。歴史的制度論や，それを批判的に継承した財政社会学の分析手法は，規範的視角の外側でいかに制度・アクターが制度的実態を構築しているかという記述に終始してしまう危険性を意識しなくてはならない（荒井[2012]）。民主主義を必ずしも代議制民主主義に限定されないものとして捉えるならば，今後の課題としては中間的財政権力がそもそも政治的に中立でないことを前提としたうえで，いかにそれらについて民主主義的にコントロールを行うかということについて考える必要がある。

　日本においては，財政民主主義の観点から地方六団体，国と地方の協議の場，地方財政審議会などが論じられることは稀であるといえよう。しかし，こうした「中間的財政権力」の政治的中立性や不偏性を無前提に想定するべきではない。むしろ，それらの中で機能している交渉や議決のルールや規範に目を向けることで，これらの組織における財政民主主義的コントロールが機能しているかについても考察しうるのである。

〈注〉
1) 本章で取り扱う財政調整をめぐる改革も，法令上の改変に加え，憲法上の修正を要するこ

とから，上院・下院での可決のみならず，国民投票での可決も必要とした。また一定数以上の利害団体は署名を集め，制度改変に反対する国民投票を要求することも可能なので，さまざまな「根回し」が必要である。「事前聴取制」もそのうちの１つに位置づけられる。本章の課題の財政調整改革に限った話ではないが，こうした重層的な決定権の分散，多様な政治的チャンネル，それに付随する公式・非公式の「根回し」の政治的慣行について，「スイスがいかにして統治されているかを理解することは，外国人はおろか，欧州連合の政治家でさえ難しい」（ハラー［2014］3頁）と複雑さを指摘する声もある。
2) 従来の制度の詳細は世利［2001］に詳しい。
3) この従来の財政調整の配布額決定における「事前聴取制」に関して，連邦と州の協調と，州のニーズの把握における重要性が指摘されていた（世利［2001］）。世利洋介は，こうした協調とニーズ把握の制度により，連邦の「統制」的側面よりも連邦と州の間の「連携」的側面が強まるとして，州と連邦間の「連携」を著書『現代スイス財政連邦主義』を通じての重要概念に据えている。しかし，同著では「政策調整の場としてさまざまな制度が設けられて」（世利［2001］380頁）いること自体への言及にとどまり，こうした制度の中で具体的にどのようなやりとりが行われているのかの分析がない。その点の分析なくしてはやはり「統制」とみることも可能なのではという反論がなされている（小林［2003］）。そのため，本章ではこの政策調整の場の中での議論まで仔細に分析している。
4) NFAの全体的方針は４つの支柱に整理される。第１に，「補完性原理に基づく連邦政府と州の役割の区分化」である。第２の方針は，「区分の困難な分野における役割の明確化とパートナーシップ」である。この２点は，改革以前は多くの業務が州と連邦の共同業務とされ，したがってその支出の負担構造も複雑になっており，財政調整の効果が不透明であったことへ対処し，簡素化・効率化をはかるものである。第３に，「財源化を伴う州間協働（垂直的分配から水平的分配へ）」がある。そして最後に，「狭義の財政調整制度改変」（「財源調整」「負担調整」および「苦境基金」）がある（Der Bundesrat "Botschaft zur Neugestaltung des Finanzausgleichs und der Aufgaben zwischen Bund und Kantonen (NFA) vom 14. November 2001"）。
5) この３つの総額は，４年ごとに連邦議会の立法によって決定される。
6) 財源指数は個人の課税所得，個人の純資産，法人の課税収益，人口をもとに計算する。26州の平均が100になるように計算され，したがって財源指数100以上の州は「財源力の強い州」として拠出側に，100以下の州は「財源力の弱い州」として受領側になる。拠出割合として「連邦政府拠出分：財源力の強い州の拠出分」は「100：66.6～80」と規定されている。
7) 「平均を上回る高地にある居住地耕作地の割合」の基準と「分散した居住構造と低い人口密度」の基準で配分される主に地方部の州への移転。
8) 人口構造に基づく負担（貧困者，高齢者，外国人）と中核都市に基づく負担（市町村の規模，居住地密度，就業割合による）に細分される都市部への移転。
9) 2036年までの時限措置であり，１年で５％ごと減額される財源は３分の１が州から３分の２が連邦から拠出。
10) Freiburghaus［2012］によると，とりわけ1997年以降の政治過程についての議事録は公的に入手できず，詳細なアクターの追跡は不可能とされていた。しかし本章では関係者の個人寄贈資料のコレクションの中から各種関連委員会の議事録を入手し，分析に用いることができた。
11) 2016年９月６日，ペーター・ミシュラー（Peter Mischler）氏（Dr. rer. pol., Deputy Secretary, FDK）へのヒアリングによる。

12) 5つのワーキング・グループを監督し，ガイドラインをとりまとめた。執行委員会の構成は連邦政府から4人，財源力の強い州（シュヴィーツ，バーゼル・シュタット）から2人，財源力の弱い州（フリブール，ヴァレー）から2人という構成であった。
13) 州財務大臣は州の利益の代表者としてではなく，むしろ財政学の専門家として関与したとされている（Freiburghaus［2012］）。
14) 高齢者福祉団体のPro Senectute，自然保護団体のSGU，スイス住宅組合，スイス赤十字，社会教育団体SLDF，SSRV（高齢者住宅委員会），Spitex verband（病院，療養所外の看護と介護委員会），障がい児教育団体EKFFなど。
15) 日本においては，市町村を含む地方公共団体が「意見申出制度」を通じて，交付税の算定方法に意見することは可能であるものの，これを受けてどのように審議・審査が行われているかについては，必ずしも詳らかではない。
16) トゥールガウ州とアールガウ州からは，このコストの複雑な計算は，NFAの当初の目的であった簡素化に反するという意見が出された。しかしこの意見は，州全体の趨勢からすればむしろ例外的であった。
17) こうした組織構成自体はスイスに伝統的なやり方である。
18) ツーク州出身の自由民主党のロルフ・シュヴァイガー（Rolf Schweiger）議員による2006年3月21日の全州議会（上院）での質問による。
19) BAR, J1.364#1006/372#91 NFA: Neugestaltung des Finanzausgleichs und der Aufgaben zwischen Bund und Kantonen 16.09.1997-17.11.1997（2），Die Projektorgane Neuer Finanzausgleich Organisation.
20) KdK［1993］10 Jahre KdK: 1993-2003 : Standortbestimmung und Ausblick, S.8.
21) Ebd., S.9.
22) これらの議事録はKdKとFDKの両者に問い合わせたが入手不可能とのことだった（FDK, Stellvertretender Sekretär，ミシュラー氏へのメール取材への2015年12月23日の返答，およびKdK, Leiter Bereich Innenpolitik，トーマス・ミンガー（Thomas Minger）氏へのメール取材への2015年12月23日の返答より）。
23) Schlussbericht der vom Eidgenössischen Finanzdepartement（EFD）und der Konferenz der Kantonsregierungen（KdK） gemeinsam getragenen Projektorganisation vom 31. März 1999.
24) Der Neue Finanzausgleich（NFA）zwischen Bund und Kantonen Konkretisierung der Grundzüge vom 1. Februar 1996—Bericht über die Vernehmlassung zum Schlussbericht der vom Eidgenössischen Finanzdepartement.（EFD）und der Konferenz der Kantonsregierungen（KdK）gemeinsam getragenen Projektorganisation vom 31. März 1999, Bern und Solothurn, 31. März 2000.
25) 「現行のモデルによれば，実質的に都市部の州のみが補塡をもらいうけるということは問題であるとわかっている」という内容を含む同じ文章がジュラ州とKdKの項目に記されている。さらに「連邦主義」「補完性原理と任務の分配」「任務の簡素化」「州間協同事務」「州間枠組み協定」「州間協同事務の民主的な規定」「市と基礎自治体の立場」「財源指数の指標」など多くの項目に関して，ジュラとKdKは足並みを揃えている。
26) KdKのクリスチャン・ゴバ（Chrischan Gobat）氏へのヒアリングでも同点が強調された。
27) http://www.kdk.ch/de/die-kdk/organe/plenarversammlung/，2015年1月28日最終アクセス。

28) KdK［2003］S.13.
29) KdK［2003］S.15.
30) BAR, J1.364#1006/372#90, NFA: Neugestaltung des Finanzausgleichs und der Aufgaben zwischen Bund und Kantonen 1997-1997, 16.09.1997-17.11.1997（1）KONFERENZ DER KANTONSREGIERUNGEN Sitzung des Leitenden Ausschusses vom 4. September 1997, S.2.
31) Ebd., S.1.
32) BAR,J1.364#1006/372#92 NFA: Neugestaltung des Finanzausgleichs und der Aufgaben zwischen Bund und Kantonen 16.09.1997-17.11.1997（3）, Konferenz der Kantonsregierungen（KdK）Kantonale Arbeitsgruppe Bundesverfassung（KAB）Protokoll der Expertensitzung vom 1. November 1997.
33) BAR, J1.364#1006/372#90, NFA: Neugestaltung des Finanzausgleichs und der Aufgaben zwischen Bund und Kantonen 1997-1997, Neuer Finanzausgleich zwischen Bund und Kantonen Förderung interkantonaler Verbundlösungen durch den Bund, S.1.
34) BAR, J1.364#1006/372#90, NFA: Neugestaltung des Finanzausgleichs und der Aufgaben zwischen Bund und Kantonen 1997-1997, Stellungnahme zu den gemeinsamen Anträgen der PGr 1 und 2.
35) KONFERENZ DER KANTONSREGIERUNGEN Plenarversammlung vom 21. Juni 2001 15. Neuer Finanzausgleich: Verabschiedung der Projektergebnisse（KdK, Beauftragter NFA, ゴバ氏より2015年10月25日入手）．
36) なお，まだNFAに具体的でない点が残るとして，チューリヒ，ヌーシャテル，アールガウ，ジュラは保留した。
37) KONFERENZ DER KANTONSREGIERUNGEN Plenarversammlung vom 21. Juni 2001 15. Neuer Finanzausgleich: Verabschiedung der Projektergebnisse, S.6-7.
38) この制度でベルン，ルツェルン，オプヴァルデン，グラールス，フリブール，シャフハウゼン，ヌーシャテル，ジュラが補填を受けている。
39) ヌーシャテルの受領額の71％を苦境基金が占め，シャフハウゼンでは42％，フリブールでは34％である。
40) FDKは，苦境基金の額は当初予期されていたよりも高くなり「財源力の弱い州に偏った財政政策を可能にする」と評価しており，財政力の弱い州の認識においてKdKとの大きな立場の違いを示している（FDK, Vernehmlassung zur 3. NFA Botschaft）．
41) KdK内の州の投票結果では上限80％に16州が賛成，100％に7州が賛成，90％に2州が賛成，棄権が1票（Betreff: Neugestaltung des Finanzausgleich. Differnzbereinigung/ Ihr Schreiben vom 20. Aungust 2003,KdK,2003〔KdK, Beauftragter NFA, ゴバ氏より2015年10月25日入手〕）．
42) 第3章でも述べたように，スイスでは，民主主義の「アクセル」「ブレーキ」という表現がしばしば用いられる。「アクセル」は一定数の国民の署名を集めることにより国民投票（イニシアチブ）の要求が可能で，国会で取り上げられない議題について議論を促しうることを主にさす。一方「ブレーキ」は，多くの事案について国民投票（レファレンダム）での可決が義務的に課され，慎重な合意枠組みが要されることをさす。財政調整をめぐりさまざまなアクターに交渉と発言の機会が多いことと，小さな州の拒否権が強く州間で慎重な合意枠組みが必要なことは，前者は「アクセル」，後者は「ブレーキ」との構造的な類似性を指摘できるだろう。
43) 翻って，日本では，「国と地方の協議の場」では，地方側の代表として地方六団体の長が

構成員として出席しているが，果たしてこうした地方の利害分散が可能なのだろうかという点については疑問が残る。

〈引用・参考文献〉

荒井英治郎［2012］「歴史的制度論の分析アプローチと制度研究の展望――制度の形成・維持・変化をめぐって」『信州大学人文社会科学研究』(6), 129〜147頁

池上岳彦［2006］「財政調整の理論と制度をめぐって」『立教経済学研究』60(1), 249〜265頁

井手英策・高端正幸［2005］「論究 スウェーデンにみる財政危機下の財政調整制度改革と民主主義」『地方財政』44(11), 209〜234頁

大島通義・井手英策［2006］『中央銀行の財政社会学――現代国家の財政赤字と中央銀行』知泉書館

金井利之［1999］『財政調整の一般理論』東京大学出版会

黒澤隆文［2001］「スイス」『『経済の発展・衰退・再生に関する研究会』報告書』財務総合政策研究所

小林俊和［2003］「書評 世利洋介著『現代スイス財政連邦主義』」『地域公共政策研究』(7), 108〜110頁

世利洋介［2001］『現代スイス財政連邦主義』九州大学出版会

仲哲生［2001］「スイスにおけるレファレンダムとイニシアティヴ」『高知短期大学研究報告社会科学論集』(81), 95〜124頁

福田耕治［1997］「欧州連邦主義と補完性原理(2)――EUと加盟国の中央・地域・地方政府間関係をめぐる問題」『政治学論集』(45), 59〜80頁

宮崎文彦［2007］「公共哲学としての『補完性原理』(特集「場所の感覚」と補完性原理)」『公共研究』4(1), 57〜80頁

持田信樹編［2006］『地方分権と財政調整制度――改革の国際的潮流』東京大学出版会

Afonso, A. and Y. Papadopoulos [2015] "How the Populist Radical Right Transformed Swiss Welfare Politics: From Compromises to Polarization," *Swiss Political Science Review*, 21(4), pp.617–635.

Blöchlinger, H. and C. Vammalle [2012] "Switzerlamd: The New Fiscal Equalization and Responsibility Assignment Framework," *Reforming Fiscal Federalism and Local Government: Beyond Zero-Sum Game*, OECD Publishing. (https://doi.org/10.1787/9789264119970-13-en)

Braun, D. [2009] "Constitutional Change in Switzerland," *The Journal of Federalism*, 39(2), pp.314–340.

EFD, KdK [2000] Der Neue Finanzausgleich (NFA) zwischen Bund und Kantonen Konkretisierung der Grundzüge vom 1. Februar 1996—Bericht über die Vernehmlassung zum Schlussbericht der vom EFD, KdK gemeinsam getragenen Projektorganisation vom 31. März 1999, Bern und Solothurn, 31. März 2000.

Eidgenössischen Finanzdepartement (EFD), Konferenz der Kantonsregierungen (KdK) [1999] Schlussbericht der vom Eidgenössischen Finanzdepartement (EFD) und der Konferenz der Kantonsregierungen (KdK) gemeinsam getragenen Projektorganisation vom 31. März 1999.

Federal Finance Administration, EFD [2012] National fiscal equalization-strengthening

federalism.
Finanzdirektorenkonferenz [2010] *Hundert Jahre Finanzdirektorenkonferenz*.
Freiburghaus, D. [2012] "Swiss Federalism, Fiscal Equalization Reform and the Reallocation of Tasks," A. Benz and F. Knüpling eds., *Changing Federal Constitutions: Lessons from International Comparison*, Barbara Budrich.
Frey, R. L. and G. Wettstein [2008] "Reform of the Swiss Fiscal Equalisation System," CESifo DICE Report 1/2008, 6(1), pp.21-26.
Gilardi, F., D. Kübler and F. Wasserfallen [2010] "Cantonal Tax Autonomy in Switzerland: Trends, Challenges, and Experiences," in Seminar on Tax-Autonomy of Federal-Type Entities.
Gilardi, F. and F. Wasserfallen [2010] "How Cooperation Attenuates Tax Competition," in 68th Annual MPSA National Conference, Chicago.
Haller, W. [2009] *The Swiss Constitution: in a Comparative Context*, Dike Publisher.（W. ハラー（平松毅・辻雄一郎・寺澤比奈子訳）[2014]『スイス憲法——比較法的研究』成文堂）
KdK [2003] *Konferenz der Kantonsregierungen (KdK) 1993-2003:10 Jahre. Standortbestimmung und Ausblick*.
Shapiro, I. [2003] *The State of Democratic Theory*, Princeton University Press.
——未公刊政府資料——
Betreff: Neugestaltung des Finanzausgleich. Differnzbereinigung/ Ihr Schreiben vom 20. Aungust 2003.
KdK, Plenarversammlung vom 21. Juni 2001 15. Neuer Finanzausgleich: Verabschiedung der Projektergebnisse.
Schweizerisches Bundesarchiv（BAR）, J1.364#1006/372#90～J1.364#1006/372#92.
——ウェブサイト——
Bundeskanzlei "Vorlage Nr.514 Resultate in den Kantonen,Volksabstimmung vom 28.11.2004"（https://www.admin.ch/ch/d/pore/va/20041128/can514.html）2016 年 1 月 4 日最終アクセス
Der Bundesrat "Botschaft zur Neugestaltung des Finanzausgleichs und der Aufgaben zwischen Bund und Kantonen（NFA）vom 14. November 2001"（https://www.admin.ch/opc/de/federal-gazette/2002/2291.pdf）2017 年 4 月 27 日最終アクセス
Die Bundesversammlung, "Curia Vista-Geschäftsdatenbank, 06.3171 Interpellation, Transparenz und rechtliche Grundlage für die NFA-Organe"（http://www.parlament.ch/d/suche/seiten/geschaefte.aspx?gesch_id=20063171）2016 年 1 月 5 日最終アクセス
Die Konferenz der Kantonsregierungen（KdK）"Plenarversammlung"（http://www.kdk.ch/de/die-kdk/organe/plenarversammlung/）2015 年 1 月 28 日最終アクセス
FDK "100 Jahre Finanzdirektorenkonferenz（FDK）"（http://www.fdk-cdf.ch/101230_fdk_geschichte_beitrag_def_d.pdf）2015 年 6 月 17 日最終アクセス
FDK "Vernehmlassung zur 3. NFA Botschaft"（http://www.fdk-cdf.ch/index/fdk_themen/interkantonaler_finanzausgleich.htm）2015 年 1 月 8 日最終アクセス
Federal Finance Administration（FFA）"Ausgaben nach Aufgabengebieten 1990–2014, Statistik und Kennzahlen des Bundeshaushalts"（http://www.efv.admin.ch/d/dokumentation/finanzberichterstattung/kennzahlen_bundeshaushalt.php）2016 年 01 月 4 日最終アクセス
FFA "Financial equalization, Data 2008"（http://www.efv.admin.ch/e/dokumentation/finanzpolitik_grundlagen/finanzausgleich.php）2016 年 1 月 5 日最終アクセス

第7章

新自由主義とポピュリズムの時代
スイスの年金改革と「イシューの分割」

はじめに

　第4章からスイスの財政民主主義の多様な側面をみてきた。だが，多様な側面の中でも，スイスの政治の本質は，妥協やコンセンサス形成にあるのだろうか。あるいは，むしろマイノリティの異議申し立てや拒否権にあるのだろうか。ここまで取り上げた事例をふまえると，こうした問いが浮かび上がっても不思議ではない。そして，コンセンサス形成と異議申し立てのどちらを重視するかという問い立ては，熟議民主主義と闘技民主主義の間に横たわる溝でもある。しかしながら，スイスについて，この問いに答えることは容易ではない。むしろ現実には，複数の政治的なアリーナで，両者のロジックが姿を見せたり隠れたりを繰り返しているのである。そして，それぞれの政治的アリーナでの動向が複雑に絡み合っている。とはいえ，複雑なものを複雑である，と指摘するだけでは不十分であろう。そこで，本章では，少しでも見晴らしをよくするために，（直接民主主義的な次元も含めた）政治的アリーナの複数性に焦点をあてながら，「イシューの分割」という概念を取り入れ，よりよい見取り図を描けるように試みる。具体的には，年金制度改革について取り上げる。年金制度は，失業保険（第4章）と並びスイスの数少ない連邦レベルでの統一された社会保障制度であると同時に，さまざま価値観が衝突する場でもある。年金制度は，労働，ケア，ジェンダー，家族のあり方についての価値観——それらは宗教的な

淵源をもつことすらある——や,世代間公平についての価値観と切り離しがたく,時代に応じて変化していかざるをえない,政治的なものである。

より時代的な文脈に即していえば,1990年代初頭の新自由主義・緊縮路線の中で,実際に極端な支出削減が回避されたのは,労働政策や財政調整だけではなく,年金制度についても同様であった。前章では政治的合意や妥協により,そうした支出削減が回避された側面が確かにあったことを確認した。しかし,それとていかなる場合でも機能するというわけではない。本章の課題は,スイスにおいて,95年に国民投票により採択された老齢・遺族年金 (AHV)[1]の第10次改正,および2004年に国民投票にて否決された第11次老齢・遺族年金改正案の政策決定過程について,妥協や合意に焦点を当てながら,制度的・歴史的な考察を試みることである。つまり,本章は,90年代初頭と00年代初頭という2つの福祉削減圧力が存在した時期に,2つの老齢・遺族年金改革がどのように対応したのかを検討する。

1 年金改革をめぐる背景

1.1 国際比較の中のスイス

まず,そもそも福祉の国際比較において,スイスはどのように位置づけられてきたのだったか。それまでの福祉国家収斂論から,G. エスピン-アンデルセン以降,福祉レジームの多様性へと比較分析の主軸が移ったことには異論はないだろう。それに伴って,こうした差異を説明するために,選挙制度,政権与党の党派性,労働組合の影響力,アイデアなど,さまざまな要因が指摘されてきた(伊藤[2005];加藤[2009];宮本編[2006];新田[2008])。しかし,スイスはこうした類型論への収まりの悪さを示しており,「リベラルの顔をした西欧レジーム」や「レジームのミックス」などとして三者三様の評価を受けている(Kriesi and Trechsel [2008])。スイスの福祉を規定する要因としては,スイス人研究者の間では1970年代の福祉拡大の「黄金時代」に焦点がおかれ,政治的アクターの拒否権の強さや,直接民主制などの効果が強調されてきた。戦後に連邦レベルの社会保障制度が創設[2]されたのち,70年代の「黄金時代」には左派による社会保障拡大が進んだ。その中では,左派の当初案がそのまま導入

されることはないものの，事前聴取制などの議会以前の交渉段階で妥協案が模索され，連邦政府による間接的な対案が国民投票で可決されることにつながった (Häusermann, Mach and Papadopoulos [2004] ; Kriesi and Trechsel [2008] ; Häusermann, Mach and Papadopoulos [2001])[3]。

　一般的には，政治的アクターの拒否権の強さは制度の変化を抑制する傾向にあると強調されてきた（新田 [2008]）。一方，こうした拒否権の強さは改革を阻害することもあるが，改革を促進することもあると指摘されている (Häusermann, Mach and Papadopoulos [2001])。実際，第10次改正では世界初の「男女平等」な個人年金という極めて先進的な制度を実現させたとも評価されている（田口 [1999]）。重要なのは単純な拒否権の多寡ではなく，それを取り巻く政治的環境である。拒否権が行使されることと，コンセンサスを追求し妥協案が模索されることは同時に起こることもある。例えば，拒否権を強くもつアクターが，それを背景に「妥協」案を模索することもあるという点で，両者はコインの表裏のようでもある。そこで実際にコンセンサスが重視されるか，拒否が前景化するかによって，当然最終的な政策パッケージは変質しうる。

　そして，このように，異議申し立てや拒否権の発揮を重視するのか，コンセンサスの追求を重視するのか，という点は，闘技民主主義と熟議民主主義の間の根本的な出発点の違いでもある。だが，理論レベルでも同様に，実際の制度設計に落とし込むのであれば，両者は接近してくるのではないか，という議論もある。

　スイスでは，上院での人口の少ない州に有利な議席配分や国民投票など，拒否権の制度的な強さがみられる一方，多極共存型（コンセンサス型）デモクラシー，ないし合意形成型民主主義（consensual democracy）の代表例ともされてきた。つまり拒否権の大小だけに着目するのでは不十分で，コンセンサス形成と合わせてどのような構造をなしているかが問題なのである。したがって福祉制度改革の過程で，どのような場面で拒否権の行使が前景化し，どのような場面で妥協案の模索（≒コンセンサスの重視）が前景化するのかは，文脈によって変わるといえよう。

1.2　2つの福祉削減圧力と年金改革

　スイスでは，州・運営団体間における激しい制度的分立と複雑さがあるため，医療・介護・育児など，そもそも連邦全体のデザインを語ることが難しい社会福祉領域が多い。一方で，老齢・遺族年金は失業保険（第4章）と並び，連邦政府レベルでの均一性が強い，数少ない社会保障制度である。

　だが，第10次改正（1995年可決）が行われ，第11次改正案（2000年議会可決，04年国民投票否決）が出された90年代から00年代初頭にかけては，スイス政治，経済の状況は大きく揺れ動いていた。90年代初頭には1％前後の極めて低い水準を保っていた失業率が上昇し，財政支出削減路線へと傾く。この時期に財界人らが公表したレポート（「白書」）が政府の新自由主義路線を基調づけたことは繰り返してきたとおりである（黒澤［2001］）。さらに，90年代末より移民問題を背景に右派ポピュリスト政党の国民党が台頭し，03年には第1党に躍り出る。多くの欧州諸国の右派の動向と同じく，彼らは受給の「適格性」（受給する資格があるかどうか）を問題にして福祉削減を要求した。すなわち，この2つの年金改革は，政治的には支出削減の大きな流れの中で行われた制度改革である。しかし，市場主義的改革にかかわらず，公的年金制度に関しては，これを維持してゆくという全社会的な合意があると評価されてきた（黒澤［2001］153頁）。全体としては削減へと向かう2つの流れがありながら，なぜこのような合意が可能だったのだろうか。

1.3　スイスの社会福祉をめぐる先行研究の整理
　　　――妥協・コンセンサス重視か？　拒否権の行使か？

　先述したように，スイスの福祉の形態の規定要因としては，政治的アクターの拒否権の強さや，直接民主制などの効果が強調されてきた。しかし，「拒否権の行使」と「コンセンサス重視の妥協案の模索」のどちらが前景化しているのかは，先行研究でも評価が分かれる。例えば，田口晃は，老齢・遺族年金第10次改正の過程を開かれた合意形成の結果として，その政策決定過程を全面的に肯定している（田口［1999］）[4]。また，H. クリージ，A. H. トレクセルは，老齢・遺族年金第10次改正や94～95年の失業保険改革で支出削減策が通るには，他の観点での譲歩が同時に必要であり，アクター間の妥協が存在したとし

ている (Kriesi and Trechsel [2008])。加えて，G. ボノーリは，老齢・遺族年金第10次改正は削減・拡張の両面を盛り込むことにより合意可能になったとしており，最終的な案における妥協を促すスイス政治システムの特徴が影響しているという（ボノーリ [2004]）。また，同著公刊当時は第11次改正に対する国民投票（レファレンダム）前であるが，可決されるだろうと予測している。

　その一方で，S. ホイザーマンらは，1990年代の社会保障改革（老齢・遺族年金の第10次改正と94～95年の失業保険改革）では，とりわけ議会以前の非公式な交渉段階（第1段階）で妥協案を模索する傾向が後退し[5]，むしろ2段階目の議会が主戦場になったとしている (Häusermann, Mach and Papadopoulos [2001])。すなわち，議会前の事前聴取制などといった第1段階での妥協案の決定が難しい場合，第2段階の議会での妥協案・超党的な合意が期待されるようになった，としている。つまり，決定を下す場が2層あることで，妥協的な解決策の決定がある場で失敗しても次の場で決定できるということである。

　ただしホイザーマンらは，第10次改正では第11次改正案に改革の論点の持ち越しがあったこと[6]や，同時に並行して行われた老齢・遺族年金の財源改革の過程については検討をしていない (Häusermann, Mach and Papadopoulos [2001])。そのため，現代のスイスの年金改革の政治過程の総合的な検討とはいいがたい。また，ボノーリの予測に反して第11次改正案は国民投票で否決されたのである。この背景として，妥協と拒否をめぐる政治構造にどのような変化があるのだろうか。そこで第2節以降では，第11次改正案の議論，つまり財源論も含めた総体的な1990年以降の年金改革は，結局，どこまで「妥協案の追求によるコンセンサスの重視」で説明でき，あてはまる（あてはまらない）時はどのような政治過程・システムの文脈があるのかを検討する。具体的には，連邦議会議事録や各種世論調査などに基づき，宗教・ジェンダー・党派性などの要因にも目を向けながら，意思決定過程の分析を行う。これらの分析を通じ，第10次改正と第11次改正において，なぜスイスの年金制度は全体としての政治的趨勢に反し，緊縮路線に至らなかったかを明らかにする。これにより，妥協と拒否をめぐる構造として，「イシューの分割」という共通性が見出せることを指摘する。加えて，ホイザーマンらが指摘する2段階の意思決定 (Häusermann, Mach and Papadopoulos [2001]) から，3段階の意思決定へと変化し

つつあることを示す。

2　第10次改正をめぐって
——規範と技術的論点の「イシューの分割」

2.1　第10次改正（1995年制定，97年より施行）前後の制度

　最初に，第10次改正以前はどのような制度であったのかを概説したい。1972年に3つの柱原則が憲法で制定されたことにより，①老齢・遺族年金，②職業年金[7]，③個人年金が年金制度全体を構成している。その中でも，政府分が「生存の必要を満たすもの」に該当するとされている。

　まず，老齢・遺族年金[8]は普通老齢年金と，夫婦老齢年金（夫に普通老齢年金の150％を支給）と呼ばれる主要な2つの類型が存在する。基本的に，男性65歳以上，もしくは女性62歳以上で普通老齢年金受給資格を得る。ただし，夫婦とも同条件を満たす場合は普通老齢年金ではなく夫婦老齢年金を受給することとなる。これらに加え，寡婦などの世帯構成の事情に応じた5つの付加的な年金によって構成されていた[9]。ただし寡夫に対する補填はなく，ここには男女間で異なる扱いが存在していた。

　老齢・遺族年金は1979年の第9次改正を最後に[10]，80年代には改革が停滞した[11]。第10次改正に直接的に影響する草案は90年になってようやく提出される。95年成立の第10次改正における最終的な主要な変更点は以下のとおりである。第1に，女性の退職＝満額支給開始年齢（以下，退職年齢）が62歳から63歳へ引き上げられ，段階的に64歳まで引き上げることとされた[12]。また，「ジェンダー中立的」であることも定められた[13]。従来の夫婦年金は男性稼ぎ手モデルを前提にしており，給付額をみても既婚女性にとって不利な制度であり，また寡夫への補填も不在であった。これを，個人「分割」モデルを導入することにより，夫婦年金は廃止し，完全に個人単位で年金額を計算（結婚後は所得を等分し，分離方式で計算）することとされた。この点について，一応は婚姻関係に中立的なモデルになったといえる。さらに，これらの給付に対して，今後の付加価値税（VAT）増税による財源の確保が指針として示されたほか，介護勘定・養育勘定の名目による基金の積み立てが決定された[14]。ではこうし

た第 10 次改正はいかなる意思決定過程の結果であったのだろうか。

2.2　第 10 次改正までの意思決定過程（1990〜95 年）
　　——カトリック的価値観の後退と女性の退職年齢をめぐる
　　　「イシューの分割」

　1990 年，中道右派のキリスト教民主党所属の内務大臣フラヴィオ・コッティ（Flavio Cotti）による当初案は以下のような内容を示していた。①主婦年金の廃止，支給額の低下を伴う前倒し支給，②自営業者の保険料引き上げ，連邦増税による財源措置，③従来夫に支給されていた夫婦年金の支給を，両者に等分して支給すること，の 3 点である。しかし，③のようなジェンダー「中立」的な内容を含む一方で，あくまでコッティは完全に個人に分割して年金を計算することには反対していた。というのも，カトリック的価値の観点から，社会を構成する最小単位は家族・夫婦であり，個人に置き換えられるべきではないと考えていたためである（田口 [1999]；Häusermann, Mach and Papadopoulos [2001]）。

　先述のとおり，年金は家族に関する価値観に大きく影響を受ける制度であり，それを考えるうえでは，宗教的な価値観も見逃せない。このような，従来はあまり顧みられてこなかった福祉国家における宗派要因に関する研究は，K. ファン・ケルスベルゲンと P. マノウらの著作以来，近年ある種のブームともいえる状況といわれている（中野 [2012]，Van Kersbergen and Manow eds. [2009]）。具体的には，大陸ヨーロッパでは，家族・コミュニティを重視するカトリックの「補完性原理」が，国家の過度な介入を制限するため，北欧のように国家介入色の強い福祉政策がとられなかったと説明されてきた。キリスト教民主党のコッティのこの時点での立場も，こうした説明を裏付けるものといえよう。これらに加えて，コッティ案では，女性の退職年齢は変更しないものとされた。この背景には，従来の制度からの修正を小さなものとすることで反発を抑えようとの狙いがあった。

　1991 年より全州議会（上院）と国民議会（下院）[15]によるコッティ案が審議されることとなるが，このコッティの目論見は部分的に外れることとなる。全州議会では，自営業者の保険料引き上げを除き 91 年に承認され，反発は小さ

かった。一方で，その後の国民議会ではコッティ率いるキリスト教民主党を除く，すべての党から反対意見が出されることとなる。こうした事態に対処を図るため，91年より国民議会で案の修正のための専門小委員会を結成し，そののちに92年から国民議会の中の社会保障委員会で審議することとなった。この委員会内では，党派を超えた女性議員の活躍がみられた（田口［1999］；Häusermann, Mach and Papadopoulos［2001］）。

こうした委員会の成果として，給付額の決定における物価・賃金水準の測定方法などの技術的な議論と，「男女平等」個人年金の正否の議論が，議題として別々に取り扱われることになった。というのも，後者は原理に関する問題で，より慎重な議論の時間が必要であった。つまり，イシューを分割し，まず通しやすいところから取り組むことで，妥協案の模索を容易にする効果がここにはみてとれる。実際，1992年に技術的な部分の議論は後者に先んじて可決されることとなった。本来，価値判断，あるいは政治的評価に委ねるべき点を，一見「客観的」で「中立的」な評価に置き換えてしまうことの問題点は，第1章以降繰り返してきた。ここでみられるように，価値観を含む原理に関するイシューと，技術的なイシューに「イシューを分割」することは，そうした問題を乗り越える1つの策ともいえるだろう。

その後，後者の「男女平等」個人年金の正否の問題に関しては，1993年1月に国民議会委員会は以下のように案をとりまとめた。①個人単位で，婚姻関係上の立場と無関係な基礎年金，②寡夫・寡婦年金の新設，③女性の退職年齢の段階的な引き上げ，④付加価値税の引き上げを通じた財源の充当，⑤養育勘定・介護勘定の積み立て，⑥最高支給額受給者の割合増加，の6点である。同案は，94年に全州議会でも可決され，第10次改正の骨格をなすこととなる。以下ではその詳細な経緯について，論点ごとに整理したい。

第1に，個人単位年金に関してである。先述の1993年1月案はすべての党によって合意された。すなわち，当初コッティ案では家族を社会の最小単位と考え，個人単位に懐疑的であったキリスト教民主党までも，従来の立場を変更して賛成したこととなる[16]。この点については，福祉における宗派的，カトリック的要因が後退したといえるだろう。むしろ，コッティの当初案への反発をふまえ，他党との妥協の論理が前景化したわけである。翻って，マノウらの

研究では，スイスはアメリカと並んで福祉へのプロテスタント的宗派要因の影響が強い（したがって小さな福祉の）代表事例とされていた（中野 [2012]，Van Kersbergen and Manow eds. [2009]）。しかし，この過程から示されるのは，第1に，プロテスタントの代表事例として位置づけられるスイスの中でも，スイス社会の宗教的構成の複雑さ・多極性を反映するように，片方の宗派的要因のみがあるわけではなく，複数の相反する宗派的要因が影響しているということである。さらに，この2つの正反対の宗派的要因がぶつかる中で，「妥協」という別の説明要因がむしろ決定的なものとなったということである。このことは，福祉における宗派的要因の説明要因としての，そもそもの限定性を示しているといえよう[17]。

一般論として，スイスでは実際には世論がカトリックとプロテスタントの二極構造となることは少なく，宗派の分断に加え言語の分断も交錯しているため，三極構造になることが多いとされている（市島 [2000]）。つまり，宗派だけでみればカトリックが優勢なのだが，言語的な次元の分断も加えると，自由民主党と近しいドイツ・プロテスタントが最大勢力である。フランス語圏内では宗教による分断が少ないため，ドイツ語圏にいては従属的な地位にあるカトリックが，フランス語圏と手を組み，ドイツ・プロテスタントの一極支配を阻止するという構図にあるという（市島 [2000]）。複数の次元での「分断」があることで，むしろ複数の次元でみた場合のマジョリティに影響力が集中することを避けられるという構造は，インターセクショナルな抑圧に対処するうえでの興味深い方策の可能性として指摘できよう。

第2の論点は，女性の退職年齢の引き上げである。この点は，財政状況による支出削減圧力から，自民党・経営者団体らが主張したものである（Häusermann, Mach and Papadopoulos [2001]）。議事録によると，社会民主党と緑の党[18]が同論点に関して反発し，最終段階まで議会では合意・妥協に至れなかった。左派政党は，そもそもの所得をめぐる構造的不平等が存在する以上，退職年齢をそろえるという形式上の「男女平等」が，本当の意味でジェンダー平等につながるのかという点を批判したのである。1994年10月7日全州議会の第10次改正への最終投票の段階で，社会民主党のジャン－レト・プラットナー（Gian–Reto Plattner）は，個人分割モデル，養育，介護勘定の導入に賛成し，

第10次改正全体のパッケージについては賛成を示している。しかし，女性の退職年齢の引き上げについてだけは反対の立場を示した。そこで，この点に関しては，第10次改正案全体への国民投票とは別に国民投票を実施し，個別に判断すべきだと左派政党は主張した。こうした批判は，年金のように高度に専門的な知識を要される制度改革の議論においても，ジェンダー不平等については「価値中立的」な科学的判断というものがありえない（そもそも追求すべきではない）のではないか，という視角を提起しているように思われる。

　結局，第10次改正案は両院で可決する。全州議会では10月7日に賛成37反対2で通過し，同日に下院の国民議会でも賛成138，反対27，棄権・欠席等35という多数の賛成で可決され，国民投票へと付されることになった。これと同時に，前述したように左派は女性の退職年齢についてだけ反対の姿勢をとっていたため，イニシアチブ「老齢・遺族年金と障がい者年金の拡大のために（Für den Ausbau von AHV und IV）」で女性の退職年齢引き上げを含まない形での改革を左派は提起した。こちらについても全州議会にて賛成36反対3で可決，国民議会でも賛成121，反対51，棄権・欠席等26の賛成多数で可決した。したがって，2つの議案（10次改正案・左派による退職年齢に関する修正案）は1995年6月25日に同時に国民投票にかけられることとなった。

　この点に関して，スイスの政治システムは妥協を促す点に特徴があるという，ある種の楽観的な見解（ボノーリ［2004］）や，2段階目（事前聴取などの議会前段階という1段階目に対して，議会段階という2段階目）で超党的な合意が形成されることが期待されるという記述（Häusermann, Mach and Papadopoulos［2001］）からは部分的に乖離がみられるといえよう。むしろ，議会という2番目の決定段階で，女性の退職年齢に関しては妥協案の落としどころがつかなかったため，国民投票という次の段階（3番目の段階）での判断へ送られたわけである。ここには，コンセンサス重視の意思決定という特徴を補完する形での，イシューの分割という特徴がみてとれる。

　こうした過程を経て，第10次改正案は国民投票において賛成60.7％で可決した。一方のイニシアチブ「老齢・遺族年金と障がい者年金の拡大のために」は賛成27.06％にとどまり，否決されることとなった。結果的には後者の提案は第3段階で否決されるも，議会での少数派の提案が第2段階の議会で立ち消

えになるのではなく，第3段階での直接的な投票の対象となった。これ自体，国民の政治的有効性感覚（Political efficacy）に資するものであるといえるのではないだろうか[19]。また，熟議民主主義に向けられている批判，すなわちコンセンサス形成の中で異論が立ち消えになってしまわないか，という懸念にも答えうる方策といえよう。第10次改正全体と，女性の退職年齢を別々の投票事案とすることで，前者に関しての政党間での合意を形成することができたのである。これは，国民議会の委員会内でもみられたような，「妥協案を模索しやすくするためのイシューの分割」という現象がここでもみられたということである。とりわけ，年金制度は複雑であるがゆえに，価値中立を標榜する専門知・専門家によって，価値観に関する「政治的な側面」が捨象されやすい。そのことを思えば，この意義は大きいのではないだろうか[20]。

また，1995年の第10次改正成立後，付加価値税を老齢・遺族年金の財源とすることに関連する議会総会で議論が交わされた。95年10月には，老齢・遺族年金の中長期的な財源に関する国会討議があり[21]，経営者団体に近い右派の自由民主党のフリッツ・シーサー（Fritz Schiesser）が付加価値税の上昇の可能性も考慮した質問を行っていた。これに対して，連邦政府は95～99年の期間を次の検討段階として，それに応じ法制化を進めると回答した。

第10次改正をめぐる動きを小括すると以下のようになるだろう。まず，第10次改正の過程には国民議会小委員会，全州議会での社会民主党のように，妥協を見出すための工夫として，イシューの分割がみられる[22]。一方，コッティの1990年当初案には，個人単位の年金への懐疑的な姿勢があり，ここではマノウらの指摘する宗派的要因（カトリック）も確認できる。しかし，妥協というロジックが前景化する中で，宗派のロジックは説明要因としてむしろ後退した。一方で，社会民主党の指摘する妥協を見出せない部分に関しては第3の段階（国民投票）で決定されるなど，必ずしもコンセンサス重視の妥協案による解決ではなく，妥協の論理が貫徹されたわけではない。さらに妥協が図れなかった女性の退職年齢に関しても，国民投票という第3の段階で，老齢・遺族年金全体のデザインと各論という，イシューを分割する特徴が指摘できるのである。

3　第11次改正をめぐって
——右派ポピュリズムと「イシューの分割」

3.1　第11次改正前後の政党の動向——党間コンセンサスの難化？

　第10次改正において，女性の退職年齢を男性のものと等しくすべきか，という議論などは第11次改正にも持ち越されることとなっていた。第11次改正案が議会に提起されるのは，1997年の第10次改正の施行から3年経った2000年のことである。しかしそれまでには，第10次改正で部分的にみられた妥協，コンセンサスの重視という政治的文化に関して，大きな政党間の構造の変化があった。

　ターニング・ポイントとなる1999年の選挙では，移民問題を背景に，それまで4大連立政党の中では最も議席が少なかった極右政党の国民党が，右派の自由民主党・キリスト教民主党の票を食う形で[23]，下院で15席増という大幅に議席を拡大したのである。この国民党の支持者は概して階級，所得，学歴が低く，経済的事情を考えると福祉を拡大する立場の社会民主党などに投票する可能性もあるが，社会経済的なイシューは「ぼかされ (blurred)」，むしろ移民という非経済的なイシューが選挙での中心的な焦点となった (Afonso and Papapdopaulos [2015])[24]。さらに，こうした右派ポピュリスト政党は，総じて再分配については受給の「適格性」（本当に資格があるのかどうか）を強調する傾向にあるということも指摘されている。

　その後も国民党の勢いは止まらず，2003年の選挙ではさらに，社会民主党を抜き下院で第1党に躍り出た。これにより政党間のパワーバランスに，ある重要な変化が起きる。50年以上にわたり，連立内閣は，議席数に関係なく閣僚ポストの配分を社会民主党に2ポスト，自由民主党に2，キリスト教民主党に2，国民党に1とする，「魔法の公式」と呼ばれる不文律の伝統を維持してきたが，それが崩壊するに至ったのである。キリスト教民主党が，第1党となった国民党に1ポスト譲り，国民党のクリストフ・ブロッハー (Christoph Blocher) が閣僚入りすることとなった。

　象徴的な出来事として，障がい者保険を不正受給する人をさしたブロッハー

による「ニセ身体障がい者 (Scheininvalide)」という言葉は国内メディアによって「今年の悪語」に選ばれている。このことは，右派ポピュリスト政党が「適格性 (diservingness)」を強調する傾向にあるという先行研究の指摘とも合致する (Afonso and Papapdopaulos [2015])。一方で，この年を代表する言葉として「コンセンサス (Konkordanz)」も選ばれた。党間のコンセンサスの象徴たる「魔法の公式」が崩壊するなど，同年はコンセンサスが危機に瀕しているという意味で焦点化する時代であったといえよう。では，こうした右派ポピュリストによる福祉削減の攻勢が進む中，第11次改正におけるコンセンサスは可能であったのだろうか。

3.2　第11次改正の意思決定過程
　　　──右派ポピュリズムを抑制する直接民主主義

　第11次改正における最初の連邦政府当初案は2000年に議会に提出された。同案は①寡婦年金の廃止，②女性の退職年齢の65歳への引き上げ，③59歳以上の早期退職制度の導入，などを目玉とする内容であった。さらに，財源に関して，老齢・遺族年金，障がい者年金のための付加価値税増税[25]は並行して議論されながらも，投票事項としては別の議案として取り扱われることになった。すなわち，ここでもイシューの分割がみられたわけである。

　オンライン・アーカイブにおける議会議事録から，連邦政府当初案についての審議の過程をみると，同案は削減的側面が一方的に目立つという指摘が出ている。左派政党側は，子供のいる寡婦には寡婦年金の継続を主張し，これは2001年に国民議会での修正案として盛り込まれた。しかし，02年の全州議会でのさらなる修正により，寡婦年金の削減幅が拡大され，早期退職に伴う受給額の引き下げ率も拡大することとなった。

　こうした対立は，第10次改正とは異なり，第11次改正案全体に対して最終的な国会での判断を下す段階に至っても，左派との妥協に至れないという結果を招いた。議会で，左派の緑の党は，従来，国民投票（イニシアチブ）[26]で早期退職の導入による退職年齢の柔軟化をむしろ求めていた。最終的には国民に否決されたこのイニシアチブの提案段階では，8億スイスフランの支出が約束されていたにもかかわらず，現行案での早期退職への支出は1億4000万スイス

フランという限定的なものとなっていることを，約束の反故である，として連邦議会の議論の最終段階でも批判している。

社会民主党も同様に，議会の最終段階まで第11次改正のパッケージに反対していた。議事録によると，最後の国民議会（2003年10月3日）で，社会民主党のクリスティーネ・ゴル（Christine Goll）議員は，第11次改正の修正の過程を「約束の反故の歴史」と表現している。そのうえで，①第11次改正案は初めて削減面のみが盛り込まれたパッケージであること，②退職年齢の柔軟化は高所得世帯のみにとって有利な制度であること，③世論調査でも退職年齢の引き上げや受給の削減が望まれていないことを指摘した。これらの理由をもとに，社会民主党は反対姿勢をとることを示している。

1995年段階から考慮されていた，付加価値税増税は，比較的多数の賛成を得ながら議会で可決している。具体的には，国民議会の最終投票で賛成130票，反対43票，また全州議会の最終投票で賛成35票，反対2票であった[27]。その一方で，年金の支給をめぐる第11次改正案は，第10次改正の可決時に比較すると，より多くの反対票を内包する形での議会通過となった。具体的には，国民議会の最終投票で賛成109，反対73で通過，全州議会の最終投票で賛成34，反対9で通過している。両案は，2004年に国民投票で問われることとなった。

しかしながら，国民投票では，議会での投票結果とは裏腹に，両案とも否決されることとなる。第11次改正案に関しては，賛成32.1%，反対67.9%となり，老齢・遺族年金と障がい者年金の財源のための付加価値税の上昇については賛成31.4%，反対68.6%という結果となった。こうした議会での想定や，ボノーリの予想を裏切る形での投票結果は，なぜもたらされたのだろうか。

世論と国民投票の結果について，連邦・大学の共同研究プロジェクトであるVOX Analyzeによる分析は以下のように述べている。女性が男性よりも反対の傾向を示したことを除いては，社会・人口統計的な要素で相関がみられなかった一方で，支持政党の要素には差異が強く反映されている。社会民主党支持者は当然強く反対し賛成はわずか17%にとどまり，自由民主党の支持者は比較的強い賛成（56%）を示している（gfs.bern, VOX Analysis No.083, p.33）。一方，右派政党の国民党や中道右派のキリスト教民主党の支持者の中での支持を強く得られなかった（国民党賛成41%，キリスト教民主党賛成46%）。彼らの反対の理由

としては，福祉全体の削減への反発と，女性の退職年齢の引き上げへの反発があげられている。結果として，議会や内閣での国民党の猛攻という党派の趨勢が，年金という個別政策における国民投票の趨勢には直接的に影響していないともとれる。ではこの一見矛盾する投票結果はどう解釈すべきだろうか。

このことは，前述の1999年の選挙における極右政党国民党の支持層に関する分析（Afonso and Papapdopaulos［2015］）と照らし合わせると，理解可能ではないだろうか。繰り返しとなるが，国民党をはじめとする右派ポピュリスト政党の支持者は階級・所得・教育水準が低く，経済的観点からは社会民主党などに投票する可能性もあるが，国民党のような右派ポピュリスト政党のマニフェストではむしろ移民という非経済的なイシューが焦点化することで，社会経済的なイシューは「ぼかされ（blurred）」る傾向にあるという指摘がなされていた。しかし，この年金に関する国民投票では，年金というトピックの中でもさらに，財源のための増税と支給をめぐる第11次改正案として，イシューが分割して問われている。このように，個別政策ごとのイシューが議題として分割されながら焦点化される状況下では当然，イシューとして「ぼかされ」ることは不可能である。こうした選挙では「ぼかされ」ていた経済的・非経済的なイシューにおける政党と支持者の認識のずれが，国民投票でイシューとして分割されて意思決定がなされることで明るみに出た結果だと解釈できるだろう。この点は欧州諸国，またデンマークなどの普遍主義的な社会保障政策をとってきた北欧諸国であっても，非経済的な分断を背景に財政緊縮・福祉削減へと向かう傾向がある点と対照的である（倉地［2017］）。

現代においては，社会の抑圧の形態は，経済格差のみならず，ジェンダーや，エスニシティの次元を含む多元的なものであることがインターセクショナリティなどの概念から指摘されてきた。さらに，「今や福祉国家研究は，移民問題・移民政策を抜きにしては論じることができなくなっており，その際の問題設定は，『福祉国家と階級』から『福祉国家とジェンダー』を経て，『福祉国家と移民』へと移行してきている」というような評価すら存在する（竹田［2017］）。こうした状況下にあって，右派ポピュリズムによる移民の排斥をどのように抑制するのか，というのは欧米において大きな政治課題ともなってきた。一見，直接民主主義とポピュリズムは親和性が高いように思われる。しか

し,「イシューの分割」は,直接民主主義的な決定方式が取られていても,むしろ右派ポピュリズムを解体する可能性すら秘めているといえよう。

　以上より,第11次改正をめぐる意思決定過程は,次のようにまとめられるだろう。まず移民という非経済的な要因により政党間のパワーバランスが変化し,政党間でのコンセンサス重視の妥協案の追求はより困難な状況となった。実際,議会での第11次改正案への最終投票結果にもあらわれているように,第10次改正と比較し,左派との合意に至れない事案を多く残す形で,次の段階の決定の場（国民投票）へと送られることとなった。だが,第2段階の国民党の議員の立場とは裏腹に,第3段階の国民党支持者には削減的側面のみが強い第11次年金改正は受け入れられなかった。この結果は,国民党支持層が非経済的な領域では党に追随する一方,選挙では「ぼかされ」ていた経済的な領域では考えが一致しないことが,イシューの分割により明るみに出た結果であるといえよう。

おわりに——コンセンサスと「イシューの分割」

　ボノーリ,田口らが強調する合意の文化,コンセンサス重視の妥協案の模索は,たしかに第10次改正においても確認できる。とりわけこの妥協案の模索は,国民議会委員会らのイシューの分割によってより促進された。しかし,すべてにおいて妥協案を見出すことが可能だったわけではない。社会民主党が不服とする,ジェンダー不平等をめぐる価値観に関わる論点については国民投票という次の意思決定の場（第3段階）,拒否点（veto points）に見送られることとなった。この点において,ボノーリの,スイスの政治システムは妥協を促す特徴をもっているものであるというような,ある種の楽観的な見解（ボノーリ［2004］）からは乖離した。また,ホイザーマンらの,議会前の事前聴取制のような最初の意思決定段階での妥協案の決定が難しい場合,第2段階目の決定の場,veto point である議会での妥協案・超党的な合意の形成が予期される,という説明（Häusermann, Mach and Papadopoulos［2001］）からも部分的な乖離したことが指摘できる。むしろ議会という2番目の決定段階において,退職年齢に関しては妥協案の落としどころがつかなかったため,イシューを分割する形で国民投票という次の段階（3番目の段階）での判断へと送られたのである。

この傾向は第 11 次改正案においてはなおさら顕著となる。1999 年からの，移民という非経済的なイシューが後押しした国民党の躍進は，2003 年にこれまでの党間のコンセンサス・デモクラシーの象徴ともいえる「魔法の公式」を崩壊させるに至る。そして，第 11 次改正では議会でのコンセンサス重視の妥協案の模索という傾向が遠のいた。すなわち第 3 段階で決定する傾向はより顕著になった。しかしこれが，右派ポピュリズム政党の影響力の拡大（社会民主的影響力の縮小）へと直線的につながったわけではなかった。04 年には，第 10 次改正でも部分的にみられたような，第 2 段階（議会）で妥協案を見出せない場合，第 3 の段階での拒否（veto）を発揮しうるという傾向が強まった。また，この第 2，第 3 段階での国民党と国民党支持者の異なる立場での決着の背景には，第 10 次改正でもみられた経済的・非経済的なイシューの分割という特徴を指摘することができる。

　第 10 次改正と第 11 次改正案を比較すると，相異点・共通点として以下の点が指摘できよう。相異点としてはまず合意形成の構造の変化である。第 10 次改正では政党間の議会（第 2 段階）における妥協案の決定，コンセンサスの形成という傾向が比較的優位であった。部分的に合意が不可能であった女性の退職年齢という点に関しては，イシューとして分割される形で意思決定された。一方，第 11 次改正は政党再編の動きも背景に，議会で合意形成が難しくなり，異なる意思決定段階での決定となった。また，A. レイプハルトらの分類では，スイスは合意形成型民主主義の類型に適応する代表的な事例であるとされるが，そうした合意という文化が前景化するかどうかは，社会・経済的な文脈にも依存するというべきである。レイプハルトのように，選挙制度を根拠にスイスのコンセンサス・デモクラシーを独立変数としてみなしてしまう分析は，こうした動態的な側面を捉えそこなってしまうのではないだろうか。

　しかし一方で，意思決定におけるイシューの分割という点は，いずれの意思決定段階でも共通する傾向である。このことは，合意形成型民主主義の促進にも，合意形成型民主主義が機能しない場合にも働いている。前者は第 10 次改正について観察されたとおりである。同時に，第 11 次改正に関しては，合意形成型民主主義がやや後景に退いた時代であったが，非経済的な領域での支持を背景としたポピュリスト政党による福祉削減という欧州諸国に共通する動き

にブレーキをかけるものとして，イシューの分割が機能した。こうした非経済的な領域での社会的分断は北欧諸国の普遍主義をも部分的に揺るがしている問題であるが，イシューの分割という仕組みは，これを超克し，合意形成型民主主義を強化する手段として，あるいは合意形成型民主主義が働かない場合の右派ポピュリズムを抑制する手段の可能性として，財政民主主義の観点から検討されるべきだろう。

〈注〉
1) 老齢・遺族年金（「老齢・遺族基礎年金」「基礎年金」と訳されることもあるが，本章では原則的にこれで統一する）は日本でいう国民年金に近く，年金のうち，最低限度の生活保障を行うものである。日本でいう厚生年金には，「職業年金」（Die berufliche Vorsorge もしくは Pensionskassen，「職域年金」「企業年金」と訳されることもある）が該当する。後者については本章の検討から外しているため，以降「老齢・遺族年金」という時は，前者の部分のみをさしている。なお，AHV は Alters-und Hinterlassenenversicherung の略称である。
2) 1948 年に老齢・遺族年金（AHV）が連邦で導入，47 年に失業保険が導入された。
3) 20 世紀を通じて 10 回の主要な年金改正が行われた。主要な変更点に限定して説明すると，第 2 次改正（1954 年）では受給年齢以上の労働者は納付義務が免除された。第 3 次改正（56 年）ののち，第 4 次改正（57 年）では女性の支給開始年齢が 63 歳に引き下げられ，第 6 次改正（64 年）ではさらに 62 歳に引き下げられた。第 7 次改正（67 年）では，保険料率引き上げ（被雇用者 4.0％から 5.2％）が行われた。72 年には，現行制度の最も重要なコンセプトである「3 本の柱原則」が連邦憲法 34 条に定められた。年金は 3 本の柱（政府・職域・個人）によって成立し，そのうち政府分が「生存の必要をみたすもの」として憲法で定められた。第 8 次改革（73 年）では，4 年以内に支給額を 2 倍にすること，離婚女性への夫婦年金の半額支給を行うこと，老齢・遺族年金の保険料率の段階的な引き上げ（5.2％→7.8％〔73 年〜〕→8.4％〔75 年〜〕）が定められた（田口［1999］; Kriesi and Trechsel［2008］）。第 9 次改正（79 年）では，賃金指標と物価指標を組み合わせた混合指標によるスライド制への移行が盛り込まれた。本文中にも述べたとおり，70 年代は社会福祉改革の前進の「黄金時代」とも呼ばれるが，その後長らく改革は停滞し，85 年には，第 2 の柱である職業年金への加入が部分的に強制化されるなどの変化もあったが，次の第 10 次改革に直接つながる草案が出されたのは 90 年である（掛貝［2020］）。
4) 「改革をめぐる議論は，国民投票を含め，国民，市民に広く開かれた形で展開され，多種多様な論点が公にされたのである。つまり，内容の点だけでなく，決定過程，手続きにおいても世界に誇りえるものだったと言ってよい」（田口［1999］80 頁）としている。
5) 4 つの背景として，①1990 年代初頭の財政状況の悪化による削減トレンドが基調となったこと，②白書グループの台頭により経営者団体が立場を先鋭化させ，経営者団体と労働組合の間で歩み寄りが難しくなったこと，③90 年代に政治的アクターのメディア露出が増加したが，妥協案の模索におけるある種の機密性と相反したこと，④頂上団体の正統性が低下したこと，をあげている（Häusermann, Mach and Papadopoulos［2001］）。

6) 例えば，憲法に定められた「男女平等」の観点からの，男女の退職年齢の完全な同一化などは第10次改正では見送られ，第11次改正で検討することとされたという（ボノーリ［2004］）。
7) 積立式で1985年以降強制加入となったが，それ以前より80％の加入率を達成していた（ボノーリ［2004］）。被用者のうち被保険者として強制加入対象となるのは，同一使用者から年間2万1150フラン超の所得を得るものである。保険料は年齢に応じて所得の7〜18％が課される。それぞれ，25歳から34歳までは7％，35歳から44歳までは10％，45歳から54歳までは15％，55歳から65歳までは18％となる。そのうち，被用者の支払う保険料の割合は各保険者によって異なるが，使用者は保険料の半分以上を負担することが連邦政府により義務付けられている。なお，これらの数値は2020年現在のものである。運用の実態は各保険者によって異なるが，連邦政府や，州政府，および連邦政府に委任されているNPOの組織（BVG〔独〕，LPP〔仏〕）などによって，各種の監査・管理を受けている。例えば，BVGによる規制として，資本の投資先の分散に関する規制や，運用団体の構成員を使用者側と被用者側の半々で構成されなくてはならない旨を定める規制などが行われている。
8) 老齢・遺族年金の運営は賦課方式に基づいており，約4分の3が保険料を財源としている。残りの約4分の1はカジノ税の全額，付加価値税の一部，連邦負担金（約20％）によって支えられている。連邦負担金は2020年1月1日より，従来の19.55％から20.2％へと増加した。保険料に関しては，被用者の場合，従来，労使折半で8.4％であったが，20年1月より8.7％へと引き上げられた（労使それぞれ4.35％）。自営業者の場合，収入に応じ，4.35〜8.1％となる。さらに，障がい保障（1.4％），収入保障（0.45％）の保険料が上記に加わる。なお，数値は20年現在のものである。保険料は上限なしで所得に比例する一方，給付額はある程度所得に比例するものの，最高受給額は最低受給額のせいぜい2倍にすぎず，垂直的再分配の要素が大きい（ボノーリ［2004］）。
9) ①主婦に対する加給年金（65歳以上の男性の妻が55歳に達すると請求可能，普通老齢年金の30％），②児童年金（老齢・遺族年金受給資格をもつ男女に子供がいる場合，普通老齢年金の40％），③寡婦年金および寡婦一時金（結婚年数と年齢に応じ決定，寡夫はなし），④孤児年金（普通孤児年金〔片親が死亡した場合，老齢年金の40％〕，完全孤児年金〔両親が死亡した場合，普通老齢年金の60％〕），⑤介護保障（年金に加え月640フラン）がある。詳細は田口［1999］に詳しい。
10) 先述のとおり，この第9次改正では物価スライド制が導入された。
11) ただし，先述のとおり1985年に第2の柱である職場年金が強制化されている点は重要であろう。とはいえこれは，老齢・遺族年金が普遍的，ビバリッジ的な要素が強いのとは対照的に所得依存型である。
12) 男性の退職年齢は65歳である。退職年齢にまで「男女平等」を適用するかの検討は第11次改正における議論まで見送られた。第11次改正否決以降も，女性の支給開始年齢の引き上げは「老齢年金2020（Altersvorsorge 2020）」として国民投票に問われたが，2017年9月24日には国民投票で否決された。同改革案は，ほかにも，付加価値税の引き上げや，職業年金の最低転換率の6.8％から6％への引き下げ，退職年齢の柔軟化など，大幅な年金制度変革を伴うものであった。またこの時，この中で付加価値税の引き上げというイシューのみ，別個の国民投票案として問われることとなり，ここでも後述する特徴である「イシューの分割」が行われていることがわかる。成立すれば第10次改正以来の大改革であったが，結果は両案とも極めて僅差で否決となった。なお，障がい者保険等を含めた制度詳細については連邦政府（Federeal Social Insurance Office）サイト参照のこと。

13) 1981年の連邦憲法における男女の平等や，離婚率の上昇と育児離職していた離婚女性の経済的な事情も背景にある（Häusermann, Mach and Papadopoulos［2001］）．
14) 既婚者で子供と要介護者がいる場合，同勘定で最低年金の3倍までの額を積み立てる．
15) スイスでは両院の先議権が決まっていない（田口［1999］）．審議の順番は事案ごとに判断され，しばしば部分修正という形で，両院での複数回の審議が反復的に繰り返される．
16) コッティは第10次改正に関する全州議会での最終会議（1994年10月7日）で，「男女平等」の観点からの第10次改正の意義を強調して賛同している．
17) むろん，マノウらの類型は，比較政治学において大陸ヨーロッパ・モデルの独自性を明らかにするものであり，厳密な歴史実証に基づくものではないし，類型論の常といえるだろうが宗派的要因だけで矛盾なく説明できるものでもない，という批判はすでに存在している（中野［2012］）．とはいえ，マノウがプロテスタント型のモデルの代表例としてみていたスイスにすらこうした対立を抱えていることは，福祉における説明要因としての宗派性に対する過大評価に警鐘をならすものといえるだろう．
18) 連立内閣には入っていないが，連立内閣の4党に次ぐ中道左派政党である．
19) また，議会での少数派の異議申し立てが議会内で立ち消えになるのではなく，国民投票にかけられていることは，不合意へ開かれていることを重視する闘技民主義の問題提起にも連なるものとして評価しうるだろう．
20) ただし，結果として退職年齢を引き上げる形となったことは，こうした手段が一朝一夕に不平等を改善するものでもないことを物語っている．
21) 連邦政府オンライン議事録アーカイブ（DATABASE OF PARLIAMENTARY PROCEEDINGS）より参照（https://www.parlament.ch/de/ratsbetrieb/suche-curia-vista/geschaeft?AffairId=19953534）．
22) 代議制・政党制における複数のアジェンダにおける二択の決定が，各アジェンダで二択の直接投票が行われた場合の結果に比較して，すべてのアジェンダにおいて異なる決定を下しうるという状況は，オストロゴルスキーのパラドックスとして指摘されてきている．
23) 1999年選挙で国民党に投票した人のうち14％は1995年選挙で自由民主党に投票していたが，逆の変更は1％にとどまった（Afonso and Papadopoulos［2015］）．
24) こうした動向をふまえると，もはや福祉財政の問題において受益と負担という経済的な尺度のみに還元して制度への合意を図ることが困難な状況になりつつあるといえるだろう．
25) 今後の老齢年金の赤字のための1％，障がい者年金の損失分のための0.8％．
26) "für ein flexibles Rentenalter ab 62 für Frau und Mann." 同イニシアチブは 国民投票で46％の賛成を得るが，可決に至らなかった．
27) ただし国民党の議員トニ・ボルトルッツィ（Toni Bortoluzzi）氏は最終投票の段階まで，付加価値税の上昇には反対していた．

〈引用・参考文献〉

市島聡之［2000］「国際統合とスイス政治制度――1986年から1994年の間の国民投票」『社会環境研究』（5），113〜124頁
伊藤新一郎［2005］「『福祉レジーム論』再考――国際比較研究における意義と課題」『北星学園大学大学院社会福祉学研究科北星学園大学大学院論集』（8），1〜13頁
掛貝祐太［2020］「スイスの年金制度」『年金と経済』39(3)，42〜48頁
加藤雅俊［2009］「福祉国家の多様性・再考――新たな類型論の試み」『北大法学論集』60(2)，

1～50 頁
倉地真太郎［2017］「反税運動と移民排斥運動にみる福祉ショービニズム――デンマークにおける『租税同意』の歴史的経緯から考える」塩原良和・稲津秀樹編著『社会的分断を越境する――他者と出会いなおす想像力』青弓社
黒澤隆文［2001］「スイス」『「経済の発展・衰退・再生に関する研究会」報告書』財務省財務総合政策研究所
田口晃［1999］「スイスの年金制度――第 10 次改正を中心に（特集 各国の年金改革）」『海外社会保障研究』(126), 72～81 頁
竹田昌次［2017］「北欧福祉国家と移民政策――ジェンダー平等政策との関わりで」『総合政策論叢』8(1), 85～102 頁
中野智世［2012］「西欧福祉国家と宗教――歴史研究における新たな分析視角をめぐって」『ゲシヒテ』(5), 53～66 頁
新田和宏［2008］「『新しい政治』としてのアイディアの政治――政治は何によって決定されるのか？」『近畿大学生物理工学部紀要』(21), 33～46 頁
ボノーリ, G.（芦立秀朗訳）［2004］「スイスの年金改革――難しい制度的制約の下で社会的な変化に順応した新制度を作る試み」新川敏光＝G. ボノーリ編著［2004］『年金改革の比較政治学――経路依存性と非難回避』ミネルヴァ書房, 143～167 頁
宮本太郎編［2006］『比較福祉政治――制度転換のアクターと戦略』早稲田大学出版部
山口洋［2014］「オストロゴルスキー・パラドクス再考」『佛教大学社会学部論集』(58), 83～104 頁
Afonso, A. and Y. Papadopoulos［2015］"How the Populist Radical Right Transformed Swiss Welfare Politics: From Compromises to Polarization," *Swiss Political Science Review*, 21(4), pp.617–635.
Häusermann, S., A. Mach and Y. Papadopoulos［2001］"Changing Interactions Between Corporatist and Parliamentary Arenas in Social Policy: Reform Processes in the Field of Swiss Pension Policy and Unemployment Insurance in the 90s," in Annual Congress of the Swiss Political Science Association, November.
Häusermann, S., A. Mach and Y. Papadopoulos［2004］"From Corporatism to Partisan Politics: Social Policy Making under Strain in Switzerland," *Swiss political Science Review*, 10(2), pp.33–59.
Kriesi H. and A. H. Trechsel［2008］*The Politics of Switzerland Continuity and Changes in a Consensus Democracy*, Cambridge University Press.
Philip M. and K. Van Kersbergen［2009］*Religion, Class Coalitions, and Welfare States (Cambridge Studies in Social Theory, Rreligion, and Politics)*, Cambridge University Press.

――ウェブサイト――

Bundeskanzlei, Chronologie Referenden（国民投票の結果）(https://www.bk.admin.ch/ch/d/pore/rf/ref_2_2_3_1.html) 2018 年 1 月 9 日最終アクセス
Die Bundesversammlung — Das Schweizer Parlament, 10. AHV-Revision（10 次改正に関する議事録一覧）(https://www.parlament.ch/de/ratsbetrieb/suche-curia-vista/geschaeft?AffairId=19900021) 2018 年 6 月 13 日最終アクセス
Die Bundesversammlung — Das Schweizer Parlament, 11. AHV-Revision（11 次改正に関する議事録一覧）(https://www.parlament.ch/de/ratsbetrieb/suche-curia-vista/geschaeft?AffairId=20000014) 2018 年 6 月 13 日最終アクセス

Federeal Social Insurance Office, Overview of social security in Switzerland (https://www.bsv. admin.ch/bsv/en/home/social-insurance/ueberblick.html),2019 年最終更新，VOX Analysis No.083,（http://www.gfsbern.ch/de-ch/Shop/c/vox-deutsch/p/vox-083-de）2018 年最終更新，2017 年 10 月 10 日最終アクセス

The federal assembly, DATABASE OF PARLIAMENTARY PROCEEDINGS（https://www. parlament.ch/en/ratsbetrieb/curia-vista）2018 年最終更新 , 2018 年 1 月 10 日最終アクセス

Van Kersbergen, K. and P. Manow eds.［2009］*Religion, Class Coalitions, and Welfare States*, Cambridge University Press.

終章

来たるべき財政民主主義に向けて
学術的課題と社会実装における課題

1 財政民主主義の根源的な捉え直し

　終章では，これまでの議論をふまえ，あらためて各章の事例が民主主義理論からどのように整理できるかをまとめる。そのうえで，そこから浮かび上がる財政学や関連領域（政治学における民主主義論，〔財政〕社会学における社会運動論など）における課題についても提示していきたい。

　まず，第1章では，現代の政治学，歴史学，人類学における新自由主義についての議論を整理しながら，みせかけの価値中立的な定量的評価が，いかに政策における「政治的なもの」や政治における価値判断を排するのかについて示した。そして，政策における価値判断を排するのではなく，むしろ価値判断を受け入れたうえで，その価値判断をいかに民主主義的に行うかが，財政民主主義を考えるうえで重要であることを示した。

　そのうえで，本書が財政学の中で，どのような方法論，研究史のうえに成立しているのかを示すために，近代経済学的財政学と制度派の財政学・財政社会学の方法論，価値前提の異同について整理した。そして，新古典派経済学・近代経済学の立場と，制度派の財政学・財政社会学の立場では，アカウンタビリティ，ニュー・パブリック・マネジメント（NPM），財政民主主義についての理解が大きく異なることを示した。そのうえで，規範的な視点からの議論，財

政民主主義論が，近代経済学的財政学においても，国際比較と歴史分析という点に強みをもつ既存の財政社会学においても，欠けていることを示した。そのうえで，規範的な議論の土台として財政民主主義を据えながら，制度派の財政学，財政社会学の方法は展開されるべきであることを主張した。

第2章では，（とりわけ制度派の）財政学が，そもそもどのように財政民主主義を語ってきたのかについての検討を，サーベイを中心に行った。そして，財政民主主義という概念は，財政学の重要概念として本尊に置かれながらも，概念として十分に掘り下げられてこなかったことを指摘した。とりわけ財政議会主義のみを財政民主主義として位置づけることの問題性や，熟議楽観論ともとれる財政民主主義理解を批判的に検討した。そして，現代民主主義論（とりわけ熟議や闘技民主主義，ラディカル・デモクラシー）での議論をふまえ，財政民主主義概念に接合していく必要があることを述べた。

第3章では，まず，スイスの社会・経済・政治状況の概説や，特殊な政治制度（国民投票・半直接民主主義・「魔法の公式」など）について概説した。政治的有効性感覚が低下し，財政民主主義が実感できない日本の現状にあっては，このように財政民主主義を発揮する手段に複数のチャンネルがあること自体，示唆に富むことである。また，「白書」編纂グループが提案した新自由主義的な政策パッケージは，最終的な財政構造をみると，あまり反映されていないことを示している。

最も重要なのは，根源的な（ラディカルな）財政民主主義を模索するうえで，なぜスイスを検討するべきなのか，という論点である。そもそも，日本の財政学，財政の国際比較，福祉国家論においては，スイスが取り上げられることはほとんどなかった。しかし，スイスは単に民主主義先進国として位置づけられるだけでなく，福祉国家論の文脈においても学術的なインパクトをもちうることを示した。財政社会学において，あるいはリベラル側からの政策論においては，G.エスピン-アンデルセンにも影響を受ける形で，北欧を中心とした大きな政府の「普遍主義モデル」を理想視する傾向も存在してきた。しかしながら，スイスはその分析枠組みでは分析しきれない，異なる正統性のメカニズムをもっているのである。むろん，スイスを理想視した進歩史観的な目線となってしまうことには十分留意すべきである[1]。しかし，欧州の小国をモデルに，

新たなフレームワークを構築する手法自体は，R. ダールや A. レイプハルト，エスピン - アンデルセンなどが行ってきたことでもある（前田［2024］）[2]。スイスをもとに視点を再構築することは，既存の普遍主義モデルを相対化し，社会の多様性・多元性を前提とした財政民主主義のモデルを構築することである。

そもそも，特定の国において，何が普遍的なニーズといえるのかを決定するものは，究極的には財政民主主義ではないのだろうか。そのため，財政民主主義を欠いている，あるいは実感できない状態において，普遍主義モデルが政策や理念としてどこまで説得力をもつのかは疑問が残らざるをえない。実際，北欧の普遍主義型の，消費税の増税と普遍主義的な福祉の拡充という政策パッケージについて，現代の日本においては政治的な支持が得られない可能性を示唆するオンライン・サーベイ実験も存在する（安中・鈴木・加藤［2022］）。日本においては，政府への不信感や痛税感が強いことはこれまでも指摘されてきたとおりであるが，「みんなのためのみんなの負担を」と訴え，普遍主義的な政策パッケージを主張するにしても，事態の根本的解決のためには，まず財政民主主義を実感できるようにする必要があるのではないか。本書が，スイスという小国を基に，財政民主主義という視角から，異なるストーリーでの正統性のメカニズムを描こうとしているのは，そうした問題意識からである。

第4章では，バブル崩壊後に失業率が上昇する中で，中心的な課題となる労働政策について取り上げた。一見，スイスは，日本と同様に「小さな政府」であり，かつ低い失業率を長らく保っており，実際，こうした点を捉えて，日本とスイスを新たな福祉レジームとして分類すべきだという議論もあった（三浦［2003］）。しかしながら，こうした同一視は，北欧諸国を念頭に設計された福祉レジームという分析視角に，（収まりが悪いながらも）日本とスイスを無理に当てはめようとするところから生じている可能性がある。第4章で検討した，政策の評価軸において，どれほど「政治的なもの」を尊重し，含めているかという点に着目すれば，むしろ差異の方が際立っている。

たしかに，1990年代には，スイスでも日本同様，新自由主義やNPMの標語のもと，数値目標を設定し，個人や自治体に競争を促す改革へ向かう機運が高まっていた。また，職業訓練の民間委託も進んだという意味で，市場化も日本と同様に，部分的には進んでいたようにみえる。しかしながら，第4章で示

したように，労働政策の具体的な評価軸に着目すると，最終的に，NPM 的な中央からの統制や新自由主義的なコントロールが，州の強い自治のもとで拒否されていったことがわかる。また，議会による定性的な評価が残ることで，必ずしも主体概念が，（W. ブラウンのいう意味での）新自由主義的に再構成されたわけではないことを示した。こうした分析から，NPM や現代の EBPM にも顕著な，数量化された評価軸を導入することの優位性を疑い，むしろ数量化できない「政治的なもの」，価値判断を再評価する必要性を主張した。

　こうした日本とスイスにおける評価体系の差異は，新自由主義を，単に民営化のような政策パッケージのみで捉えたり，「小さな政府」かどうかのみで捉えようとすると，うまく説明できない点でもある。第1章でブラウンを参照して整理したとおり，新自由主義は単に政策パッケージの問題なのではなく，評価方法や思考方法に埋め込まれている，と捉えるべきなのである。そして，経済的価値・実践・方法に特有の定式を，人間の生のすべての次元（主体概念，公共における目標，民主主義など）に拡大するように，評価や統治の合理性を転換することこそが，新自由主義なのだとブラウンは喝破していた。だからこそ，新自由主義は，より根本的に，人間（≒主体）のあり方や，国家や民主主義のあり方を根本的に転換するものとして描かれるのである。こうした新自由主義にまつわる議論の位相をふまえると，「アカウンタビリティ」は必ずしも財政民主主義の構成要素となるとは限らない。評価軸の意味内容によっては，新自由主義を強化するものとすらなりうるのである。そして，財政民主主義の実質化・根源化を図るうえでは，その評価軸から「政治的なもの」を排そうと定量化することが，必ずしも望ましいわけではないのである。

　このように，中央の（NPM 的なものも含めた）コントロールへの抵抗としての自治や，州の拒否権の強さは，「政治的なもの」を取り戻し，財政民主主義を実質化・根源化するという観点から肯定的に評価できるものもある。しかし，当然ながら，直接民主主義や自治は暴走することもある。第5章は，その例として，富裕層ほど減税するオプヴァルデン州での「逆進」所得税を取りあげ，これがいかに導入され，廃止されたかについて歴史実証・ヒアリング調査を行った。自治や直接民主主義が財政民主主義の構成要素となりえたとしても，それが公平性などの観点から望ましくない結果をもたらすのであれば，財政民

主主義自体，必ずしも望ましいものとはいえないのではないか，という懸念も持たれうるであろう。おそらく，こうした懸念は新古典派経済学の財政学者からも生じるかもしれない。たしかに，そもそも財政が「政治的な」決定の余地を拡大させれば，個人や自治体，現役世代の自己利益の追求が暴走し，モラル・ハザード的状況に至り，財政赤字も加速する，というストーリーも描けなくはない。実際，第1章で言及したように，新古典派経済学的な財政学の「第2世代の地方分権理論（SGT）」は，「実証的分析（positive analysis）」を行う時，定量的モデルにおいて，地方自治体を単に自己利益の最大化をめざす「個人」，あるいはプリンシパル・エージェント理論の中での「エージェント」と見立て，地方自治体が「モラル・ハザード」を引き起こしうると考えてきたとの指摘がされてきたのだった[3]。

オプヴァルデン州の住民が，オプヴァルデン州の利益を優先させる形で，公平性を歪めかねない「逆進」所得税を導入した経緯からすれば，その懸念も，半面では正しい。しかし，違憲訴訟による廃止をめぐる過程からは，直接民主主義的な財政民主主義が，自己利益の追求とは全く乖離した現象をみせることを示した。具体的には，オプヴァルデン州の住民投票での採択により導入された「逆進」所得税案は，わざわざこのために引っ越してきたマイノリティ政党の政治家が起こした違憲訴訟により廃案となったのであった。これは，租税競争の理論についてしばしば言及される「協調」や，コンセンサス・デモクラシーとも異なるやり方で租税競争を抑制しうる可能性を示している。この過程の分析から，直接民主主義の暴走を，別の直接民主主義，あるいは闘技民主主義的な財政民主主義が抑制する可能性を示してきた。

その意味で，新古典派が，自己利益を最大化する「個人」，プリンシパル・エージェント理論の中での「エージェント」という価値前提から出発する時，そこでは，モデルを組む段階で，本来ありえるはずの財政民主主義の多様な文脈，方法を捨象してしまっている可能性が問われなくてはならない。言い方を変えれば，新古典派の財政学が「政治的なもの」を狭く捉えているのではないかということである。この点に関しては，財政民主主義理解についての，新古典派内部からの応答を待たずしては，筆者から正当な評価を下すことは困難であるといわざるをえない。しかし，財政民主主義概念あるいは，「政治的なも

の」についての対話の余地は十分に残されていると考えている。第2章でも示したとおり，そもそもV-Demのような民主主義指標において高く評価される国（北欧諸国やスイスを含む）で，必ずしも財政規律の悪化が深刻であるわけではない。したがって，新古典派が懸念するような，自治体や個人の「モラル・ハザード」によって引き起こされることが懸念される財政規律の悪化などを，むしろ抑制する手段としての財政民主主義という構想も描きうるのではないか，と考えているためである。第1章では，「ガバナンス」などの位置づけをめぐって学派間の価値前提の差異をむしろ強調したが，ラディカル・デモクラシーの論者がいうように，差異が存在する中でも「闘技的敬意」をもった対話は可能であるはずなのである。

2　財政社会学の手法をめぐって

　新古典派経済学的な財政学の側だけでなく，第5章での議論からは，制度派の財政学，財政社会学からも議論，反論を待ちたい論点があるため，ここであらかじめ提示しておくこととする。それは，マイノリティの異議申し立てと財政民主主義の関係と，歴史的手法をめぐる問題である。

　そもそも，闘技民主主義を財政学，財政民主主義の文脈で語る先行研究は，管見の限り見当たらない。闘技民主主義の「制度的な赤字」の問題[4]，つまり闘技民主主義の制度的裏付けが不足していることが指摘されている中で，財政民主主義が民主主義の財政的実体を保障するものであることを考えると，潜在的には，財政民主主義が闘技民主主義の「制度的な赤字」の問題に貢献しうるにもかかわらず，である。これはなぜなのだろうか。

　第5章で，オフィシャルな政治制度によらない政治的行動，つまり社会運動的な事象にフォーカスし，「異議申し立て」をした当事者へのヒアリング調査という手法をとったのは，こうした問題意識に基づいている。財政社会学の中で，歴史実証を手法としての中心に据えることは，マイノリティの異議申し立てのような闘技民主主義的な財政民主主義のアスペクトを周縁化することにつながらないだろうかという懸念である。むろん，歴史実証で，闘技民主主義的な財政民主主義の発揮や，「異議申し立て」を追跡すること自体が不可能だと

いいたいのではない。しかしながら，財政史の中で検討される一次史料の性質を考えると，政治家，官僚，専門家といった，ヘゲモニーの中心からの視点に偏ってしまう可能性は考慮されるべきではないか。言い換えるならば，これは歴史実証における視点，ナラティブの非対称性の問題である。その意味で，歴史（学）の視点自体，現実の政治社会のヘゲモニーを反映し，内面化しうるという問題である。

　このことから，財政社会学における歴史実証について何がいえるのか。財政史的考察方法を財政社会学の方法論的根幹にすえることを意図する立場の茂住政一郎は，非常に自省的かつ禁欲的な実証姿勢を財政社会学者に求めている（茂住［2015］［2022］）。

> 科学ないしは学問を営む人間が内側に持つ意識，観念，理論は，少なからず恣意性と，不確実性を孕むものだということだった。またそれらが現実に根ざし，論理的なものであったとしても，人間の社会的生活，その時所の生活世界や共通感覚から離れていれば真理たりえない（……）したがって，ある学者が「真なるもの」として提出したものが真理か否か他者が判断するために，書き手と読み手の双方が，典拠と論理的連関が伴った歴史実証に基づいていると「間主観的（intersubjective）」に了解することが可能なようにすることが，財政（社会）学者本人の責任として求められる。この手続きを踏むことは，財政社会学に基づく財政学や財政哲学の正当性を「評価」し，他者のみならず，その学者の持つ価値や精神をも，科学に基づいた批判の俎上に載せるものだといってよい（茂住［2022］174〜175頁）。

　しかしながら，この記述においては，そもそも歴史（学）の視点自体が，しばしばヘゲモニーを内包するという点への留意が薄いようにも思われる。別の表現でいうならば，不偏性の不可能性を指摘しつつも，できる限り不偏性を追求し，理想視するという狭路に陥ってしまっているように思われる[5)]。そして，科学と政治，客観的なものと主観的なものの二分法を自明視している点や，正当性の「評価」という手続きに，両者の非対称な優劣関係を内包させてしまっ

ている[6]。「科学」や「客観的なもの」の線引き自体が，政治的，社会的に構築されるものであることや，これらが必ずしも「政治的なもの」に優越するものではないことは，第1章や，第3章第3節，第4章，第7章でも繰り返してきたとおりである。そして，そこでは「間主観的」了解の過程[7]ですら，現実の政治的ヘゲモニーを反映したプロセスとなりうるのである[8]。

　その意味で，科学におけるヘゲモニーの非対称性に留意しながら，より根源的な（ラディカルな）規範の問い直しをする方法としては，第5章で行ったように，現代における，闘技的な財政民主主義の「異議申し立て」について社会学的に追跡することは，1つの方法となる可能性がある。こうした問い立てについては，歴史実証というよりも，社会運動当事者，マイノリティへのヒアリング調査などが方法論上の優位性をもつのではないだろうか。現状，制度派の財政学，財政社会学でこうした手法が取られることはあまり多くなく，あったとしても社会運動当事者というよりは，行政や自治体を対象とするヒアリング調査が多い。財政民主主義を根源化するためには，言葉にならない違和感や納得のいかなさ，行動に起こせない反発心のようなものも，その種となるはずだろう。しかしこうした側面は，とりわけ同時代的な問題を検討する際には，既存のテクストを深堀りするだけでは浮かび上がってこない可能性があるのではないか。

　一方で，倉地真太郎は社会学におけるマイノリティの研究に関する議論をふまえた財政社会学を構想している（倉地［2022］）。「各国の社会問題そのものが，各国の歴史的・制度的文脈に依拠した『認識』に非常に左右されるため，ある国では社会問題になっていたものが，別の国では問題視されていないことがありうる」（111頁）としたうえで，北欧における移民問題を念頭におきながら，「財政社会学が歴史的分析と国際比較分析を駆使し，財政問題と社会的価値の双方を行き来するなかで捨象されてきた例外事例があるのではないか」（110頁）と主張する。ゆえに，仮説検証に耐えられないほどの珍しい例外的な事例であったとしても，新たな問題を発見したり，理念型を構築しうる可能性を肯定的に評価し，「問題発見のための国際比較」を提唱する（110頁）。そしてこれは，制度化・予算化されていないイシューや，マイノリティの存在は国際比較の俎上にも上がらないことがあるため（112頁），財政学が構造的に見落とし

てきたものを社会問題として発見することが可能にしうる方法論だという。

　根源的な（ラディカルな）財政民主主義を模索する立場からすれば，さらにここから議論を一歩進めることも可能であるように思われる。焦点化されにくいイシュー，マイノリティの異議申し立てを，社会学的な枠組みも用いて検討することは，単にマイナーなイシューを焦点化して社会問題化するにとどまらず，翻って，マジョリティとそれに基づく既存のヘゲモニーの自明性を揺るがす可能性があるということである。移民の事例でいうならば，移民政策の財政を政策問題として焦点化しうるだけでなく，国民国家の一般報償性という財政学や財政民主主義の前提を，根源から懐疑的に検討する契機ともなりうるということである（掛貝・早﨑［2022］）。つまり，マイナーなイシューを「問題発見」するというよりは，問題を構築（ないし不可視化）する権力やヘゲモニーの側が問われるべきではないか，ということである[9]。こうした分析は，根源的な（ラディカルな）財政民主主義の問い直しにもつながるだろう。

3　社会運動と財政民主主義

　とはいえ，これまで財政にまつわる社会運動が，財政学の議論の俎上に載せられてこなかったわけではない。とりわけ，「納税者の反乱」に関する研究蓄積は注目に値する。制度派の財政学者の小泉和重によるカルフォルニア州における「納税者の反乱」と住民投票のような直接民主主義をめぐる研究群は，日本国内における先駆的なものであるといえよう（小泉［2017］）。直接民主主義と社会運動を財政民主主義の一要素として据える試みは，財政民主主義の実質化・根源化を考えるうえで，再検討される必要がある。ただし，こうした問いかけが財政民主主義をめぐる議論の中で十分な応答を得たかというと，現状では難しい。むしろ「納税者の反乱」をめぐる研究の中でも，財政民主主義を絡めて論じられないことも多い（倉地［2018］）。

　こうした動向はアメリカでの，社会学の立場からの財政社会学者においても同様である。*The New Fiscal Sociology* の筆頭編者である社会学者 I. マーティンらを中心とする「財政民主主義プロジェクト（The fiscal democracy project[10]）」も，小泉と同じくカルフォルニア州の自治体に着目している。そして，1978

年以降行われてきた多くの住民投票に関するデータセットを収集し，納税者の税制改正への反応を分析している。ここで対象とされているのは，住民投票という，明らかに財政民主主義の参加民主主義的で，社会運動的な側面である。この「財政民主主義プロジェクト」に関連して刊行された2つの論文は，納税者の心理的な側面に着目することで，財政民主主義を，単に手続き的なものとして定義するのではなく，より納税者や市民の心理的な側面に関わるものとして再定義しうる可能性を示している。

　しかしながら，彼らは，参加民主主義的な，あるいは熟議民主主義的な決定が実際に望ましいものなのか，という規範的な議論を，論文の課題設定から外してしまっている。実際，彼らはそのプロジェクト名とは裏腹に，両論文で"fiscal democracy"の語を用いていないのである。その意味で，財政（社会）学における，社会運動論と財政民主主義の越境は，いまだ未完成であるといえるだろう。第5章での議論が，闘技的な財政民主主義と社会運動の接続を通じて，こうした議論の余白を十分に埋めているとは考えているわけでは当然ないが，こうした現代民主主義理論と社会運動論との接続が，財政民主主義の実質化・根源化においては求められていくだろう。

　だが，そもそも政治学と社会学の理論的な次元ですら，民主主義論と社会運動論の2つが積極的に対話を続けてきたとはいいがたいようである。例えば，2020年の『社会学研究』の論文では，J. シュンペーターやS. リプセットのような古典的な民主主義理論は社会運動についてはほぼ等閑視，もしくは軽視してきており，S. ハンチントンのような論者はむしろ社会運動のもたらす民主化へのデメリット（統治能力の低下）を強調してきたと整理される（安藤［2020］）[11]。その後も政治学と社会学の分業の中で，両者を一体的に議論する研究は少なかったが，1990年代に入ってようやくこうした分業を懐疑的に検討する研究が増加したとされ，政治学側の代表的な論者として，J. ハーバーマスやI. ヤングなどがあげられている（安藤［2020］）。

　実際，ヤングが，社会運動がもつ民主化的な効果を論じる際に，既存の熟議民主主義理論の批判や，「脱政治化」への批判，中立を称する専門家支配への批判を加える時，言及されるC. ムフやE. ラクラウのようなラディカル・デモクラシーの論者だけでなく，第1章で言及したアナキストたちとも問題意識が

重なり合うように思われる。例えば，ヤングは「官僚制的管理の科学的イデオロギーは，あらゆる個別的価値を決定から取り除こうとする（……）一般に，ヒエラルキー的な意思決定の正義は，正しい知識を持ち偏りなく行動する専門職であれば誰でも同じ決定を行うだろう，という主張によって正当化される」（ヤング［2020］112頁）のようにも述べている[12]。そして，財政や法律の領域において，専門家が知識をもちうること自体，「福祉資本主義社会において，知は権力である」（113頁）と指摘する。であるがゆえに，ヤングが擁護するのは，単一の議論の場ではなく，さまざまな表現方法や視座を含む志向性をもった集団，アソシエーション，フォーラムの異質性を伴った増殖である[13]。財政民主主義が複数のチャンネルを備えた方が望ましいという主張も，この点から擁護することもできよう。

　ただし，当然ながら社会運動がすなわち民主主義的な効果をもたらす，というほど単純ではない点にも留意する必要がある。ヤング自身も，著書 *Inclusion and Democracy*（包摂と民主主義）では，政治的な議論の中で，「理性的スピーチ」のような論理的で秩序だったコミュニケーションの方法が，他のコミュニケーションの方法よりも優越するものとして考えられるようになる時，そこには排除が生じうるとしている（Young［2000］）。つまり，「理性的スピーチ」でないコミュニケーションをとる人々が，形式としては「包摂」されながらも，主張が真剣に取り扱われず，軽視される結果として，「内的排除」が生じうるのである（Young［2000］；安藤［2020］）。

　同様に，現代の社会運動論の中では，「社会運動内部の民主化」ともいえる論点が議論されるようになっている（安藤［2019］［2020］）[14]。こうした論点は，これまでの財政民主主義をめぐる議論，とりわけ第2章で批判的に検討したような，「強い個人」を想定し，熟議と参加を理想視するような財政学の議論には抜け落ちていた視座である。社会運動論の中では，参加者のコミュニケーションの次元でも「社会運動内部の民主化」を実践するための方法が蓄積されてきた。例えば，「合理的な」議論が可能で，雄弁な人間に発言の回数が偏ってしまわないようにし，発言機会の平等性や「傾聴」を重視するための方法論などもその1つである（安藤［2019］）。ほかにも，合意と少数者の意見を重視するために，1名の参加者が異議を唱えた場合，事前に決められた時間を延長

3　社会運動と財政民主主義

して議論を継続したり，提案を修正したりする「ブロック」という方法論などもあり，これは「オキュパイ・ウォール・ストリート」のような実際の社会運動で採用されてきた（安藤 [2019]）。

このように社会運動論の中では，「社会運動内部の民主化」についてのノウハウが蓄積されてきている。一方で，社会運動のような市民参加や直接民主主義が，運動内部においても外部に対しても抑圧的状況をもたらす可能性が，完全に除去できるわけではない。これについては，どう考えればよいのだろうか。この種の問題提起に，ヤングは（奇しくも小泉やマーティンも参照する）アメリカでの納税者の反乱と住民投票を例にあげ，「多くの事例が，意思決定への草の根の参加が不正義で抑圧的な結果をもたらし得るという形で見られる」と譲歩する（ヤング [2020] 132 頁）。しかし，ヤングは 2 点，再反論を加えている。

ヤングが指摘するのは，第 1 に，民主主義は常に立憲的なものでなくてはならないということである。ゲームのルールは多数者の気まぐれによって変えられてはならず，民主的になされた決定でも侵害することのできない，市民的権利，政治的権利，そして経済的権利を定めるべきであるとする（ヤング [2020] 132 頁）。第 2 に，必ずしも民主主義と参加を，地域的なレベルでのコンロトールと同一視する必要はないとする。むしろ場合によっては，その同一視は望ましくないことすらあるとする（132 頁）。平たく言い換えるのであれば，必ずしも「自治＝民主主義」や「自治＝参加」ではない，ということであろう。そのうえで，資源が各地域に不平等に配分されている時には，こうした地域の自律的コントロールすなわち自治を認めることは，正義よりも搾取をもたらす，と結論づけている。

第 5 章での事例は，おおむねこうしたヤングの 2 つの再反論を事例として裏付けるものだといえよう。小泉やマーティンのような財政（社会）学者や，あるいはヤング自身が注目するように，アメリカのカリフォルニア州における直接民主主義的な財政民主主義や，「納税者の反乱」に目を向ければ，必ずしも肯定的に評価できない要素はたしかに存在する。しかし，スイスの直接民主主義的な財政民主主義に目を向ければ，また異なる直接民主主義的な財政民主主義の文脈を垣間みることができるわけである。第 1 に，第 5 章の事例では，経済的権利についての立憲主義を携えた直接民主主義が観察されていた。第 2 に，

経済的資源が不平等に分配されている中では，州単位での地域的自立性や自治は，むしろ搾取をもたらしえるし，そうした「自治」のみが財政民主主義ではないことが示されていたのである。

4　多様な利害と財政民主主義

結局のところ，地域間の利害が最も強く衝突せざるをえないのは，財政調整においてである。その場合は，むしろ従来よく分析されるような，地方間，あるいは地方と中央政府の間の協議の場が中心的なアリーナとなる。ゆえに，社会運動による財政民主主義の根源化・実質化は，社会的な差異に関するすべての次元に一般化できるというわけではない。第6章では，この財政調整について取り上げた。財政調整改革（NFA）については，改革当初は緊縮・新自由主義路線の中で構想されたが，最終的には貧しい州に有利な結果となり，富裕州による搾取という結果はもたらされなかったのであった。

第6章の結論として，政府間，地方間の協議の場があること自体が，財政民主主義の十分条件として機能するのではなく，むしろその中での協議と議決のルールが財政民主主義を保障するためには重要である，と述べた。では，この協議と議決のルールが，いかなる条件を満たす時に，財政民主主義を保障しうるものになるといえるのだろうか。この点を考える時，先述の社会運動の内部の民主化の議論や，それに関するコミュニケーションの実践は，参照点として少なからず有益であるように思われる。

例えば，先述のとおり，社会運動論の議論の中では，「合理的な」議論が可能な人間に発言の回数が偏ってしまわないようにして，発言機会の平等性を保障することや，「傾聴」を重視するための方法論や，合意と少数者の意見を重視するために，1名の参加者が異議を唱えた場合，時間を延長して議論を継続したり，提案を修正したりする「ブロック」という方法論が唱えられてきたのであった。第6章で示した改革の過程で，各アクターの発言の機会が保障されていること，州の拒否権が保持されていること[15]については，こうした社会運動の中の民主的コミュニケーションの実践のルールを十全に満たしているとはいえないまでも，重なるような要素が観察できる。

つまり，ここから主張したいのは，社会運動論の運動内部の民主化の議論とコミュニケーションをめぐる非公式な制度での実践を，政府間の「協議の場」のような公的な制度におけるコミュニケーションにも「輸入」することで，公的な制度における協議の根源的な民主化について考えることも可能なのではないか，ということである。さまざまなアクターが利害を衝突させる中で，どのような協議と議決を行えば，根源的な財政民主主義に近づきうるか，というのはそもそも非常に難しい論点ではある。だが，社会運動論の運動内部の民主化の議論とコミュニケーションをめぐる実践は，財政をめぐる協議の歴史実証をするうえでも，根源的な意味で財政民主主義的なコミュニケーションに基づき協議が行われているかを分析するための参照点となりうるのではなかろうか。

　ここまでは1990年代の事例を中心に，州間の利害対立や多様性をどのように取り扱うかを焦点としてきた。一方，2000年代には多くの欧州諸国は新たな次元での分断と危機を経験したのであった。移民への排斥感情を背景にした，新たな右派台頭・福祉削減路線の機運である。第7章では，90年代と00年代の年金改革を題材に，2つの時代の2つの危機をスイスがどのように乗り越えたかを分析した。そして，「イシューの分割」という現象により「直接民主主義が右派ポピュリズムを抑制する」という，一見逆説的な動きを歴史実証にて示した。

　ただし，この「移民と福祉」という論点，あるいは「移民と財政民主主義」という論点そのものについては，福祉レジーム論の学術的動向や，欧州全体の政治的動向を鑑みるに重要な点でありながら，本書では十分に論じ切れていないといわざるをえない。移民政策の財政学的研究については，別稿にてすでに予備的な考察を進めつつあるが，スイスの移民政策そのものの分析については今後の大きな課題としたい（掛貝・早﨑［2022］）。

　さらに，常に分析の念頭にありながら，十分に正面から論じ切れなかったもう1つの大きな課題としては，ジェンダーとスイス財政，財政民主主義をめぐる問題がある。この点に関しては，第7章での退職年齢をめぐる「イシューの分割」や，寡夫年金や，個人単位への切り替えに関連する，断片的な言及にとどまってしまった。そもそも，経済的条件に関する構造的な不平等が存在する以上，形式上の「ジェンダー中立的」な仕組みが，男女平等を意味するわけで

はない。本書を執筆中の直近の動向として，2022年9月には女性の定年（年金の満額支給開始年齢）を現行の64歳から，男性と同じ65歳へと引き上げる形での改革が国民投票で可決することとなった。その決定に対しても，さまざまな社会運動を含む形での異議申し立てが行われたことを含め，今後の研究課題としたい。理論的にも，ケアの民主主義のような概念が注目を集めていることや，分析ツールとして，「ジェンダー予算分析」のような概念が提起されていることなどをふまえると，ジェンダーと財政民主主義の関係性について，財政学の中でも検討の余地と意義があると思われる。

5 財政民主主義の社会実装
――あえてインプリケーションを単純化する

　最後に，上記のような課題は残されているものの，本書の各章で行ってきた検討は，財政民主主義をめぐる既存の議論に捉え直しを迫ると同時に，いくぶんか財政民主主義への新しい視点と方法を付与するものとなっていることを期待したい。各章での事例が，財政（社会）学と関連領域に対してどのように議論を展開する可能性をもつかについては，ここまで終章で述べてきたので，これ以上繰り返す必要はなかろう。

　だが，ここで「では，日本の財政民主主義は，どのように実質化・根源化しうるのか」という問いが浮かぶ読者も少なくないかもしれない。議論の触媒となる要素は散りばめたつもりであるが，これは本書の課題設定を超える問いであるし，万能薬はなく，症例に応じた処方箋が重要である。

　以下の記述は，学術書という本書の位置づけからすれば，おそらく蛇足となるかもしれない。しかし，本書で描いた財政民主主義の多面的なあり方から，財政民主主義を社会実装するための，一定の「診断ガイドライン」あるいは「チェックリスト」のようなものを提示することも可能であるように思われる。執筆するうえでの問題意識として，現代の社会的，政治的現実を念頭に置いている以上，明示的な形で（かなりの単純化を含んでいても）インプリケーションを示唆しない方が，研究者として不誠実であるように思われるためである。

　表終-1で，①公開性の確保と限界，②コンセンサスの追求と限界，③異議

表終-1　スイスの事例から浮かぶ財政民主主義の根源化のためのチェックリスト

(1) 公開性の確保と限界
①議論の前提となる税と予算に関する具体的な数字が開示されているか，情報の周知の方法で改善を図れないか
②「アカウンタビリティ」の標語のもとに，「測りすぎ」に陥っていないか
③指標自体に新自由主義的な価値観を内在化させ，民主主義的な裁量を切り詰めるものにしないようにはできないか
(2) コンセンサスの追求とその限界
①経済的・政治的に優位な社会集団の優位性をそのまま反映していないか，ジェンダーや地域性，言語などさまざまな次元での発言や議決の機会均衡を図れないか
②安易に単純過半数の多数決を使用することを避けられないか
③マジョリティの決定が，立憲民主主義に則っているか
④コンセンサス形成が難しいものには，イシューを分割して問えないか
(3) 異議申し立ての尊重
①直接民主主義という方法のメリットが過小評価されていないか，社会運動による民主化機能が十分に機能しているか
②異議申し立てをする人間の心理的安全性が保障されているか，「強い個人」以外にも異議申し立てを開くことはできないか
③マイノリティをめぐる論点が，イシューとして周縁化されていないか，そもそも社会問題として不可視化されていないか
④異議申し立てを通じ，マジョリティやヘゲモニーのあり方が再考されているか

出所：筆者作成。

申し立ての尊重，の3つの大きな論点にまとめ，今後の議論のたたき台として提示する。例えば，第2章でも言及したとおり，アカウンタビリティの向上などは，財政学の教科書でも，財政民主主義の向上のための要素としてあげられることは多い。しかし，スイスでの観察をもとにここであげた論点は，そうした原則論よりは踏み込んだ論点提起となっているはずである。

当然ながら，ここであげた事項について，スイスがすべてクリアしていると主張したいのではないため，注意されたい。また，これらは根源的な財政民主主義の必要十分条件ではなく，財政民主主義をより根源化するための，あくまで便宜的かつ暫定的な参照点である。また，提示した各論点はそれぞれが衝突することもあるが，それは複数の民主主義理論に連なる，財政民主主義のあり方を模索しているためである。

ラディカル・デモクラシーの論者が，J. デリダの語彙を借用し，「来たるべき民主主義」と言う時，そこには民主主義には完成がなく，常に暫定解でしか

ないというニュアンスも込められている。本書を書き終えることが,「来たるべき財政民主主義」をめぐる議論と対話の始まりとなることを,願うばかりである。

〈注〉
1) 本書が,逆進所得税のような,スイスにおける財政民主主義の不機能ともとれる事例も取り上げているのは,このように進歩史観的な説明とならないようにする意図も込められている。
2) そのため,スイスが小国であることを理由に,本書の理論的含意に疑義を呈する者もあるかもしれないが,上記の研究蓄積にも同等の疑義を呈して,初めてフェアな検討となるだろう。
3) むろん,新古典派の研究のすべてがこのように整理できると考えているわけではない。そうであるからこそ,本間正明のような新古典派経済学の内部からの懸念や,大竹文雄らの「限定合理性」をめぐる議論への注目についても第1章では言及している。しかしながら,価値前提の問題として,こうしたモデルが無批判に採用されていないか,という指摘は重要であろう。
4) この点については,第2章で詳述したので,参照されたい。
5) 例えば,I. ヤングは以下のように述べる。「不偏性の理想の不可能さを目の当たりにしつつ,なおその理想に固執することは,実際に道徳的な討議が行われる際の立脚点となる,視座の不可避的な偏りを隠蔽してしまう機能を果たす。特定の歴史や経験,帰属意識などに由来する,特定の位置づけと不可分の前提条件やコミットメントによって,こうした反事実的な抽象化を通じて創り出された真空空間のような隙間はあっという間に埋められる。ところが,今やこれらの前提条件やコミットメントは,人間性や道徳的心理学に関する『客観的』な前提条件だと主張されることになる。不偏性の理想は,特殊なものを普遍化する傾向を生み出す(……)不偏性の理想にコミットしてしまえば,現在一般的と見なされている視点の偏りを暴露し,抑圧された者のために声を上げることはむずかしくなってしまう」(ヤング[2020] 161〜162頁)。
6) こうした二分法と非対称な優劣関係の問題は,茂住 [2022] が部分的に依拠する,J. シュンペーターやA. マッハ自体の問題であるだろう。この点に関連したシュンペーターへのラディカル・デモクラシーからの批判は,本書第1章も参照されたい。
7) 若干の留保は加えつつも,K. ポパーに言及しながら,科学的認識や言明の客観性は,誰によってもテストでき,理解されうるもので,相互主観的にテストできることに求められる,という主張をおおむね支持している。
8) 例えば,第1章,第3章第3節,第4章などで示したとおり,新自由主義的なイデオロギーも,政治的ヘゲモニーの内側に食い込んでいればいるほど,言説として「客観的なもの」,「科学」の装いをまとって出現するのであった。
9) その意味で,本書の根底に横たわる考え方は,「社会統合」(井手 [2015] 199頁)ではないし,財政社会学の「究極的な原理は,所得の多寡,性別,年齢,生まれ,人種など,特定の性質に還元することで特定の個人を『公』の領域から排除することが正当化されない『普

遍主義』といってよい」（茂住［2022］176頁）とは考えていない。むしろ，根底にある出発点は，差異から生まれるヘゲモニーの脱構築である。
10) 国外において，"fiscal democracy"の語の意味について，十分な合意がなされているとはいいがたい。詳細は別稿にてまとめる予定であるが，よく知られた議論として，W. ストリークらは，歳入に対する義務的経費の割合がどれくらい小さいかで財政民主主義の指標を定義している。これは，本書が財政民主主義として想定するものからすれば，極めて狭義であり，財政民主主義のほんのわずかな一側面でしかない（Streek and Mertens［2010］）。
11) 現代の民主主義理論からのシュンペーターに対する批判については，第1章で整理したとおりである。
12) ほかにも，「上司が部下に対して行使できる主観的判断の余地をなくすために，官僚制はしばしば，監督と監視のための詳細で形式化された『客観的な』方法を制度化する。しかしながら，それは支配の感覚を増加させるだけである。なぜなら，それは（……）この規則の適用にも，主観的な判断が不可避的に入り込むからである」（ヤング［2020］112頁）と述べている。
13) こうしたヤングの主張の念頭には，さまざまな社会運動（反原子力運動，フェミニズム，借家人組織運動）のさまざまな手法のバリエーション（ゲリラ的な映画上映，立法へのロビイング，非暴力的な市民的不服従，チェーンレター，自助組織の設立，文化の政治化）などが存在する。
14) 関連して，第2章で述べたように社会運動論では，直接民主主義的な運動コミュニティにおいてすらも「構造なき専制」という現象が生じうることが指摘されてきた（安藤［2019］）。「構造なき専制」とは，「1人ひとりが自発的に参加したグループで，それぞれが対等な関係にあるはずにもかかわらず，その意思決定において支配的な影響力を行使する者が出てきてしまうこと」をさす（安藤［2019］41頁）。とりわけ，こうした社会運動における民主化の試みとして「アナルコ・フェミニズム」の中では，実践が蓄積されてきていることが指摘されている（安藤［2019］）。
15) より具体的には，①広範なアクターによる豊富な意見表明の機会，②議論を主導する組織の構成における，経済的・社会的・文化的観点からの多様性の尊重，③議決における単純過半数以上に慎重な合意枠組み，があることを示した。

〈引用・参考文献〉
安藤丈将［2019］「社会運動における日常の政治」田村哲樹編『日常生活と政治──国家中心的政治像の再検討』岩波書店
安藤丈将［2020］「社会運動研究と民主主義研究の再統合に向けて」『社会学研究』（104），145～173頁
安中進・鈴木淳平・加藤言人［2022］「福祉国家に対する態度決定要因としての普遍的社会保障と逆進課税──消費増税に関するサーヴェイ実験」『年報政治学』73(1)，1_212-1_235頁
井手英策［2015］『経済の時代の終焉』岩波書店
掛貝祐太・早﨑成都［2022］「財政学はなぜ移民を論じるべきなのか？──隣接領域における議論の限界と『貢献論』の問題を踏まえて（特集 移民の財政学的検討──理論・制度・自治体）」『立教経済学研究』75(4)，3～30頁
倉地真太郎［2018］「デンマークにおける『納税者の反乱』の研究──地方税制に着目して」『都市問題』109(6)，91～105頁

倉地真太郎［2022］「財政と比較――問題発見のための国際比較」井手英策・倉地真太郎・佐藤滋・古市将人・村松怜・茂住政一郎『財政社会学とは何か――危機の学から分析の学へ』有斐閣

小泉和重［2017］『現代カリフォルニア州財政と直接民主主義――「納税者の反乱」は何をもたらしたのか』ミネルヴァ書房

ブラウン，W.［2017］『いかにして民主主義は失われていくのか――新自由主義の見えざる攻撃』みすず書房

本間正明［2021］『日本の財政学――受難と挑戦の軌跡』日本評論社

前田健太郎［2024］「資本主義に抗う政治――エスピン＝アンデルセン著『福祉資本主義の3つの世界』（【連載】前田健太郎「政治学を読み，日本を知る」〔8〕」『Web 岩波 たねをまく』(https://tanemaki.iwanami.co.jp/posts/7766)

三浦まり［2003］「労働市場規制と福祉国家――国際比較と日本の位置づけ」埋橋孝文編著『比較のなかの福祉国家』ミネルヴァ書房

茂住政一郎［2015］「既存財政学批判と財政社会学――その方法的根幹としての『財政史的考察方法』の検討（特集 財政学の批判的検討）」『三田学会雑誌』107(4)，629～649 頁

茂住政一郎［2022］「財政と『歴史哲学』――『歴史哲学』としての『財政社会学』とその有効性」井手英策・倉地真太郎・佐藤滋・古市将人・村松怜・茂住政一郎『財政社会学とは何か――危機の学から分析の学へ』有斐閣

ヤング I.（飯田文雄，苅田真司，田村哲樹，河村真実，山田祥子訳）［2020］『正義と差異の政治』法政大学出版局

Martin, I. W.［2017］"The Great California Experiment," *Contexts*, 16(1), pp. 20–21.

Martin, I. W., J. L. Lopez and L. Olsen［2019］"Policy Design and the Politics of City Revenue: Evidence from California Municipal Ballot Measures," *Urban Affairs Review*, 55(5), pp. 1312–1338.

Streeck, W. and D. Mertens［2010］An Index of Fiscal Democracy, MPIfG Working Paper, 10(3), Max Planck Institute for the Study of Societies.

Young, I. M.［2000］*Inclusion and Democracy*, Oxford University Press.

索　引

事　項

●数字・アルファベット

91年白書　62, 66, 70
95年白書　66, 70
AHV　→老齢・遺族年金
EBPM　8, 13, 28, 94, 176
KPI　94
NFA　→財政調整改革
NPG　→新公共ガバナンス
NPM　→ニュー・パブリック・マネジメント
　　──的改革　92
　　──理論　91
PDCAサイクル　94
SGT　→第2世代の地方分権理論

●あ　行

アカウンタビリティ　8, 14, 27, 95, 101, 108, 110, 173, 176, 188
アクセル　53
アクティベーション　84, 86
足による投票　103
アナキズム　7
アナキスト　7, 9, 115, 182
異議申し立て　39, 40, 42, 51–53, 118, 125, 151, 153, 178, 180, 181, 187, 188
違憲訴訟　113
イシューの分割　41, 151, 155, 160, 162, 163, 166, 186
イニシアチブ　52, 126, 160, 163
移　民　55, 57, 154, 162, 166, 181, 186
インターセクショナリティ　165
エピストクラシー　110
大きな政府　54, 174

●か　行

課税自主権　101, 102, 106, 111
価値判断　56, 125, 142, 143, 158, 173
ガバナンス　5, 178
過半数　137, 143
観察可能性　95
簡素性　129, 141, 143
基礎的財政需要　134
協　調　110, 113, 119, 120, 127, 177
拒否権　90, 92, 93, 101, 126, 143, 151, 153, 176, 185
拒否点　70, 166
緊縮財政　77, 92, 141
近代経済学　91, 95
　　──的財政学　173
苦境基金　128, 139–141
決定的な分岐点　84, 85
合　意　6, 39, 42, 51, 70, 81, 119, 120, 143　→コンセンサスも参照
　　妥協的──　81, 82, 92
公開性　187, 188
公共経済学　12, 103, 104
公共財　103
公共選択論　103
公　正　110
構造なき専制　38, 122, 190
公平性　106, 119
　　垂直的──　101
効率化　127, 129–131
国民投票　41, 52, 67, 82, 126, 127, 135, 152, 153, 155, 160, 163–166, 174
コンセンサス　38, 40–42, 59, 83, 104, 115, 151, 153–155, 160, 162, 163, 166, 167, 187, 188　→合意も参照

──・デモクラシー →多極共存型民主主義

● さ 行

財源調整　127, 132, 136, 137, 139-141
財政学　11, 43, 95, 173, 178, 181, 183
　制度派の──　11, 19, 104, 173, 178, 180
財政議会主義　29, 36, 43
財政緊縮　165
　──派　83
財政再建　67
財政社会学　11, 12, 16, 19, 54, 95, 144, 173, 178, 180
財政調整　125-127, 142, 144
　垂直的──　127
　水平的──　127, 143
　政府間──　125, 141
財政調整改革（NFA）　127, 185
財政民主主義　1, 18, 19, 25, 28, 30, 43, 104, 109, 117, 120, 125, 143, 144, 173, 176, 178, 181
　古典的──　32
　日本の──　187
三位一体改革　129
ジェンダー　151, 156, 157, 159, 160, 165, 166, 186
市場化　92, 175
　──テスト　88
　準──　78
市場原理主義　63
事前聴取制　80, 82, 83, 126, 127, 132, 136, 141, 143, 153
下からの改革　92
自治　101, 106, 111, 126, 176, 184
　──疲れ　34
失業政策　78
失業保険法　80, 84
失業率　77, 80, 89, 154
質的評価　88-90, 94
指定委託管理者制度　88
社会運動　137, 178, 180-182, 185, 187, 188
　──内部の民主化　183
　──論　116, 118, 173, 182-186
社会学　117, 173, 180-182
社会扶助　78, 82
州間の同権性　138

住民投票　104, 105, 108, 181, 182
熟議　31, 33-38, 40-42, 143, 174, 183
　──民主主義　31, 33, 36-39, 109, 143, 151, 153, 161, 182
職業訓練　84, 88, 92, 93, 95, 175
所得税　101
　法人──　66, 118
新公共ガバナンス（NPG）　6, 79
新古典派経済学　12, 27, 103, 104, 173, 177
新社会権　15
新自由主義　3, 11, 12, 59, 71, 78, 79, 87, 92-95, 101, 127, 141, 152, 154, 173, 175, 176, 185
　──的改革　77
政治学　173, 182
政治的なもの　7-9, 11, 15, 18, 20, 28, 116, 152, 173, 175-177
政治的有効性感覚　1, 57, 161
制度的な赤字　40, 178
積極的労働市場政策　78, 81, 83-86, 91, 93
選別主義モデル（ターゲッティズム）　54
租税回避地　103, 107, 113
租税競争　102, 104, 112, 118, 125, 177
　有害な──　102, 103
租税原則　102, 106
租税合意　54, 55

● た 行

第2世代の地方分権理論（SGT）　177
妥協　70, 104, 151, 153, 155, 159, 160, 162
ターゲッティズム →選別主義モデル
多数決　31, 117, 118, 188
　──型民主主義　31, 38, 39
　──原理　29, 31
　制限付き──　63, 65, 70
小さな政府　54, 59, 71, 77, 79, 175, 176
地方交付税　125
地方自治体　77
地方分権化　29, 36, 129, 130
中間的財政権力　144
直接行動　116
直接民主主義 →民主主義の項を参照
直間比率　70
痛税感　2, 56, 175
強い個人　37, 115, 117, 118, 183, 188

底辺への競争　103, 104, 129
定量的分析　13

●な 行

ニーズ　84, 87
　──論　56
　普遍的──　55, 142, 175
日本型多元主義　58
ニュー・パブリック・マネジメント（NPM）
　　5, 13, 77, 79, 84, 85, 89, 90, 93, 94, 101, 173,
　　175, 176
認識的デモクラシー　110
年金制度　151
納税者の反乱　181, 184

●は 行

測りすぎ　8, 91
白　書　59, 154, 174
バブル経済の崩壊　80
反政治マシーン　7, 10, 14, 94
半直接民主主義国家　2
比較財政史　54
費用対効果　89
費用便益分析　7, 94
付加価値税　66, 68-70, 156, 158, 162-164
福祉国家　152, 165
　──論　174
福祉レジーム　77, 93, 94, 152, 175
　──論　186
負担調整　127, 128, 133, 134, 136-138, 141
普遍主義モデル（ユニバーサリズム）　54,
　　174
プリンシパル・エージェント理論　91, 177
ブレーキ　53
　支出──　65, 70
ヘゲモニー　39, 42, 179-181, 188
ベストプラクティス　6
ベンチマーキング　6
法人直接税　70
補完性原理　129, 137, 138, 157
　消極的──　129, 132, 142
　積極的──　129, 138, 142
ポピュリズム　27, 118, 165
ホモ・ポリティクス　5

●ま 行

マイノリティ　38, 41, 42, 151, 178, 180, 181,
　　188
魔法の公式　51, 82, 113, 162, 163, 174
守られた飛び地　116
民営化　79, 86, 90, 93, 95
民主主義　1, 3, 5, 6, 9, 25, 32, 42, 176, 184, 188
　──（理）論　6, 11, 79, 173, 182, 188
　議会制──　29
　来たるべき──　39, 42, 188
　極端な（直接）──　113, 118
　合意形成型──　38, 153, 167
　参加──　33, 36, 37, 109, 182
　代議制──　28, 30
　多極共存型──（コンセンサス・デモクラ
　　シー）　38-40, 51, 104, 113, 153, 167,
　　177
　直接──　40, 52, 101, 109, 111, 125, 126,
　　165, 174, 176, 181, 184, 186
　闘技（的）──　19, 38, 39, 116, 118, 120,
　　125, 151, 153, 174, 178
　立憲──　118, 120
モラル・ハザード　13, 104, 125, 129, 177, 178
　──論　14, 91

●や 行

ヤード・スティック競争　103
友　情　117
ユニバーサリズム　→普遍主義モデル

●ら 行

ラディカル・デモクラシー　174, 178, 182,
　　188
リベラリズムの鉄則　9, 10, 91
リベラル・デモクラシー　117
量的評価　7, 93, 94
歴史実証　178, 179
歴史的制度論　144
レファレンダム　52, 65, 80, 126
連邦主義　137
連邦直接税　66, 68
老齢・遺族年金（AHV）　63, 81, 152, 154,
　　156

人　名

●あ　行

アッカマン，B.　34
アロー，K.　29
池上淳　15, 29, 35
池上岳彦　12, 30
井手英策　12, 16, 17, 54, 144
岩本康志　14
植田和弘　29
ウォーカー，J.　17
ウォリン，S.　4
内山昭　19, 36
梅原英治　34, 35
エガート，N.　61
エスピン-アンデルセン，G.　54, 77, 152, 174, 175
エールラー，F.　78, 84, 86, 90, 92
大内兵衛　29, 32
大島通義　12, 15, 17, 31, 144
大竹文雄　14
オーツ，W.　13, 103

●か　行

カッツェンスタイン，P. J.　63
加藤創太　26
金澤史男　28
金子勝　12, 16
兼村高文　6
倉地真太郎　16, 180
クリージ，H.　61, 92, 154
クルーグマン，P.　4
グレーバー，D.　9, 10
黒澤隆文　61, 62, 67, 127, 154
小泉和重　181, 184
小島昭　31, 32
小林慶一郎　26
ゴフ，I.　56
ゴルトシャイト，R.　16

●さ　行

ザーガー，F.　78, 84, 86, 90, 92
佐藤進　12
佐藤主光　28
サンデル，M.　4
重森暁　29, 30, 36
島恭彦　29
シャピロ，I.　38
ジューニ，M.　61
シュミットハイニー，S.　62
シュンペーター，J.　16–18, 29, 182
神野直彦　11, 12, 29, 31
スコット，J.　7, 8, 10, 94
鈴木亘　9
スティグリッツ，J.　4
セン，A.　4

●た　行

田口晃　154, 166
田村哲樹　34
ダール，R.　17, 18, 39, 175
テイブー，C.　103
デリダ，J.　39, 188
ドイヨル，L.　56
ド・ピュリー，D.　64, 66
トレクセル，A. H.　61, 92, 154

●な　行

西川雅史　27

●は　行

ハウザー，H.　62
ハッカー，J.　4
ハーバーマス，J.　182
林栄夫　29
ハンチントン，S.　182
ピアソン，P.　4
ピルカー，T.　144

ファガーソン, J. 4
ファン・ケルスベルゲン, K. 157
フィッシュキン, J. 34
ブキャナン, J. 26, 27, 29, 103
フーコー, M. 3
ブラウン, W. 3, 9, 10, 14, 19, 71, 79, 87, 94, 95, 176
ブレナン, G. 103, 110
ホイザーマン, S. 81–83, 92, 155, 166
ボーナー, S. 62, 64
ボノーリ, G. 155, 164, 166
本間正明 12–15, 17

●ま 行

マーティン, I. 181, 184
マノウ, P. 157, 162

マン, F. K. 144
ミュラー, J. 8, 15
ムフ, C. 39, 45, 122, 182
茂住政一郎 16, 179
諸富徹 29

●や 行

ヤング, I. 182–184

●ら 行

ライシュ, R. 4
ラクラウ, E. 182
リプセット, S. 17, 182
レイプハルト, A. 38, 40, 51, 104, 113, 167, 175
ロイトヴィラー, F. 62

著者紹介　　掛貝 祐太（かけがい ゆうた）
　　　　　　　1992 年生まれ。専門は財政学，とくに財政民主主義。
　　　　　　　慶應義塾大学大学院経済学研究科後期博士課程単位取得退学，博士（経済学）。
　　　　　　　2020 年より，茨城大学人文社会科学部講師（テニュア・トラック）。
　　　　　　　著作として，「財政民主主義についてのサーベイと概念的多面化への試論──利害の多様性を前提とした財政民主主義へ」『生活経済政策』(287) 28～38 頁，2020 年，「現代スイス財政における政府間財政調整制度改革（NFA）」『財政研究（第 13 巻）』177～197 頁，2017 年など。最新の業績は researchmap を参照（https://researchmap.jp/y.kakegai）。

財政民主主義の地平──スイスの自治・多様性・直接民主主義
The Horizon of Fiscal Democracy: Autonomy, Diversity, and Direct Democracy in Switzerland

2025 年 3 月 30 日　初版第 1 刷発行

著　者	掛貝祐太
発行者	江草貞治
発行所	株式会社有斐閣
	〒101-0051 東京都千代田区神田神保町 2-17
	https://www.yuhikaku.co.jp/
装　画	岡村芳樹
印　刷	萩原印刷株式会社
製　本	牧製本印刷株式会社
装丁印刷	株式会社亨有堂印刷所

落丁・乱丁本はお取替えいたします。定価はカバーに表示してあります。
©2025, Yuta Kakegai.
Printed in Japan. ISBN 978-4-641-16645-5

本書のコピー，スキャン，デジタル化等の無断複製は著作権法上での例外を除き禁じられています。本書を代行業者等の第三者に依頼してスキャンやデジタル化することは，たとえ個人や家庭内の利用でも著作権法違反です。

|JCOPY|　本書の無断複写(コピー)は，著作権法上での例外を除き，禁じられています。複写される場合は，そのつど事前に，(一社)出版者著作権管理機構（電話 03-5244-5088，FAX 03-5244-5089，e-mail:info@jcopy.or.jp）の許諾を得てください。